信阳师范学院商学院学术文库

JIYU ERYUAN BIANJI SHIJIAO DE
ZHONGGUO ZHIZAOYE
BENTU SHICHANG XIAOYING DE YANJIU

基于二元边际视角的中国制造业本土市场效应的研究

周荣军◎著

中国财经出版传媒集团

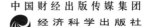

经济科学出版社
Economic Science Press

图书在版编目（CIP）数据

基于二元边际视角的中国制造业本土市场效应的研究/周荣军著.—北京：经济科学出版社，2018.12

（信阳师范学院商学院学术文库）

ISBN 978-7-5141-9975-8

Ⅰ.①基…　Ⅱ.①周…　Ⅲ.①制造工业-内销-研究-中国　Ⅳ.①F426.4

中国版本图书馆 CIP 数据核字（2018）第 274494 号

责任编辑：顾瑞兰
责任校对：王肖楠
责任印制：邱　天

基于二元边际视角的中国制造业本土市场效应的研究

周荣军　著

经济科学出版社出版、发行　新华书店经销

社址：北京市海淀区阜成路甲 28 号　邮编：100142

总编部电话：010-88191217　发行部电话：010-88191522

网址：www.esp.com.cn

电子邮件：esp@esp.com.cn

天猫网店：经济科学出版社旗舰店

网址：http://jjkxcbs.tmall.com

北京财经印刷厂印装

710×1000　16 开　13 印张　230000 字

2018 年 12 月第 1 版　2018 年 12 月第 1 次印刷

ISBN 978-7-5141-9975-8　定价：49.00 元

（图书出现印装问题，本社负责调换。电话：010-88191510）

（版权所有　翻印必究　举报电话：010-88191586

电子信箱：dbts@esp.com.cn）

总　序

　　商学院作为我校 2016 年成立的院系，已经表现出了良好的发展潜力和势头，令人欣慰、令人振奋。办学定位准确，发展思路清晰，尤其在教学科研和学科建设上成效显著，此次在郑云院长的倡导下，拟特别资助出版的《信阳师范学院商学院学术文库》，值得庆贺，值得期待！

　　商学院始于我校 1993 年的经济管理学科建设。从最初的经济系到 2001 年的经济管理学院、2012 年的经济与工商管理学院，发展为 2016 年组建的商学院，筚路蓝缕、栉风沐雨，凝结着教职员工的心血与汗水，昭示着商学院瑰丽的明天和灿烂的未来。商学院目前拥有河南省教育厅人文社科重点研究基地——大别山区经济社会发展研究中心、理论经济学一级学科硕士学位授权点、工商管理一级学科硕士学位授权点、理论经济学河南省重点学科、应用经济学河南省重点学科、理论经济学校级博士点培育学科、经济学河南省特色专业、会计学河南省专业综合改革试点等众多科研平台与教学质量工程，教学质量过硬，科研实力厚实，学科特色鲜明，培养出了一批适应社会发展需要的优秀人才。

　　美国是世界近现代商科高等教育的发祥地，宾夕法利亚大学沃顿于 1881 年创建的商学院是世界上第一所商学院，我国复旦公学创立后在 1917 年开设了商科。改革开放后，我国大学的商学院雨后春笋般成立，取得了可喜的研究成果，但与国外相比，还存在明显不足。我校商学院无论是与国外大学相比还是与国内大学相比，都是"小学生"，还处于起步发展阶段。《信阳师范学院商学院学术文库》是起点，是开始，前方有更长的路需要我们一起走过，未来有更多的目标需要我们一道实现。希望商学院因势而谋、应势而动、顺势而为，进一步牢固树立"学术兴院、科研强院"的奋斗目标，走内涵式发展之路，形成一系列有影响力的研究成果，在省内高校起带头示范作用；进一步推出学术精品、打造学术团队、凝练学术方向、培育学术特色、发挥学术优势，尤其是培养一批仍处于"成长期"的中青年学术骨干，持续提升学院发展后劲并更好服务地方社会，为我校实现高质量、内涵式、跨越式发展，建设更加开放、充满活力、勇于创新的高水平师范大学的宏伟蓝图贡献力量！

"吾心信其可行，则移山填海之难，终有成功之日；吾心信其不可行，则反掌折枝之易，亦无收效之期也。"习近平总书记指出，创新之道，唯在得人。得人之要，必广其途以储之。我们希望商学院加快形成有利于人才成长的培养机制、有利于人尽其才的使用机制、有利于竞相成长各展其能的激励机制、有利于各类人才脱颖而出的竞争机制，培植好人才成长的沃土，让人才根系更加发达，一茬接一茬茁壮成长。《信阳师范学院商学院学术文库》是一个美好的开始，更多的人才加入其中，必将根深叶茂、硕果累累！

让我们共同期待！

前　言

自 1978 年改革开放以来，中国经济经历了持续的高速增长，取得了巨大成功，但是目前中国经济面临两大困难。第一，中国出口导向型的贸易政策遭遇外需萎缩，出现出口下滑的不利局面。第二，中国国内需求总体不足，内需结构失衡。面对严峻的经济形势，本书提出了本土市场效应理论，即以本土市场规模的扩大促进中国对外贸易的增长，在减小对外依赖的同时，促进国内需求的增加。

首先，本书以传统的本土市场效应理论为基础，从理论层面探讨了不同特征行业不同要素禀赋地区本土市场效应的差异及其来源，本书发现，资本丰裕型国家在产品差异程度较大的部门如资本密集型行业有较强的本土市场效应，而劳动丰裕型国家在产品差异程度较小的部门如劳动密集型行业有较强的本土市场效应。从出口的结构来看，资本丰裕型地区倾向于以扩展的边际扩大出口规模，而劳动丰裕型地区倾向于以集约的边际扩大对外贸易规模。

其次，本书结合地区与行业层面的宏观数据对中国制造业本土市场效应进行了实证检验，本书发现，中国制造业行业确实存在着本土市场效应，但是不同期间，中国制造业行业本土市场效应强度有所差异，以此为切入点，本书继而从中国制造业行业结构及不同制造业行业本土市场效应强度差异的角度考察了这种变动的原因，结果表明，由于不同特征制造业行业本土市场效应存在差异，随着较高本土市场效应强度制造业行业比例的上升，中国制造业行业本土市场效应强度整体上升，在考察不同要素禀赋地区本土市场效应的差异后本书进一步证明了上述结论。考虑到加工贸易行业在中国制造业行业中的重要性与特殊性，本书深入考察了加工贸易制造业行业与一般贸易制造业行业本土市场效应的差异，其实证结果表明无论加工贸易制造行业还是一般贸易制造业行业，均存在着本土市场效应，但是一般贸易制造业行业的本土市场效应强于加工贸易制造业行业。

以上述研究为基础，本书创新性地将地区特征与行业特征相结合，考察了不同要素禀赋地区在不同特征制造业行业上本土市场效应的差异，通过运用DID（倍差）方法与微观企业层面数据，本书发现，资本丰裕型地区在资本密集型制造业行业上的本土市场效应较强，而劳动丰裕型地区在劳动密集型制造业行业上的本土市场效应较强。接着，本书考虑了中国制造业行业本土市场效应的来源，并以二元边际作为视角，验证其结果是否与理论预期相同。通过运用DID方法、Heckman两阶段回归方法，本书发现，资本丰裕型地区倾向于密集使用资本，建立新企业扩大生产规模，所以这些地区倾向于通过扩展的边际扩大对外出口规模，而劳动丰裕型地区倾向于密集使用劳动，扩大原有企业规模从而使生产规模扩大，这些地区则倾向于通过集约的边际扩大对外出口规模。

最后，本书以上述结论为基础提出相关政策建议，总体上我国应扩大内需，使本土市场效应得到充分发挥，从而稳定外需。针对不同特征制造业行业，其贸易政策应具有一定的差异。如高新技术及资本密集型制造业行业本土市场效应最强，应加强对中高技术制造业行业以及资本密集型制造业行业政策引导，这一方面有利于扩大我国对外贸易规模，另一方面可以促进我国制造业行业结构升级，提高出口的核心竞争力，进而改善我国出口"量大但利薄"的不利局面，最终达到提升我国在从事国际贸易分工时获取更多利益份额的目的。实证结果表明，我国不同要素禀赋地区内制造业行业本土市场效应具有差异，所以当下我国应重点发展大都市以及都市圈从而使制造业行业在资本丰裕型地区聚集，扩大规模效应，使本土市场效应得到强化。不同要素禀赋地区在不同特征制造业行业上的本土市场效应具有差异的实证结论表明，我国政策必须因地制宜，引导不同制造业行业在不同地区发展。以往要素禀赋理论提出各地区应该根据本地区内要素禀赋特点发挥比较优势，建立不同特征的制造业行业，本书从新贸易理论的角度进一步证明了根据要素禀赋特征发展制造业行业结论的合理性。另外，我国仍然是劳动丰裕型国家，对外出口主要依赖于集约边际的增长，为了使我国制造业行业对外出口稳步增长，我国应该一方面加大外资的引入，使资本规模得到迅速提升，另一方面应该提高金融机构的效率，最终使成立新的企业成为经济规模扩大的主要方式，这样就可以通过新的企业以及新的产品种类进入到出口市场，达到使出口收入稳定、遏制贸易条件恶化的目的，甚至最终能够促进中国制造业生产率水平的提升。最后，不同资源禀赋地区本土市场二元边际来源的差异要求我国在经济政策制定中考虑到现实状况，如劳动丰裕型地区应该积极引入外资及其资本丰裕型地区的资金，使本地区内制造业结构逐渐发生转变，但是，这一过程的转变需要较长时间，在转变未完成前，劳动丰裕型地区应该根据其要素禀赋继续发展劳动密集型制造业行业，实现本土市场效应的最大化。

周荣军

2018 年 10 月

目　录

第 1 章

导　论

传统的比较优势理论认为，要素禀赋及生产率差异是国际贸易的动因，只要国家存在上述差异，国家之间就有进行贸易的动力。随后，克鲁格曼（Krugman，1980）提出新贸易理论，认为即使不同国家间不存在要素禀赋或生产率差异，因为规模效应的存在，国家之间仍然会进行贸易。梅里兹（Meliz，2003）认为，微观企业构成贸易的基本主体，它从微观企业的差异考虑贸易的动因，形成了新新贸易理论。本书认为，无论是传统的贸易理论还是新贸易理论或是新新贸易理论都在一定程度上解释了国家间的贸易，所以本书以贸易三大理论为基础，试图通过将三者有机结合从而解决中国当下存在的经济问题。

1.1　问题的提出

自 1978 年改革开放以来，中国经济经历了持续的高速增长，这在很大程度上来源于出口的拉动[①]，但随着国内经济形势改变，全球经济格局的变化，中国出口拉动型增长面临越来越多的问题，正如帕莱（Palley，2002）所指，发展中国家过度依赖出口拉动经济增长会产生诸多弊端[②]，2008 年金融危机证实了这一

[①]　我国外贸出口额从 1981 年的 718 亿美元增长到 2016 年的 2.097 万亿美元，增长了 29 倍，2000 年以后出口依存度保持在 20% 以上，2004～2008 年甚至高达 30% 以上。

[②]　Palley（2002）认为，发展中国家过度依赖出口拉动经济增长会产生以下弊端：第一，这种增长模式会在一定程度上限制其国内市场的发展，同时它会加剧发展中国家之间的贸易竞争；第二，出口拉动型增长会导致过度投资从而导致金融市场不稳定；第三，长期来看，出口拉动型增长模式会导致发展中国家的贸易条件恶化；更为重要的是，发展中国出口拉动型经济增长模式会导致其对外需的过度依赖，当金融危机出现时，发达经济体的衰退和滑坡会严重影响发展中国家经济的增长。

点，由于美国次贷危机不断深化并在当年9月演变为席卷全球的金融危机，造成我国主要贸易伙伴国家和地区的实体经济受损，美国、日本、欧盟陷入深度衰退，对我国外贸环境产生重大打击。

表1-1揭示了1991~2016年我国外贸年均增长情况，表中数据表明，我国对外贸易的快速增长期始于2002年中国加入世界贸易组织，由于中国与其他国家关税与非关税等贸易壁垒下降，中国对外贸易规模迅速扩张。2002~2008年直至全球金融危机爆发前，我国进出口贸易总额的年均增长率为27.53%，出口额年均增长率为28.98%，远远高于1991~2001年的14.78%和14.59%。同时，出口年均增长率略微高出外贸总额的年均增长率1.45%。但是，自2009年开始，中国的出口增长明显放缓，与2008年相比，我国贸易总额降低了13.9%，出口额降低了16%，贸易总额和出口额在绝对数量上均出现了较大幅度的下滑。尽管2010~2011年我国对外贸易复苏，呈现增长趋势，但是2012~2016年增长缓慢，甚至在2015~2016年出现负增长，本节将此进行深入分析，从而表明中国比较优势正在减弱，需要转变对外贸易发展动力，改善贸易结构。

表1-1　　　　　　　　　　我国外贸年均增长情况

年度	进出口		出口	
	金额（百万美元）	同比增长（%）	金额（百万美元）	同比增长（%）
1991	135 634	17.5	71 843	15.7
1992	165 525	22	84 940	18.2
1993	195 703	18.2	91 744	8
1994	236 621	20.9	121 006	31.9
1995	280 864	18.7	148 780	23
1996	289 881	3.2	151 048	1.5
1997	325 162	12.2	182 792	21
1998	323 949	−0.4	183 712	0.5
1999	360 630	11.3	194 931	6.1
2000	474 297	31.5	249 203	27.8
2001	509 651	7.5	266 098	6.8
2002	620 766	21.8	325 596	22.4
2003	850 988	37.1	438 228	34.6
2004	1 154 554	35.7	593 326	35.4
2005	1 421 906	23.2	761 953	28.4
2006	1 760 438	23.8	968 978	27.2
2007	2 176 175	23.6	1 220 060	25.9
2008	2 563 255	17.8	1 430 693	17.3
2009	2 207 535	−13.9	1 201 612	−16
2010	2 974 001	34.7	1 577 754	31.3

续表

年度	进出口		出口	
	金额（百万美元）	同比增长（%）	金额（百万美元）	同比增长（%）
2011	3 641 864	22.5	1 898 381	20.3
2012	3 867 075	6.2	2 048 764	7.9
2013	4 158 993	7.5	2 209 004	7.8
2014	4 301 527	3.4	2 342 293	6
2015	3 953 033	−8.1	2 273 468	−2.9
2016	3 685 557	−6.7	2 097 631	−7.7

资料来源：根据国研网数据整理。

　　近年来，促使中国经济快速增长的低成本生产要素发生了根本性转变，制度性交易成本、劳动力成本、土地使用成本、融资成本、能源成本、物流成本以及汇率成本不断上升，阻碍中国发挥传统比较优势，使得我国长期依赖"投资拉动"与"出口拉动"促进经济增长的模式无以为继。与此同时，中国制造业形成了"孔雀东南飞"现象，大量低端制造业流入东南亚国家，此外，美国政府基于国内经济复苏缓慢、制造业空心化不利于其创新领导者地位等因素的考虑，实行了一系列促使制造业回归的措施。中国经济面临着低端制造业流入东南亚国家、高端制造业流入美国等发达国家的危险。本书对比分析中国与东盟十国以及美国制造业的比较优势为中国新型比较优势即本土市场效应的研究奠定基础。本章从制造业制度性交易成本、制造业劳动力成本、制造业贸易摩擦成本三个方面，考察中国传统比较优势的变化。

1.2　制度性交易成本分析

　　私营部门是当前一国经济发展的重要力量，营商环境的好坏，事关私营部门的成长，更直接影响到该国在国际社会的竞争力。如何评价一国的营商环境并进行改进，为此世界银行发布了《营商环境报告》。报告覆盖了影响企业生命周期的 11 个领域的监管法规，它们中的 10 个包括在今年的营商便利度排名中：开办企业、办理施工许可证、获得电力、登记产权、获得信贷、保护少数投资者、纳税、跨境贸易、执行合同和解决破产。具体指标体系见表 1－2。

表 1-2 《营商环境报告》——比较 10 个领域的营商监管

要素	项目	具体指标
监管程序的复杂性和成本	开办企业	手续、时间、成本和资本最低限额
	办理施工许可证	手续、时间、成本
	获得电力	手续、时间和成本
	登记产权	手续、时间和成本
	纳税	次数、时间和总税率
	跨境贸易	文件、时间和成本
法律制度的力量	获得信贷	动产抵押法律和信用信息体系
	保护少数投资者	关联交易方的披漏和责任
	执行合同	解决一个商业争端所需的程序、时间和费用
	解决破产	时间、费用和回收率

1.2.1 中国制度性交易成本概况分析

本书将以这 10 个指标作为工具深入分析中国的营商环境，并进行国际比较以此评估中国的制度性交易成本。根据表 1-3 中数据可知，2017 年，在全球近 200 个经济中，中国的营商环境位居第 78 位，与 2016 年持平，较 2015 年上升 6 位，较 2014 年上升 12 位。从分项指标来看，中国在办理施工许可证、保护少数投资者与纳税方面存在较大不足，其排名位置较后，分别为 172、119 和 130。登记产权、执行合同等方面获得了世界银行一定程度的认可，排名分别位 41 和 5。另外，开办企业虽然排位 93，但是上升速度较快，2017 年较前一年上升 34 名。

表 1-3 2014~2017 中国营商环境排名

项目	2017 年排名	2016 年排名	2015 年排名	2014 年排名
综合营商环境	78	78	84	90
开办企业	93	127	136	128
办理施工许可证	172	177	176	179
获得电力	98	97	92	124
登记产权	41	42	43	37
获得信贷	68	62	79	71
保护少数投资者	119	123	134	132
纳税	130	131	132	120
跨境贸易	97	96	96	98
执行合同	5	5	7	35
解决破产	56	53	55	53

资料来源：根据 2015~2018 年全球营商环境报告整理得到。

（1）办理施工许可证便利度低。对建筑工程实行施工许可证制度是许多国家对建筑活动实施监督管理所采用的做法，不少国家在其建筑立法中对此作了规定。建设工程施工许可证是建筑施工单位符合各种施工条件、允许开工的批准文件，是建设单位进行工程施工的法律凭证，也是房屋权属登记的主要依据之一。没有施工许可证的建设项目均属违章建筑，不受法律保护。施工许可证制度的实行，有利于保证开工建设的工程符合法定条件，在开工后能够顺利进行；同时，也便于有关行政主管部门全面掌握和了解其管辖范围内有关建筑工程的数量、规模、施工队伍等基本情况，及时对各个建筑工程依法进行监督和指导，保证建筑活动依法进行。因而，该项制度属于行政许可范围的问题。如果一国对施工许可证设置了不必要的行政许可程序，不但会使业者在施工时遭受极高的时间、人力和物力浪费，还会使业者用脚投票，不进入该国市场。甚至还会给行政许可机关带来权力寻租，一些业者为了规避风险，采取贿赂的方式逃避审查，这不仅给这些权力机关产生腐败问题，还会给社会公众造成极大的安全隐患。

尽管新一届政府成立，大力提倡简政放权，使得办证、办照手续简化，成本降低，但是大量中介服务取代行政审批，成为办证简化新"堵点"。曾经两次参加对国务院简政放权改革政策措施落实情况第三方评估的中国行政体制改革研究会秘书长、国家行政学院教授王满传接受南都专访介绍，在评估中，对中介服务不规范感受深刻，有企业反映行政审批中约 2/3 的时间花在中介服务上，中介评估存在事项多、收费乱等问题。从表 1-4 中国营商环境报告办理施工许可证项目内容比较分析可知，2014 年，在中国开办一家中等规模企业需要 22 道审批程序，平均耗时 244.3 天，需要花费厂房价值的 7.6%，2017 年，中国企业在办理施工许可证方面效率不但没有提升，反而有所下降，审批手续上升到 23 道，耗时增长到 247.1 天，花费提升为厂房价值的 7.8%。

表 1-4　　　　　中国在世界银行《2015～2018 年度营商环境报告》中
"办理施工许可证"项目内容比较

报告年份	手续（道）	耗时（天）	花费（厂房价值的百分比）
2017	23	247.1	7.8
2016	22	244.3	7
2015	22	244.3	7.2
2014	22	244.3	7.6

资料来源：根据 2015～2018 年全球营商环境报告整理得到。

（2）投资者保护程度低。该指标说明了投资者保护的三个方面：交易透明度（披露范围指数），自我交易责任（董事责任范围指数），股东起诉管理层及董事不当行为的能力（股东诉讼容易指数）和投资者保护强度指数。这些指数的取值为 0～10，数值越高，表示披露越多，董事责任越大，股东对抗交易的能力越强，对投资者的保护更好。从表 1－5 数据可知中国企业交易透明度指数。

表 1－5　　　　　中国在世界银行《2015～2018 年度营商环境报告》中
"投资者保护"项目内容比较

报告年份	批露范围指数	董事责任指数	股东起诉方便指数	股东权利指数	所有权和控制权指数	公司透明度指数
2017	10	1	4	3	2	9
2016	10	1	4	1	2	9

资料来源：根据 2015～2018 年全球营商环境报告整理得到。

（3）交纳税款成本高、程序复杂。该指标说明了一个中等规模的公司在一年内必须支付或强制扣缴的税收，以及一些在缴纳税款上的行政负担。这些措施包括：一个公司必须支付税收的次数，花费的准备、归档和支付的时间，以及支付税收和利润的百分比。表 1－6 数据表明，中国企业 2017 年需要支付的税种高达 9 种，为此需要耗费 207 天，总税率是其利润率的 67.3%。与 2014 年相比，虽然纳税需要耗费的时间下降了 54 天，但是税收种类不但没有减少反而增加了 2种，税收占利润的比率也上升了 3.3%。

表 1－6　　　　　中国在世界银行《2015～2018 年度营商环境报告》中
"交纳税款"项目内容比较

报告年份	税种数量（种）	耗时（天）	总税率/利润率
2017	9	207	67.3
2016	9	259	68
2015	9	261	67.8
2014	7	261	64.6

资料来源：根据 2015～2018 年全球营商环境报告整理得到。

1.2.2　与东盟成员国的对比分析

通过表 1－7 中国与东盟十国的营商环境对比分析可知，虽然中国营商环境不断改善，由 2014 年世界排名 90 位上升到 2017 年世界排名 78 位，但是仍然落后于新加坡、马来西亚、泰国、印度尼西亚、越南。值得注意的是，新加坡营商环境不但在东盟十国中排名第一，在世界近 200 个国家中的排名也名列前茅，2014 年和 2015 年，世界排名均为第一，尽管 2016 年及 2017 年排名有所下降，但仍稳居第二。马来西亚营商环境排名虽呈下降趋势，但是在 2014～2017 年仍然稳定优于中国，四年间的排名分别是 18、18、23、24。泰国营商环境在 2014 ~2017 年波动较大，2014 年和 2017 年，世界排名为 26，2015 年和 2016 年，世界排名分别为 49、46。整体来看，相较于中国，优势依然明显。文莱、印度尼西亚与越南营商环境综合排名都曾落后于中国，2014 年，文莱 101 名，中国 90 名，越南 2015 年、2016 年分别排名 90、82，与此同时，中国排名为 84、78。印度尼西亚在 2014 ~2016 年营商环境排名分别为 114、109、91，但是在三个国家营商环境改善较为明显，均在 2017 年超过中国。

表 1 - 7　　　　　　　　　中国与东盟十国营商环境排名比较

年份 \ 国家	中国	新加坡	马来西亚	泰国	菲律宾	文莱	印度尼西亚	越南	柬埔寨	缅甸	老挝
2017	78	2	24	26	113	56	72	68	135	171	141
2016	78	2	23	46	99	72	91	82	131	170	139
2015	84	1	18	49	103	84	109	90	127	167	134
2014	90	1	18	26	95	101	114	78	135	177	148

资料来源：根据 2015 ~2018 年全球营商环境报告整理得到。

表 1 - 8 揭示了中国与东盟十国营商环境分项指标的对比分析，与表 1 - 7 结论相似，新加坡、马来西亚、泰国相较于中国营商环境优势明显，其中，新加坡在开办企业、办理施工许可证、获得电力、登记财产、获得信贷、保护少数投资者、纳税、跨境贸易、执行合同、办理破产十个方面均显著优于中国。马来西亚除在开办企业、登记财产、执行合同三个方面不如中国，其他七项也存在显著优势。泰国除登记财产、执行合同外的八个方面均超过中国。文莱、印度尼西亚、越南三国营商环境虽然不如新加坡、马来西亚与泰国，但是相较于中国仍然存在微弱优势，文莱在开办企业、办理施工许可证、获得电力、获得信贷、保护少数投资者以及纳税六个方面均强于中国。印度尼西亚在办理施工许可证、获得电力、获得信贷、保护少数投资者、纳税、办理破产六个方面优于中国。越南则在办理施工许可证、获得电力、获得信贷、保护少数投资者、纳税、跨境贸易六个方面具有优势。进一步从分项指标的角度考虑，中国在办理施工许可证（东盟十国中 9 个国家强于中国）、纳税（东盟十国中 8 个国家强于中国）、获得电力（东盟十国中 7 个国家强于中国）、获得信贷（东盟十国中 7 个国家强于中国）、保护少数投资者（东盟十国中 7 个国家强于中国）五个方面存在劣势，本书进一步对以上五个分项指标进行分析，试图探寻中国与东盟国家之间的差距。

表1-8　　　　　　　中国与东盟十国营商环境分项指标排名比较

项目 \ 国家	中国	新加坡	马来西亚	泰国	菲律宾	文莱	印度尼西亚	越南	柬埔寨	缅甸	老挝
开办企业	93	6	111	36	173	58	144	123	183	155	164
办理施工许可证	172	16	11	43	101	48	108	20	179	73	40
获得电力	98	12	8	13	31	24	38	64	137	151	149
登记财产	41	19	42	68	114	136	106	63	123	134	65
获得信贷	68	29	20	42	142	2	55	29	20	177	77
保护少数投资者	119	4	4	16	146	40	43	81	108	183	172
纳税	130	7	73	67	105	104	114	86	136	125	156
跨境贸易	97	42	61	57	99	144	112	94	108	163	124
执行合同	5	2	44	34	149	61	145	66	179	188	97
办理破产	56	27	46	26	59	60	38	129	74	164	168

资料来源：根据2018年全球营商环境报告整理得到。

表1-9对比分析了中国与东盟十国在办理施工许可证方面存在的差异，中国建设一个仓库需要23道手续，耗时247天，其中，包括获取必需的许可证和批准，提交所要求的通告，申请及接受一切必需的检查以及获得公用设施。而在新加坡，企业办理施工许可证仅需10道，耗时不过54天，其手续复杂程度不及中国的50%，耗时仅为中国的20%。同样仅需10道程序办理施工许可证的国家还有越南，即使2017年营商环境综合排名不如中国的缅甸也仅需要15道程序，耗时仅为95天。可见，在中国办理施工许可证方面程序烦琐。从成本方面考虑，中国办理施工许可证需要花费厂房价值的7.8%，这个比例远远高于其他东盟国家。其中，泰国办理施工许可证成本最低，仅为其厂房价值的0.1%，这一比例仅为中国的1/78。由此可见，中国在办理施工许方面，手续过于烦琐，由此而产生的成本过高。

表1-9　　　　　　中国与东盟国家办理施工许可证内容比较

国家	手续（道）	耗时（天）	成本（厂房价值的%）
中国	23	247.1	7.8
新加坡	10	54	6.2
马来西亚	14	78	1.4
泰国	18	104	0.1
菲律宾	23	122	2.6
文莱	20	83	1.8
印度尼西亚	17	200.2	4.8
越南	10	166	0.7
缅甸	15	95	3.8
老挝	11	83	0.4

资料来源：根据2018年全球营商环境报告整理得到。

纳税指标反映了一个中等规模的公司在一年内必须支付或强制扣缴的税收，以及一些在缴纳税款上的行政负担。这些措施包括：一个公司必须支付税收的次数，花费的准备、归档和支付的时间，以及支付税收和利润的百分比。通过表 1 - 10 数据，本书发现，相对于其他东盟国家，中国的税种不算多，仅为 9 种，比中国税种少的国家仅为新加坡（5 种税）和马来西亚（8 种税），税种最多的国家是印度尼西亚（43 种税收），其次是缅甸（31 种税），继而是泰国（21 种税）、菲律宾（20 种税）、文莱（15 种税）、越南（14 种税）。2018 年，中国企业为纳税所花费的平均时间是 207 小时，比中国纳税时间长的国家有越南（498小时）、缅甸（282 小时）、泰国（262 小时）、印度尼西亚（207.5 小时）四个。因此，中国纳税时间指标趋于中等水平。最后对比分析中国与东盟国家的总税率水平，本书发现，中国税收负担最重，其税收为其利润总额的 67.3%。税率水平排名第二位的菲律宾税率也仅为 42.9%，远远低于中国。而税率水平最低的东盟国家是文莱，其税收仅为其利润总额的 8%，不足中国税率的 1/8。所以相对于其他东盟国家，中国纳税指标的劣势主要表现税率水平过高，税收负担过重。

表 1 - 10　　　　　　　　　　中国与东盟国家纳税内容比较

国家	税收数量（种）	耗时（小时）	税收/利润（%）
中国	9	207	67.3
新加坡	5	64	20.3
马来西亚	8	188	39.2
泰国	21	262	28.7
菲律宾	20	182	42.9
文莱	15	64.2	8
印度尼西亚	43	207.5	30
越南	14	498	38.1
缅甸	31	282	31.2

资料来源：根据 2018 年全球营商环境报告整理得到。

表 1 - 11 对比分析了中国与东盟国家企业为了获得永久电力而需历经的手续，耗费的时间以及花费的成本。首先，中国企业为获得电力平均需经历 5.5 道手续，虽然高于其他东盟国家，如新加坡、马来西亚、泰国、菲律宾、印度尼西亚仅需 4 道手续，文莱、越南仅需 5 道手续，但是差距较小。中国在获得电力方面耗时高达 143.2 天，而其他东盟国家耗时大多在 30 多天，越南耗时最长也仅为 46 天，东盟国家耗时平均仅为中国耗时的 1/4。由此可见，中国电力部门为企业提供电力效率较低。从成本的角度看，中国企业获得电力所需成本为其人均收

入的356%，除越南外，其他东盟国家获得电力的成本均低于中国，尤其是新加坡、马来西亚、菲律宾等国，其成本不足中国成本的1/10。值得关注的是越南，尽管其获得电力的成本为其人均收入的1191.8%，远高于中国企业获得电力的成本，但是该国仍然在一定程度上得到了世行的认可，在企业获得电力指标上世界排名高于中国，原因在于其耗时较短即效率较高。所以综合而言，中国在获得电力方面的劣势在于成本过高，效率过低，尤其是后者。

表1-11　　　　　　　　中国与东盟国家获得电力内容比较

国家	手续（道）	耗时（天）	成本（人均收入的百分比）
中国	5.5	143.2	356
新加坡	4	30	25.3
马来西亚	4	31	28
泰国	4	32	63.1
菲律宾	4	37	25.3
文莱	5	36	41.5
印度尼西亚	4	34	276.1
越南	5	46	1191.8

资料来源：根据2018年全球营商环境报告整理得到。

表1-12对比分析了中国企业与东盟国家企业在获得信贷方面的差异，该项指标主要涉及两个问题，征信系统的强弱和担保及破产法在促进借贷上的有效性。中国法律权利强度指数为4，显著低于其他东盟国家，尤其是文莱（法律权利强度指数为12）、柬埔寨（法律权利强度指数为10）、新加坡（法律权利强度指数为8）、马来西亚（法律权利强度指数为8）、越南（法律权利强度指数为8），表明中国抵押和破产法对其国内借款人和贷款人权利的保护程度要低于东盟其他国家。中国信贷信息深度指数为8，与其他东盟国家的信贷信息深度指数差距较小（马来西亚、泰国均为8，新加坡、文莱、印度尼西亚、越南均为7，柬埔寨为6），表明中国与其他东盟国家在私人或公共信贷部门提供的信贷信息的范围、深度和可接触性的规则和实践等方面处于同一水平。中国私人机构覆盖范围为成人的95.3%，高于其他东盟国家，表明中国在私人信贷登记处登记借款的个人和上市公司信息更为充分，可靠性更强。在公共统计覆盖范围方面，中国统计范围（21.4%）高于泰国（6.2%）、文莱（0）、印度尼西亚（18.3%）、越南（19.7%），低于新加坡（67.8%）、马来西亚（82.6%）、柬埔寨（49.9%），表明与东盟国家相比，中国在公共信贷登记处登记借款的个人和上市公司信息水平处于中等。综上所述，中国在获得信贷方面处于劣势主要原因在于法律权利强度

指数过低，中国国内的抵押和破产法亟待完善。

表 1 - 12　　　　　　　中国与东盟国家获得信贷内容比较

国家	法律权利强度 指数（0~12）	信贷信息深度 指数（0~8）	公共统计覆盖范围 （成人的百分比）	私人机构覆盖范围 （成人的百分比）
中国	4	8	21.4	95.3
新加坡	8	7	67.8	0
马来西亚	8	8	82.6	63.6
泰国	5	8	6.2	0
文莱	12	7	0	71.9
印度尼西亚	6	7	18.3	55.3
越南	8	7	19.7	51
柬埔寨	10	6	49.9	0

资料来源：根据 2018 年全球营商环境报告整理得到。

1.2.3　与美国的对比分析

表 1 - 13 对比分析了中美两国的营商环境，表中数据表明，美国 2017 年营商环境世界排名第 6，而中国营商环境世界排名第 78，中美两国营商环境差距明显。进一步对比分析中美两国营商环境的分项指标，本书发现，在十个营商环境分项指标中，中国仅在执行合同一方面具有优势，而在其他九个指标上均具有劣势，具体来看，2017 年，中国在执行合同这一指标的世界排名第 5，而美国同期这一指标的世界排名为 16。在其他分项指标中，中美两国差距最大指标为办理施工许可证，2017 年，美国办理施工许可证世界排位 36，中国同期办理施工许可证世界排位 172，中美在办理施工许可证方面世界排位相差 136。差距仅次于办理施工许可证的营商环境分项指标是纳税，2017 年，美国纳税世界排名 36，而中国纳税世界排位 130，中美两国在纳税方面的世界排名相差 94 位。中美两国在保护少数投资者方面的差距排名第 3，中国 2017 年保护少数投资指标世界排名 119，美国同期这一指标排名 42，两国相差 77 位。中美两国营商环境分项指标排位差距依次靠后的分别为获得信贷指标（中美两国相差 66 位）、跨境贸易（中美两国相差 61 位）、办理破产（中美两国相差 53 位）、获得电力（中美两国相差 49 位）、开办企业（中美两国相差 44 位）、注册产权（中美两国相差 4 位）。无论是营商环境综合排名还是营商环境分项指标，中国与美国相比均有较大差距，本书试图进一步分析各分项指标内容，从而探寻中美两国营商环境差距的根源。

表 1 - 13 中国与美国营商环境排名比较

项目 国家	综合营商环境	开办企业	办理施工许可证	获得电力	注册产权	获得信贷	保护少数投资者	纳税	跨境贸易	执行合同	办理破产
美国	6	49	36	49	37	2	42	36	36	16	3
中国	78	93	172	98	41	68	119	130	97	5	56
中美差距	72	44	136	49	4	66	77	94	61	-11	53

资料来源：根据 2018 年全球营商环境报告整理得到。

开办企业指标是衡量一家小型或中型有限责任制公司开办并正式运营所需要办理的手续、耗费的时间和费用。从表 1 - 14 中发现，在中国开办企业需要 7 道程序，包括企业创建人为建立公司与外部各方（如政府、代理机构、律师、审计处、公证处等）交流的过程。而在美国开办企业需要历经的程序较少，仅为 6 道。另外，中国开办企业需要耗时 22.9 天，美国开办企业仅需 5.6 天，中国开办企业的成本为其人均收入的 0.6%，美国开办企业的成本为其人均收入的 1.1%，中美两国最低资本投入都为 0。中国在开办企业方面存在劣势主要体现在效率过低，耗费的时间是美国的 4 倍。

表 1 - 14 中国与美国开办企业内容比较

项目 国家	程序数量	时间（天数）	成本 （人均收入的百分比）	最低投入资本 （人均收入的百分比）
中国	7	22.9	0.6	0
美国	6	5.6	1.1	0

资料来源：根据 2018 年全球营商环境报告整理得到。

表 1 - 15 对比分析了中美两国建设一个仓库所需要的手续、时间和花费，其中，包括获取必需的许可证和批准，提交所要求的通告，申请及接受一切必需的检查以及获得公用设施。本书发现，美国在办理施工许可证方面具有显著优势。首先，中国企业办理施工许可证需要提交审核 23 道程序，而美国企业仅需要 15.8 道程序，其次，中国办理施工许可证需耗时 247.1 天，美国仅需要 80.6 天，从办理施工许可证的成本来看，美国仅需要花费其国内人均收入的 0.9%，但是中国需要花费其国内人均收入的 7.8%。由此可见，相对于美国，中国在办理施工许可证的各个环节均具有较大劣势。

表 1 - 15 中国与美国办理施工许可证内容比较

国家	程序数量	时间（天数）	成本（人均收入的百分比）
中国	23	247.1	7.8
美国	15.8	80.6	0.9

资料来源：根据 2018 年全球营商环境报告整理得到。

获得电力指标记录了一个企业为了使其新建的仓库获得永久的电力连接而办理的手续、花费的时间和费用。表 1 - 16 对比了中国与美国这一指标的差异。美国获得电力平均需要历经 4.8 道程序，平均耗时 89.6 天，其成本也仅为其国内人均收入的 23.7% 。而中国企业为了获得电力平均需要经历 5.5 道程序，需要耗时 143.2 天，其成本高达人均收入的 356% 。由此可见，中国在电力获取方面存在劣势的主要原因在于执行的程序过多，耗费的时间过长，成本过高。

表 1 - 16　　　　　　　　　中国与美国获得电力内容比较

国家	程序数量	时间（天数）	成本（人均收入的百分比）
中国	5.5	143.2	356
美国	4.8	89.6	23.7

资料来源：根据 2018 年全球营商环境报告整理得到。

表 1 - 17 反映了中美两国在企业获得产权保护方面的差异，主要体现在注册产权步骤的数目、时间和成本。如表 1 - 17 所示，在中国，企业注册产权需要 4 道程序，而在美国，企业注册产权较为复杂，平均需要 4.4 道。但是由于美国效率较高，注册产权仅需要 15.2 天，成本也仅为其国内人均收入的 2.5% 。中国注册产权需耗时 19.5 天，其成本为人均收入的 3.4% 。由此可见，美国在注册产权方面具有的优势主要体现在其效率更高（更短的时间完成更多的程序）以及成本更低。

表 1 - 17　　　　　　　　　中国与美国注册产权内容比较

国家	程序数量	时间（天数）	成本（人均收入的百分比）
中国	4	19.5	3.4
美国	4.4	15.2	2.5

资料来源：根据 2018 年全球营商环境报告整理得到。

表 1 - 18 进一步分析了中国与美国在获得信贷方面的差异。中国的法律强度指数为 4 ，而美国的法律权利强度指数为 11 ，表明相较于中国，美国国内抵押和破产法对借款人和贷款人权利的保护程度更高，同时更容易获得贷款。美国信贷信息深度指数与中国信贷信息深度指数相同，同为 8 ，表明中美两国私人或公共信贷部门提供信贷信息的范围、深度和可接触性规则和实践的水平相同。中国公共统计覆盖范围是成人的 21.4% ，而美国公共统计覆盖范围为成人的 100% ，表明美国在公共统计方面的信息更可靠。最后，中国私人机构的覆盖范围是成人的 95.3% ，而美国这一指标为 0 ，表明中国在私人机构统计方面具有相对优势。综合而言，相较于中国，美国在获取信贷指标方面具有优势主要体现在美国的抵押和破产法更为完善，公共统计范围更大。

表 1 - 18   中国与美国获得信贷内容比较

国家	法律权利强度 指数（0 ~ 12）	信贷信息深度 指数（0 ~ 8）	公共统计覆盖范围 （成人的百分比）	私人机构覆盖范围 （成人的百分比）
中国	4	8	21.4	95.3
美国	11	8	100	0

资料来源：根据 2018 年全球营商环境报告整理得到。

投资者保护指标是衡量当董事滥用公司财务以获得私人利益时对于少数股东权利的保护力度，以及包括股权、治理保障和公司公开透明的要求在内的可降低股东利益受损风险的各项措施。表 1 - 19 表明，相较于中国，美国在批露范围和公司经营透明度两方面具有优势，而在董事责任、股东起诉方便程度、股东权利和所有权以及控制权等方面具有劣势。具体来说，中国在批露范围指数和公司透明度指数方面分别为 10 和 9。美国在批露范围指数和公司透明度指数方面分别为 7.4 和 5.4。中国在董事责任指数、股东起诉方便指数、股东权利指数和所有权以及控制权指数方面分别为 1、4、3 和 2，美国在董事责任指数、股东起诉方便指数、股东权利指数和所有权以及控制权指数方面分别为 8.6、9、4 和 4.4。

表 1 - 19   中国与美国投资者保护内容比较

国家	披露范围 指数	董事责任 指数	股东起诉 方便指数	股东权利 指数	所有权和 控制权指数	公司透明度 指数
中国	10	1	4	3	2	9
美国	7.4	8.6	9	4	4.4	5.4

资料来源：根据 2018 年全球营商环境报告整理得到。

表 1 - 20 反映了中美两国一个中等规模的公司在一年内必须支付或强制扣缴的税收，以及一些在缴纳税款上的行政负担。中国每年支付 9 种税收，美国每年支付 10.6 种税收。中国平均每年用于准备、归档和支付公司所得税、增值税等税收的时间为 207 小时，美国耗时较短，平均每年为 175 小时。中国综合的税收负担较重，其支付的全部税收与强制性缴费为总利润的 67.3%。而美国的税收负担稍轻，总税收为其利润的 43.8%。美国在纳税指标方面优于中国主要体现在效率较高（支付的税种更多、耗费的时间更短），总税率水平更低。

表 1 - 20   中国与美国纳税内容比较

国家	税种数量（种）	耗时（小时）	总税收/利润（%）
中国	9	207	67.3
美国	10.6	175	43.8

资料来源：根据 2018 年全球营商环境报告整理得到。

表 1 - 21 反映了中美两国强制执行合同的难易程度，中国自诉讼人向法院提起诉讼到取得赔偿的时间为 496 天，其中包括采取行动和等候的时间。而美国效

率较高，这一过程只需要 420 天。从诉讼费用的角度出发，中国的法律费用和律师费用为其债务价值的 16.2%，而美国的这一费用稍高，为债务价值的 30.5%。最后，中国的司法过程质量指数高于美国，二者分别为 15.1 和 13.8。综合而言，中国强制执行合同世界排位第 5，高于美国强制执行合同的 16 位，其主要优势体现在中国执行合同的成本低于美国，而司法过程质量高于美国。

表 1 – 21 中国与美国强制实行合同内容比较

国家	时间（天数）	成本（索赔的百分比）	司法过程质量指数（0~18）
中国	496	16.2	15.1
美国	420	30.5	13.8

资料来源：根据 2018 年全球营商环境报告整理得到。

中美两国解决破产所需的时间和成本如表 1 – 22 所示，表中数据表明，中国关闭一个实体的平均时间为 1.7 年，破产程序的平均费用为财产价值的 22%，破产企业每索赔 1 美元中 36.9 美分可以恢复。相比之下，美国关闭一个实体只需 1 年时间，破产程序的平均费用仅为财产价值的 10%，但其破产企业每索赔 1 美元中可以恢复的数额高达 82.1 美分。由此可见，中国在破产解决指标方面存在劣势体现于破产解决的所有方面如时间、成本和恢复率。

表 1 – 22 中国与美国破产解决内容比较

国家	时间（年）	成本（财产的百分比）	恢复率（美分/美元）
中国	1.7	22	36.9
美国	1	10	82.1

资料来源：根据 2018 年全球营商环境报告整理得到。

1.3 劳动力成本分析

大量研究表明，低廉的劳动力成本能够降低企业的生产成本从而提升其产品的国际竞争力。长期以来，中国基于这种优势成为世界工厂，吸引了大量国外直接投资，但是种种迹象表明，由于中国劳动力成本的快速上升，其制造业成本优势已逐渐被东南亚国家替代，本书将以工资为研究对象，对比分析中国与东南亚国家的比较优势演变情况。首先，依据中国与东盟十国的工资水平将后者划分为三类。其次，通过分析各国的劳动力市场探寻我国劳动力市场的比较优势。

1.3.1 工资水平较高的区域

东盟十国中新加坡是唯一的发达国家，其工资水平最高，由表 1 – 23 可知，

2016 年，新加坡平均工资高达 5 031 美元（24 195 元），相比 2001 年，其工资水平上涨了 58%，年均增长 3.86%。虽然工资成本较高，但是根据新加坡《劳动法》，新加坡无最低工资标准，工资由公司和员工协商，或由公司和代表员工的工会协商。新加坡劳动力市场极为灵活，企业不必负担更多成本，不会出现业务中断的风险。此外，新加坡没有广泛的工会联盟，劳动关系普遍温和，极少发生罢工行动。尽管对移民的限制将使企业在引入高技术或低技术工人时增加成本，但总体而言，新加坡开放的劳动力市场为投资者带来的风险非常小。

表 1 - 23　　　　　　　　2001～2016 年新加坡工资水平

年份	工资（新加坡元）	工资（人民币元）
2001	3 181	14 695
2002	3 137	14 502
2003	3 199	15 196
2004	3 290	16 111
2005	3 424	16 856
2006	3 524	17 684
2007	3 731	18 832
2008	3 953	19 411
2009	3 889	18 264
2010	4 011	19 915
2011	4 289	22 032
2012	4 403	22 240
2013	4 566	22 606
2014	4 716	22 867
2015	4 851	21 972
2016	5 031	24 195

资料来源：Trading Economics 数据整理所得。

1.3.2　工资水平相当的区域

表 1 - 24 和表 1 - 25 分别反映了 2010～2016 年马来西亚工资水平与 2012～2016 年马来西亚制造业工资水平。由表中数据可知，2012 年，马来西亚制造业平均工资为 2 482 吉林特，折合人民币为 5 072 元，2016 年，制造业平均工资为 3 129 吉林特，折合人民币为 5 012 元，以马来西亚吉林特为计量单位，2012～2016 年，马来西亚制造业工资年均增长 6.51%，考虑到中马汇率变动因素，中国制造业工资年均增长为负。表 1 - 24 数据表明，2010 年，马来西亚平均工资为 1 816 吉林特，折合人民币为 3 815 元，2016 年，马来西亚平均工资为 2 463 吉林特，折合人民币为 3 945 元，以马来西亚吉林特为计量单位，2010～2016 年，马来西亚工资年均增长 5.93%，以人民币为计量单位，其增长率为 5.76%。可见，

无论针对平均工资还是制造业工资，马来西亚工资增长水平均较低，另外，对比平均工资与制造业平均工资，后者始终高于前者。

表 1 - 24　　　　　　　　　　2010 ~ 2016 年马来西亚工资水平

年份	工资（马来西亚吉林特）	工资（人民币元）
2010	1 816	3 815
2011	1 814	3 827
2012	1 916	3 916
2013	2 025	3 982
2014	2 231	4 188
2015	2 312	3 687
2016	2 463	3 945

资料来源：Trading Economics 数据整理所得。

表 1 - 25　　　　　　　　　2012 ~ 2016 年马来西亚制造业工资水平

年份	制造业工资（马来西亚吉林特）	制造业工资（人民币元）
2012	2 482	5 072
2013	2 676	5 262
2014	2 779	5 216
2015	2 944	4 694
2016	3 129	5 012

资料来源：Trading Economics 数据整理所得。

1.3.3　工资水平较低的区域

东南亚大部分国家经济发展水平相对滞后，劳动力供给普遍高于劳动力需求，因此工资较中国低，在低端制造业上具有成本优势。具体分析如下：

表 1 - 26 反映了 2001 ~ 2016 年泰国制造业工资水平的变化趋势。总体而言，泰国工资增长缓慢，年均增长率为 7.05%，从绝对值的角度考虑，2001 年，泰国制造业平均工资水平为 6 076 泰铢，折合人民币为 1 132 元，同期，中国制造业平均工资为 814 元，泰国制造业工资水平高于中国制造业工资水平。2016 年，泰国制造业平均工资水平为 12 508 泰铢，折合人民币仅为 2 354 元，同期，中国制造业平均为 4 955 元，马来西亚制造业工资低于中国制造业平均工资水平。

表 1 - 26　　　　　　　　　　2001 ~ 2016 年泰国制造业工资水平

年份	制造业工资（泰铢）	制造业工资（人民币元）
2001	6 076	1 132
2002	6 121	1 179
2003	6 157	1 228
2004	6 129	1 261
2005	6 439	1 311

续表

年份	制造业工资（泰铢）	制造业工资（人民币元）
2006	6 702	1 410
2007	6 922	1 525
2008	7 555	1 575
2009	7 676	1 529
2010	7 880	1 683
2011	8 272	1 752
2012	9 754	1 981
2013	10 921	2 201
2014	11 936	2 257
2015	12 338	2 244
2016	12 508	2 354

资料来源：Trading Economics 数据整理所得。

表 1-27 反映了 2001~2016 年印度尼西亚制造业工资水平的变化趋势。表中数据表明，印度尼西亚工资增长较快，2001 年，其制造业平均工资水平为 489 250 泰铢，折合人民币为 395 元，为中国制造业工资水平的 48.49%。2016 年，印度尼西亚制造业平均工资水平增长为 2 190 000 泰铢，折合人民币为 1 093 元，为中国制造业平均工资水平的 22.05%，可见，中国与印度尼西亚工资差距增大，尽管印度尼西亚制造业工资年均增长率为 23%，但是仍然低于中国制造业工资增长率。

表 1-27　　　　　　　　2001~2016 年印度尼西亚制造业工资水平

年份	制造业工资（泰铢）	制造业工资（人民币元）
2001	489 250	395
2002	628 250	558
2003	702 500	678
2004	815 750	755
2005	783 333	661
2006	815 000	709
2007	887 750	738
2008	949 000	680
2009	1 105 000	726
2010	1 150 000	856
2011	1 206 000	888
2012	1 347 000	906
2013	1 535 000	909
2014	1 665 000	862
2015	1 745 000	812
2016	2 190 000	1 093

资料来源：Trading Economics 数据整理所得。

表 1-28 反映了 2011~2016 年越南制造业工资水平的演变趋势。总体而言，越南工资增长较快，年均增长率为 12.38%，从绝对值的角度考虑，2011 年，越南制造业平均工资水平为 2 954 000 越南盾，折合人民币为 930 元，同期，中国制造业工资水平为 3 055 元。两国制造业工资水平差距为 2 125 元，2016 年，越南制造业平均工资水平为 4 783 750 越南盾，折合人民币仅为 1 449 元，同期，中国制造业工资水平为 4 955 元，越南制造业平均工资低于中国制造业平均工资水平 3 506 元。中越两国制造业工资差距显著增加。

表 1-28   2011~2016 年越南制造业工资水平

年份	制造业工资（越南盾）	制造业工资（人民币元）
2011	2 954 000	930
2012	3 614 000	1 095
2013	3 849 250	1 139
2014	4 205 250	1 221
2015	4 432 500	1 272
2016	4 783 750	1 449

资料来源：Trading Economics 数据整理所得。

表 1-29 揭示了 2008~2015 年菲律宾工资水平的变化趋势。总体而言，菲律宾工资增长较快，年均增长率为 19.85%，从绝对值的角度考虑，2008 年，菲律宾制造业平均工资水平为 7 275 菲律宾比索，折合人民币为 1 141 元，同期，中国制造业工资水平为 3 055 元。菲律宾平均工资为中国平均工资的 30.43%，2015 年，菲律宾制造业平均工资水平为 10 113 菲律宾比索，折合人民币仅为 1 384 元，同期，中国制造业工资水平为 4 610 元。菲律宾平均工资为中国平均工资的 30.02%，2008~2015 年，中国与菲律宾制造业平均工资水平增长幅度相同。

表 1-29   2008~2015 年菲律宾工资水平

年份	工资（菲律宾比索）	工资（人民币元）
2008	7 275	1 141
2009	7 583	1 086
2010	7 995	1 200
2011	8 280	1 235
2012	8 707	1 302
2013	9 107	1 329
2014	9 582	1 326
2015	10 113	1 384

资料来源：Trading Economics 数据整理所得。

通过对比分析中国与东盟国家劳动力成本，本书发现，新加坡较中国劳动力成本高，马来西亚制造业工资与中国相当，其他东盟国家劳动力成本均低于中国，具有竞争优势。从增长率的角度考虑，2001～2016年，中国平均工资增长率为34.91%，同期，中国制造业平均工资增长率为33.89%，高于东南亚其他国家工资增长速度。

1.4 贸易壁垒成本分析

从历史的经验来看，贸易保护主义的兴衰与经济周期紧密相关，每一次经济危机的爆发和蔓延都是滋生和散布贸易保护主义政策的土壤。因此，世界经济形势的下滑，贸易保护主义的抬头，使中国出口导向型的对外贸易陷入更大的困境。如2008年全球金融危机使得贸易项目平衡成为困扰各国的紧迫问题，引发了贸易保护主义在全球的肆虐，发达国家是本轮危机的重灾区，也是全球主要的产品销售市场，以贸易保护措施解救本国制造业和缓解就业压力成为其抗击经济危机的重要砝码。已经跃升为全球第一大出口国的中国成为此次危机中的众矢之的，频繁遭遇形式多样的贸易保护手段[①]。

贸易保护主义的基本措施可分为两类：关税措施与非关税措施。关税措施受制于WTO贸易协调规则，各国进口关税的税率制定已经相当透明，难以成为贸易保护加码的工具。相比之下，非关税措施则更加模糊和形式多样，实际中也容易操作和实施。

反倾销手段是非关税措施中使用最为频繁的贸易保护措施。1995～2016年，全球一共发起反倾销调查5286次，其中有1217起针对中国，占比23.02%。中国以最高11%的全球出口市场份额却承担了超过20%的反倾销诉讼，对华贸易保护的针对性可见一斑。图1-1中的柱状图表示对华反倾销案件占全球反倾销案件的比重，折线图为增长率。我们发现，自2006年起，中国的反倾销占比已经开始高居不下，特别是危机爆发后的2009年，中国的占比达到36.84%。国际社会在贸易保护主义崛起的形势下纷纷呼吁吸取"斯姆特—霍利法案"的教训[②]，2010年，对华反倾销有所缓解，但此后又重新恢复增长趋势，2011年和

---

① 根据测算，2008年以来，全球40%的贸易保护主义措施是针对中国，对我国的商品出口构成重要威胁。

② 斯姆特—霍利关税法（The Smoot-Hawley Tariff Act）于1930年6月17日经签署成为法律，该法案将2 000多种的进口商品关税提升到历史最高水平。当时在美国，有1 028名经济学家签署了一项请愿书抵制该法案；而在该法案通过之后，许多国家对美国采取了报复性关税措施，使美国的进口额和出口额都骤降50%以上。一些经济学家认为，斯姆特—霍利法案是导致美欧之间贸易规模从1929年的历史高位急剧衰退到1932年历史低位的催化剂——这次衰退伴随着的是大萧条的开始。

2012 年连续增长 12%。尽管 2014 年反倾销增长率有所下降但是在随后两年增长率再度快速上升。中国企业在未来相当长的时期内还需频繁应对反倾销诉讼，并承担因此而造成的市场损失。

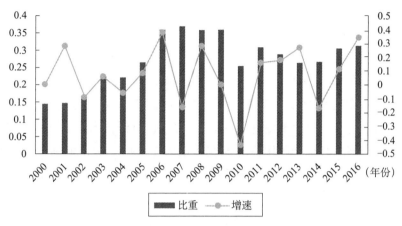

图 1 - 1 对华反倾销情况

资料来源：根据 WTO 网站数据整理。

反补贴手段的使用频率虽然没有反倾销频繁，但其同样起到了限制贸易的效果。图 1 - 2 的数据显示，对华反补贴使用的高峰处于金融危机发生期间，美国在 2008 年发起 10 次对华反补贴，欧盟从 2010 年开始首次对华反补贴，并在 2012 年故伎重演。加拿大从 2004 年开始持续对华反补贴，并在 2008 采取了 3 次。印度和南非均是在危机之后开始首次对华使用反补贴手段。

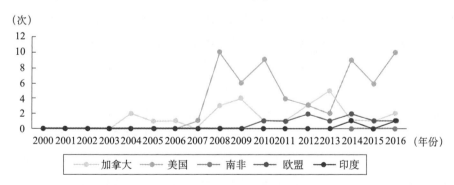

图 1 - 2 对华反补贴情况

资料来源：根据世界银行网站数据整理。

除传统的贸易保护工具外，新的贸易手段也不容忽视。欧美发达国家以减少碳排放为由提出和推行"碳关税"。欧盟 2008 年 12 月通过《气候与能源一揽子方案》，将征收碳关税定义为解决碳排放的可行政策。2009 年 6 月，美国通过《美国清洁能源安全法案》，该法案规定自 2020 年起对中国、印度等未承担减排限额国家的进口产品征收碳关税。鉴于中国出口贸易依赖于高投资、高能耗、高排放的工业品，采用先进环保技术将大大提高中国企业生产成本，抵消其出口竞争力，因此，碳关税的征收将构成对中国出口增长的重大威胁。此外，发达国家还制定了旨在进行贸易保护的国内法。2009 年 1 月，美国众议院通过《美国复兴与再投资法案》，其中规定：获得美国经济刺激法案基金支持的公共建设和公共工程项目，除某些例外情况外，必须全部购买美国生产的铁和钢。2010 年，美国众议院通过《汇率改革促进公平贸易法案》，对低估本币汇率的国家征收特别关税。由于该法案给予美国商务部在特定条件下把"货币低估"行为视为补贴，进而对相关国家输美商品征收反补贴关税，大大增强了对华进行贸易限制的随意性和主观性。

综上所述，中国制造业成本快速上升，低成本的比较优势已经不复存在，2008 年，金融危机期间该问题表现得尤为明显，如何培育新型比较优势，探寻新的增长模式成为当下迫切研究的课题。

1.5　内需结构分析

我国经济结构不合理、内外需结构严重失衡进一步提升了我国经济模式调整的必要性。为了能够促使我国经济保持快速增长，我国长期选择高积累、低消费的经济政策，而这种经济政策必然导致我国国内消费不足，经济过渡依赖于投资及对外出口的增长模式。消费不足，尤其是居民消费不足已成为制约我国经济增长的巨大障碍。本节选取 1990～2016 年最具代表性的 9 个国家的居民消费率与中国的居民消费率进行对比如图 1－3。由数据及变化趋势可见，我国居民消费率不断下降，已由 1990 年的 48.3% 降至 2016 年的 37.2%，26 年间下降了11.1%。而同样作为新兴经济体的人口大国——巴西，近年来居民消费比重逐年上升，已由 1990 年的59.3% 上升至 2016 年的 64%；另一新兴经济体印度，虽然近年来居民消费持续下降，但相较于我国，其 2016 年的居民消费率仍然高达59.4%，高出我国23.6%。作为接壤邻国的日本和韩国，虽然居民消费率成波动态势，但总体较为平稳，同样也高出我国20% 左右。而俄罗斯联邦，近 20 年来，其居民消费率在 4% 内浮动，没有较快增长，然而其居民消费总量波动幅度也相对较小。与此同时，我国居民消费率与发达国家居民消费率相差更为悬殊，仅就 2007 年当年数据比较，美国的居民消费率同比高于当年我国居民消费率 34.9%。以上居民消费率间国际比较再次表明，我国的居民消费率持续走低，远远低于世界各国的平均水平，并且属于世界罕见的低消费水平。我国消费率过低的事实，也进一步说明了我国在整体消费水平严重不足的情况下，政府消费与居民消费结构比例失衡，作为拉动经济的最终动力，我国居民消费严重不足的问题已不能再被忽视。

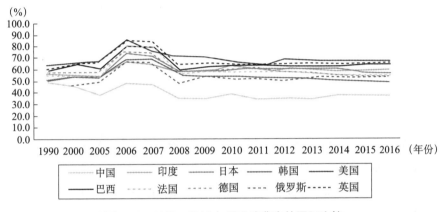

图 1 - 3 1990 ~ 2016 年居民消费率的国际比较

资料来源：《国际统计年鉴 2017》，作者整理。

综上所述，中国经济结构严重失衡，对外贸易过度依赖世界经济形势，一旦世界经济增长受阻，中国经济将首当其冲，面临下滑风险，如何能够在调整中国经济结构失衡的基础上降低中国对外贸易对世界经济的依赖程度成为当下必须解决的问题。"本土市场效应"理论作为新贸易理论的核心内容为上述问题的解决提供了新的视角，该理论由克鲁格曼首次提出，是指基于规模报酬递增，产品具有差异的前提下，一国对某种产品有较大的国内需求，该国将会成为该种产品的净出口国。本土市场效应理论意味着行业内需规模会导致对外贸易的增长，该理论将内需的增长与外需的扩大很好地结合在了一起，为我国经济结构的优化、对外贸易的促进提供了理论基础。本土市场效应理论对于国际贸易，尤其是对制造业贸易的影响发挥着重要作用，但是，目前我国对于该理论的研究缺乏一个统一的框架。从实践角度看，对中国制造业本土市场效应全方位、多视角的研究仍显不足，具体的产业、不同的地区缺乏系统深入的实证研究，这些问题极大地阻碍了本土市场效应在我国对外贸易实践中的运用。

我国巨大的国内市场规模与对外贸易存在着什么样的关系？全球性的经济危机过后，各国均将国内市场需求的重视提升到了一个新的高度，我国是否能够通过本土市场效应理论解决经济结构的失衡以及对外贸易过度依赖外部经济形势等问题？这成为本书研究的出发点之一。

中国幅员辽阔，作为世界上国土面积第三的大国，各个地区的资源存在着较大的差异，与此现象共存的一个问题即不同地区其内需与外需的联动关系是否有所差异呢？不同资源禀赋的地区本土市场效应是否不同呢？而这些差异来源于何处呢？政府在制定相关政策以期达到因地制宜目的时，必须考虑到以上问题，并对其进行深入分析。否则，一概而论，将会起到事倍功半的效果，其理论依据在于地区本土市场效应的发挥将会受制于地区要素禀赋。这成为本书研究的第二个出发点。

本书开创性地将要素禀赋优势与中国制造业本土市场效应相联系，其理论逻辑如下：由于以往对本土市场效应理论的研究要么假定企业生产仅需劳动一种要素，要么假设不同国家按照相同的要素比例进行生产，所以这类研究均给出了相同的结论即不同国家行业的本土市场效应不存在差异，本书认为，异质性的企业与国家间要素禀赋差异将会对部门本土市场效应的分布产生影响。其理论机制在于：一方面，正如汉森（Hanson，2004）所分析的那样，集聚会使需求上升，从而提升大国的要素价格。因为在垄断竞争模型中，价格是成本的一个加成定价，大国中所有的部门产品的价格都会更高。更加差异化的产品部门对高价格的敏感性较低，因此，更大国家在差异化部门的本土市场效应更加显著。另一方面，不同的国家有着不同的要素禀赋，各国国内的企业会对集聚行为产生不同的反应，如资本丰裕型国家劳动力资源较少，企业会用更多的资本替代劳动，企业的集聚会进一步促使工人的工资有较高水平的提升。在这样一个两要素的模型里，较大的资本密集型国家通常比较小的劳动密集型国家的工资水平高，这是由于资本密集与集聚因素双重影响所致。所以最终将会导致较大的资本丰裕型国家在产品差异程度较大的部门有较强的本土市场效应，而劳动丰裕型国家在产品差异程度较小的部门有较强的本土市场效应。

本书研究的第三个出发点在于本土市场效应的来源，即内需的扩张如何影响出口结构，本书认为，由于企业具有异质性，要素禀赋不同的国家，其本土市场效应的驱动力不同。资本丰裕型国家中部门的本土市场效应主要是由扩展的边际所推动，而劳动丰裕型国家中部门的本土市场效应主要是由集约的边际所推动。本书得到以上结论主要是基于一个假设即固定成本的资本密集度要高于可变成本，这一假设表明，资本丰裕型国家在创立新企业时具有比较优势。因此，资本丰裕型国家更多地依赖于扩展的边际从而实现产出扩张的目的。与之相对，劳动丰裕型国家更倾向于集约的边际即通过增加劳动力的使用达到其扩张目的。一些国内外学者对于国家出口二元边际的研究较好地证明了本书的假设，如汉默和克莱罗（Hummels & Klenow，2005）和纳亚克（Nayak，2011）通过对国家间的贸易流量和工业数据的考察发现，资本丰裕型国家和劳动丰裕型国家产出增长的特征表现出很大的差异。前者的增长主要依赖于市场上新出口企业数量的增加（扩展的边际），而后者的增长主要依赖于已存在企业产出的增长（集约的边际）。一些学者对中国出口二元边际的研究也支持了这一论点，如钱学锋（2010）基于企业异质性贸易理论框架，利用 1995～2005 年 HS-6 位数国际贸易数据，客观描述了中国出口增长二元边际结构的特征性事实。文章发现，无论在多边层次还是在双边层次，中国的出口增长主要是沿着集约的边际实现的，扩展的边际占据的比重很小。陈勇兵（2012）基于企业异质性贸易理论框架，利用中国海关数据从企业层面将中国出口增长分解为扩展边际（出口企业数量）与集约边际（单位企业的平均出口额），描述了中国企业出口动态和二元边际结构，结果发现，2000～2005 年，尽管扩展边际的波动幅度远大于集约边际，中国出口的增长仍大部分是由持续出口企业的贸易额扩大实现的。基于以上背景，本书认为，无论是从理论发展层面还是从现实指导层面，将企业异质性、地区要素禀赋差异这两点纳入标准本土市场效应理论框架中并对其深入研究是很有必要的。

综上所述，本书分别从理论和实践的角度提出了研究的三个出发点，试图在一个新的视角下解决当下中国经济结构失衡、对贸易过度依赖外部经济形势等问题。

1.6 研究的意义

1.6.1 理论意义

本土市场效应理论作为新贸易将内需与外需有机地结合在一起，从而有效地解决了内需与外需平衡发展问题，但是针对不同要素禀赋地区其作用效果存在差异，必须将传统的比较优势考虑其中。另外，新贸易理论缺乏微观基础，将新新贸易理论与本土市场效应联系在一起能够为本土市场效应提供微观基础，增强其结论的可靠性。因此，本书将三者融为一体具有较强的理论意义。具体而言，可以归结为以下三个方面的理论创新。

第一，我国幅员辽阔，各地区要素禀赋差异较大，将我国地区本土市场效应与要素禀赋相结合考虑不同要素禀赋地区本土市场效应的差异意义重大。由于以往对本土市场效应理论的研究要么假定企业生产仅需劳动一种要素，要么假设不同国家有着相同的要素比例，所以这类研究均给出了相同的结论，即不同国家行业的本土市场效应不存在差异，本书认为异质性的企业与国家间要素禀赋差异将会对部门本土市场效应的分布产生影响。其理论机制在于：一方面，正如汉森（Hanson，2004）所分析的那样，集聚会使需求上升，从而提升大国的要素价格。因为在垄断竞争模型中，价格是成本的一个加成定价，大国中所有的部门产品的价格都会更高。差异化更大的产品部门对高价格的敏感性较低，因此，更大国家在差异化部门的本土市场效应更加显著。另一方面，不同的国家有着不同的要素禀赋，各国国内的企业会对集聚行为产生不同的反应，如资本丰裕型国家劳动力资源较少，企业会用更多的资本替代劳动，企业的集聚会进一步促使工人的工资有较高水平的提升。在这样一个两要素的模型里，较大的资本密集型国家通常比较小的劳动密集型国家的工资水平高，这是由于资本密集以及集聚因素双重影响所致。所以最终将会导致较大的资本丰裕型国家在产品差异程度较大的部门有较强的本土市场效应，而资本丰裕型国家在产品差异程度较小的部门有较强的本土市场效应。

第二，中国作为"世界工厂"，贸易作用不容忽视，深入分析其贸易结构对发展我国经济有着深远意义，所以对地区出口二元边际与地区要素禀赋关系的研究可以为其提供理论基础。本书认为，由于企业具有异质性，要素禀赋不同的国家，其本土市场效应的驱动力不同。资本丰裕型国家中部门的本土市场效应主要是由扩展的边际所推动，而劳动丰裕型国家中部门的本土市场效应主要是由集约的边际所推动。本书得到以上结论主要是基于一个假设，即固定成本的资本密集度要高于可变成本，这一假设表明，资本丰裕型国家在创立新企业时具有比较优势。因此，资本丰裕型国家更多地依赖于扩展的边际从而实现产出扩张的目的。与之相对，劳动丰裕型国家更加倾向于集约的边际即通过增加劳动力的使用达到其扩张目的。

第三，从理论上分析中国本土市场效应的来源，须将二元边际与本土市场效应相结合，本土市场效应由克鲁格曼首次提出，是指基于规模报酬递增，产品具有差异的前提下，一国对某种产品有较大的国内需求，该国将会成为该种产品的净出口国。但在他的模型中，只考虑到一种生产要素——劳动，未将资本要素作为考虑对象，所以他也未曾考虑企业的规模以及出口的结构，本书认为，存在两种生产要素，一国出口的增长不但来源于出口企业数量的增加，同样依赖于企业出口产品数量的增加，换言之，克鲁格曼认为，一国贸易的增长均来源于扩展的边际，本书认为，一国贸易的增长由集约边际与扩展边际共同推动。

1.6.2　现实意义

国际贸易在我国经济发展中具有不可替代的作用，但在 2008 年世界金融危机及 2009 年欧洲债务危机后，各国贸易保护主义抬头，建立了各种贸易保护措施，使我国对外贸易面临严峻的挑战。对我国本土市场效应的深入研究，为我国贸易政策实施提供了理论基础，具体表现为以下几方面。

第一，为我国对外贸易的持续健康发展提供了新的视角。长久以来，我国对外贸易一直遵循着比较优势理论，将充裕的劳动力、低廉的自然资源作为参与国际分工的基础，然而，这种比较优势是否能够持续呢？答案是否定的，当前我国外贸出口企业普遍面临生产成本快速增长风险，目前中国人口红利的逐渐消退，制造业工资水平不断提高，各地最低工资标准纷纷上调。土地、原材料的价格大幅上涨。出口企业正常利润空间受到严重挤压，多地甚至出现企业"停工潮"，对我国外贸出口前景造成不利影响。用工紧张的情况从珠三角、长三角，随着制造业企业追逐劳动力资源的足迹向中、西部地区蔓延，一些劳动力输出大省，如安徽、湖南、江西也出现了不同程度的招工难问题。劳动力短缺反映在劳动力市场的最直接表现即是劳动力价格的上升。

从 2008 年金融危机爆发后，我国制造业实际平均工资已经连续上涨，并且增长幅度不断走高，仅在 2012 年有增速放缓迹象，涨幅基本维持在 10% 左右。从政策层面看，我国政府对工资上涨是认可和支持的，因为一方面有利于矫正过去劳动力在总产出中分配比例过低的局面，另一方面对于调动内需也是必要的前提条件。近年来，我国地方政府纷纷上调了最低工资标准，2011 年，30 个省份上调最低工资标准，2012 年，23 个省份上调最低工资标准，2013 年，23 个省份上调最低工资标准。此外，中国政府也在不断地修订《劳动法》保障劳动者的福利和权益。根据国际货币基金世界经济展望数据库（IMF world economic outlook database）2010 年的数据统计，中国平均年均最低工资与平均强制性福利构成的全部用工成本在新兴亚洲国家中排名第三，仅低于马来西亚与泰国，远远高于印度、印度尼西亚、越南等制造业正在崛起的国家。客观地说，我国制造业企业在劳动力成本上的负担正在快速上涨。然而，随着中国老龄化问题的加剧，制造业工资水平上涨的趋势仍将长期保持，如果不能通过合理途径消化用工成本，或是以提高劳动生产率的方式降低单位劳动成本，我国基于劳动密集型产品的比较优势将会逐渐消退。

除工资外，原材料、能源、中间产品的价格也在持续上涨，并推动了企业成本的连锁上涨。图1-4显示了我国以1990年为基期的工业生产者购进价格指数，这一指标衡量了工业企业在组织生产时作为中间投入的原材料、燃料、动力的购进价格变动趋势。可以看出，从2000年开始，工业企业购进中间投入的价格呈现明显上升趋势，仅在危机后的2009年略微有下调，但此后又恢复了上涨。2009~2012年，工业生产者的购进价格快速上升了18%。虽然2012~2016年该指数有所下降但仍处于较高水平。

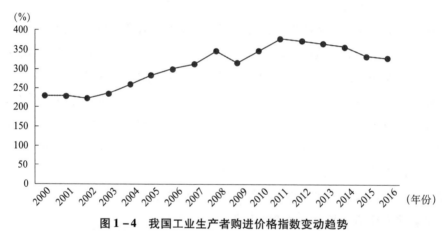

图1-4 我国工业生产者购进价格指数变动趋势

资料来源：根据《中国统计年鉴2017》数据整理。

如果比较优势是中国对外贸易的唯一动因，那么中国必将在不久的未来丧失"世界工厂"的地位。克鲁格曼（1985）提出的本土市场效应为我国对外贸易提供了新的思路，当规模报酬发挥作用时，中国国内巨大的需求必将成为中国对外贸易的主要驱动力，中国世界贸易大国的地位将会得到巩固，其对世界经济的增长也会起到不可替代的作用。

第二，扩大国内需求，尤其是居民消费需求，在促进对外贸易的同时能够优化当前经济结构。中国当前经济结构严重失衡，出口与投资成为经济增长的主要驱动力，居民消费不足。考察发达国家的经济发展史可知：对于一国的长期经济增长而言，内需是一国经济增长的根本动力，外需则是一国经济增长的重要补充。在短期内，外需也许能起到重大作用；但从长期来看，内需才是一个国家保持持久增长动力的源泉。从我国的经济发展的战略高度出发，内需的重要性体现在以下几个方面：首先，我国是一个人口和领域面积大国。我国有着较为丰富的自然资源和广阔的国内市场，经济发展最主要的要靠挖掘自身潜力，利用本土资源，开拓国内各种市场。其次，过多依赖外需会影响中国的经济安全。靠外需支撑的经济增长对国际市场的波动非常敏感，一旦世界经济陷入衰退，势必影响到出口。出口的大幅度减少，如果没有相应的内需做补充，经济增长速度就会放慢。最后，过度依赖外需会造成国内畸形的出口导向型的经济结构，大量资源用于生产满足国外居民需要的产品，而国内居民急需的产品却得不到供应，这并不利于内需的扩大。本土市场效应理论的深入研究将有力地促进我国内需，从而优化我国经济结构。

1.7 研究方法与技术路线

1.7.1 技术路线

本书通过对中国对外贸易现状的分析以及中国经济结构的国际化比较发现，中国经济过度依赖国外市场，国内需求严重不足等问题。然后提出其解决途径——本土市场效应，即通过加强本土消费规模进而实现对外贸易的扩张。继而本书以本土市场效应理论的发展脉络梳理了该理论研究的相关文献，以此为基础，本书构建了理论基础及相关模型，并对模型中影响本土市场效应的几个关键变量做了详细的分析。接着本书全面考察了中国制造业对外贸易现状并试图从中发现可能存在的本土市场效应现象，然后本书以理论模型为导向并用实证的方法考察了中国制造业行业以及各地区①不同特征行业②的本土市场效应和本土市场效应的来源——出口的二元边际。最后本书根据理论模型与实证结果提出相关的政策建议。全书的技术路线如图 1-5 所示。

---

① 本书分别对比考察了东部地区、中部地区与西部地区以及不同要素丰裕地区本土市场效应的差异及原因。

② 本书将中国制造业行业按照以下几种方式划分为不同特征制造业行业并分析了其本土市场效应的差异：不同技术水平划分为高新技术水平制造业行业、中高技术制造业行业、中低技术制造业行业、低技术制造业行业；不同要素密集度划分为资本密集型制造业行业、劳动密集型制造业行业、资源密集型制造业行业；不同贸易方式划分为一般贸易制造业行业与加工贸易制造业行业。

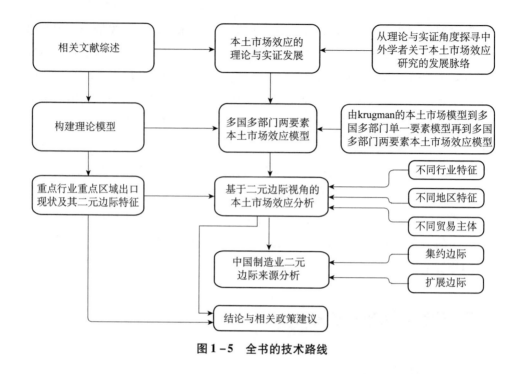

图 1 – 5　全书的技术路线

1.7.2　研究方法

本书在构思创作的过程中阅读了大量有关国内外本土市场效应的文献，既包括理论研究也涵盖实践结果，并在此基础上对其进行了梳理与分析，从而具有良好的研究基础。对本土市场效应的发展演变从经典模型分析到扩展模型分析，结合本土市场效应理论在发展过程中遇到的新的挑战与机遇，深入剖析了其演变的动力，从而确立了本书的写作思路与基本框架，具体而言，本书主要利用以下方法进行论著的写作和研究。

第一，归纳演绎法。归纳法指从个体出发从而得到一般性的规律，从一系列特定的个体分析中发现其共性。演绎法则是从一般规律到个体特征，从共性分析到个性分析。本书首先考察本土市场效应的一般性内容，即从中国整体制造业行业本土市场效应考察开始，然后考察本土市场效应的个性内容，如各制造业行业本土市场效应存在的规律，不同地区制造业行业本土市场效应存在的差异，中国制造业行业中加工贸易与一般贸易本土市场效应的不同。最后考察不同要素禀赋地区中不同特征制造业行业本土市场效应的差异。

第二，实证分析。本书系统地分析了新贸易与新新贸易理论，并以此为基础用实证模型考察了中国制造业本土市场效应的特征及其来源——二元边际。本书结合中国制造业大量的宏观数据及微观企业数据，通过各种实证方法定量分析了中国制造业本土市场效应特征及其动力来源——二元边际。具体实证方法包括 Heckman 两阶段回归方法、倍差分析方法等。

（1）Heckman 两阶段回归方法：个体资料的收集大多是在一个不完全随机抽样的状况下进行的，而抽样之所以不随机，是因为个体资料的样本观察值都是来自于家庭、厂商等经济个体，而这些经济个体本身（或是它周遭的其他经济个体）都具有选择判断的能力，因此很可能会采取一些影响抽样过程的行动，以致抽样失去随机性，造成所收集到的样本不能够比例地代表母体。例如，我们永远只能从有工作的人那里获得工作时间以及薪资的资料，但总人口中总会有不小比例的人选择不工作，任何资料库都不可能包括这些人的工时或薪资，也就是说，不工作者工时或薪资之无法观察的本质，造成资料库结构性的缺失，不论抽样过程是如何的客观随机，所得到工时或薪资的资料严格说起来均不具真正的代表性，如果使用传统的经济计量方法来分析这样的资料，所得到的任何推论都只能代表有工作者的行为，而不能说是对全体人口的行为描述，若仍然将实证结果解释为放诸四海皆准的发现，当然是犯了以偏概全的错误，这种错误就是所谓的"样本选择误差"（selection bias）。Heckman 两阶段方法解决了样本的选择误差。

（2）倍差分析方法：阿什恩费尔特（Ashenfelter，1985）提出 DID 之后，倍差匹配的方法得到了广泛的应用，最简单的设定可以表述为可以观察到两组两个时期的支付结果。其中一组称为实验组，另一组称为控制组。我们所研究的问题存在着两重对比：资本丰裕型地区与劳动丰裕型地区之间的对比；资本丰裕型地区中资本密集型行业与劳动密集型行业之间的对比，劳动丰裕型地区中资本密集型行业与劳动密集型行业之间的对比。倍差匹配的方法可以去除大量干扰因素。如在本书考虑不同要素禀赋地区中不同要素密集度本土市场效应时，倍差方法可以去除不同地区各自的特有因素。

1.8　可能的创新与不足

1.8.1　可能的创新

（1）选题的创新。以往对本土市场效应理论的研究要么假定企业生产仅需劳动一种要素，要么假设不同国家有着相同的要素比例，所以这类研究均给出了相同的结论，即不同国家行业的本土市场效应不存在差异。本书认为，异质性的企业与国家间要素禀赋差异将会对部门本土市场效应的分布产生影响。其理论机制在于：一方面，集聚会使需求上升，从而提升大国的要素价格。因为在垄断竞争模型中，价格是成本的一个加成定价，大国中所有的部门产品的价格都会更高。更加差异化的产品部门对高价格的敏感性较低，因此，更大国家在差异化部门的本土市场效应更加显著。另一方面，不同的国家有着不同的要素禀赋，各国国内的企业会对集聚行为产生不同的反应，如资本丰裕型国家劳动力资源较少，企业会用更多的资本替代劳动，企业的集聚会进一步促使工人的工资有较高水平的提升。在这样一个两要素的模型里，较大的资本密集型国家通常比较小的劳动密集型国家的工资水平高，这是由于资本密集以及集聚因素双重影响所致。所以最终将会导致较大的资本丰裕型国家在产品差异程度较大的部门有较强的本土市场效应，而资本丰裕型国家在产品差异程度较小的部门有较强的本土市场效应。

以往对本土市场效应的分析并没有考察内需规模对出口结构的影响，即一国内需的增大对其出口的作用究竟是集约边际主导的还是扩展边际主导的，本书从理论层面加以分析并用大量微、宏观数据进行考察。使中国制造业本土市场的研究得到了进一步升华。

（2）方法上的创新。为了使本书的研究结论更为可靠，本书选择大量较为前沿的研究方法，如上述部分所提到的 Heckman 两阶段回归方法、倍差方法。由于微观企业数据的分析考察常常伴随着选择性偏误等问题，所以本书在分析该数据时使用了 Heckman 两阶段方法从而规避选择性偏误问题，使所得结论的可靠性增强。使用倍差匹配的方法是因为这种方法考察双重差异，可以去除大量干扰因素。如在本书考虑不同要素禀赋地区中不同要素密集度本土市场效应时，倍差方法可以去除不同地区各自的特有因素。

（3）研究结论的创新。本书通过综合考虑要素禀赋理论、本土市场效应理论和新新贸易理论并运用理论与实证相结合的分析方法，发现资本丰裕型国家在产品差异程度较大的部门有较强的本土市场效应，其本土市场效应主要来源于扩展边际，而劳动丰裕型国家在产品差异程度较小的部门有较强的本土市场效应，其本土市场效应主要来源于集约的边际。并提出了相应的政策建议。

1.8.2　可能的不足

（1）数据上的缺陷。本书在研究中国制造业本土市场效应时使用了大量微观企业数据，这些数据包含大量样本信息，能够很好地反映微观企业的经营状况从而使本书结论更具可靠性，但是同样由于数据量较大、收集数据十分不易，本书所使用的微观数据年限较短且数据更新仅至 2007 年，时效性具有一定程度上缺失。因此，在随后的研究中需要不断更新数据，从而使本书的研究得到进一步深入。

（2）衡量方法上的缺陷。本书试图考察不同要素禀赋地区不同特征行业本土市场效应的差异，在此不同行业特征应该包括四点内容：行业贸易的障碍、行业的运输成本、行业产品的差异化程度、行业的规模效应。但由于缺乏对行业贸易障碍及行业运输成本的衡量指标，本书对该问题的考察中只涉及行业的后两种特征如行业的产品。本书认为，在以后的行业划分、行业特征的考察中应该进一步深化。

1.9　全书结构

本书的结构如下：

第 1 章为导论。本部分主要提出本书的研究背景与意义、本书的研究思路与方法、本书的主要研究内容、本书可能的创新与不足。

第 2 章为相关文献综述。本部分首先简要介绍了克鲁格曼以及埃尔普曼和克鲁格曼（Helpman & Krugman，1985）提出的本土市场效应经典理论，继而以该理论为基础梳理了系列本土市场效应的扩展理论，扩展方向主要集中于以下几点：第一，消费者偏好假设；第二，市场结构假设；第三，是否存在一个无交易成本的同质性行业假设；第四，生产要素构成假设；第五，是否是多国模型假设。接着本部分介绍了关于本土市场效应衡量方法的一些文献。然后本部分展示了以上述理论和方法为基础得到的考察国内外本土市场效应的相关文献。由于本书试图考察本土市场效应的来源与结构，所以本部分最后考察了二元边际的相关文献。

第 3 章为本土市场效应理论模型。依照本书的研究目标和实证部分的安排，本书理论部分首先考虑了克鲁格曼以及埃尔普曼和克鲁格曼提出的本土市场效应经典理论，并以此为基础介绍了汉森的扩展理论，该理论不同特征（如运输成本、规模报酬）的行业存在着不同强度的本土市场效应。并以此理论为基础，总结了影响本土市场效应强度的几个关键指标，他们分别为贸易障碍、运输成本、产品差异化程度、规模经济程度，继而本书提出了不同特征行业在不同要素禀赋地区中本土市场效应强度表现不同。

第4章为中国制造业出口现状及二元边际特征。首先本部分介绍了中国对外贸易发展的进程①，接着进一步通过对中国对外贸易依存度变化的考察量化了中国对外贸易对中国GDP的推动作用，进而本部分将对外贸易分解细化其结构特征，如中国初级产品与工业制成品进出口结构变化，中国一般贸易与加工贸易方式下进出口结构的变化，中国东、中、西三大区域进出口贸易比重对比与变化，通过上述部分的分析，我们可以对我国对外贸易及其与经济总量之间的关系有一个大体认识。接下来，本书进一步考察了制造业行业的发展趋势，主要从以下几个方面表现：（1）中国制造业对外贸易的区域分布，其主要内容包括中国东、中、西部三大区域制造业贸易比重变动与对比分析、中国东、中、西部三大区域制造业两种贸易方式进出口额比重变动与对比分析、中国各省（区、市）层次制造业分布的变动与对比分析；（2）中国制造业对外贸易的行业分布，并通过制造业行业外向度水平反映不同行业可能存在着不同的本土市场效应。继而本部分考察了中国制造业对外贸易二元边际情况，并对不同要素禀赋地区对外贸易的二元边际情况做了对比分析。

第5章为中国制造业行业本土市场效应的实证分析。本书首先利用宏观数据对中国制造业本土市场效应进行了实证检验并考察了不同时间段中国制造业本土市场效应的变动，继而本书从行业结构的角度考察了这种变动的原因②，同时，本书证明了不同特征制造业行业存在本土市场效应的差异，进而本书考察了不同要素禀赋地区本土市场效应的差异③。以此为基础，本书将地区特征与行业特征结合考察了不同要素禀赋地区在不同特征制造业行业本土市场效应的差异，这一点是本书的实证部分的核心内容，最后本书考察了我国制造业行业本土市场效应的来源，并以二元边际作为视角，验证其结果是否与理论预期相同。

第6章为中国制造业本土市场效应的二元边际来源分析。固定成本与可变成

---

① 由于中国制造业是中国对外贸易的主体，中国对外贸易的发展概况可以反映制造业外贸的基本特征，所以部分首先介绍了中国对外贸易发展的进程。

② 本书理论部分认为不同制造业行业本土市场效应存在差异，如产品差异化程度较高规模、经济较大的制造业行业本土市场效应较大，本书试图从中国制造业结构的变动观察本土市场效应强度改变的原因。

③ 根据理论模型，不同要素禀赋地区其内制造业行业分布结构有所差异，产品差异化程度较高的制造业行业倾向于集于资本丰裕型地区，而产品差异化程度较低的制造业行业倾向于集于劳动丰裕型地区，这是因为新企业的建立，新产品的开发需要更多的资本。

本对资本及劳动力的需求有所不同，固定成本需要较多的资本要素、较少的劳动要素，而可变成本需要较多的劳动要素、较少的资本要素。新企业的创立需要资本与劳动要素。因此，资本丰裕型地区由于资本较为丰裕倾向于创立更多的企业扩大对外出口，而劳动丰裕型地区倾向于扩大原有企业规模扩大对外出口，最终，资本丰裕型地区倾向于沿着扩展的边际扩大对外出口，劳动丰裕型地区倾向于沿着集约的边际扩大对外出口。以此为基础，本书利用中国省份要素禀赋的差异考察资本丰裕型地区是否倾向于沿着扩展的边际扩大对外出口，劳动丰裕型地区倾向于沿着集约的边际扩大对外出口。

第 7 章为结论与政策建议。考虑到中国现阶段存在的内需不同以及外需过度依赖外部经济形势等问题，本书前面几部分在理论和实证的层面上深入分析了其解决之道——本土市场效应理论，本部分以实证部分能得到的六点结论为基础，并提出了相关的政策建议。

第 2 章
相关文献综述

本书以二元边际为视角研究中国制造业本土市场效应，二元边际以及本土市场作为关键词是本书研究的重要领域，本书将对二元边际以及二者之间的关系进行文献梳理。首先，本土市场效应提出本土市场规模与外需之间的关系，为内需与外需关系提供了很好的宏观视角，二元边际本身代表着贸易的结构特征，能够很好表明中国本土市场效应的来源。将二者进行结合能够更加深刻地认识我国内需与外贸关系，相关文献如下。

2.1 本土市场效应相关文献综述

随着新贸易理论的发展，"本土市场效应理论"的提出为内外需均衡发展及经济的振兴提供了一个全新视角。克鲁格曼以及埃尔普曼和克鲁格曼首次提出这一理论，他们建立模型并将其设定两个国家、两个部门、仅投入劳动力一种生产要素。一个部门在规模报酬不变、完全竞争的条件下生产同质性产品，另一个部门在规模报酬递增和垄断竞争条件下生产异质性产品（Dixit & Stiglitz, 1977）。偏好设定为在两个同质产品间采用柯布-道格拉斯函数，不同的异质性产品间采用 CES 函数。对于每一种不同的异质性产品，固定和边际成本在国家间是相同的并且保持不变。同质性产品可以自由贸易即具有零贸易成本，与其相对，异质性产品的国际贸易具有贸易成本并体现为冰山成本。同质性产品贸易成本为零的假设导致了国家间要素价格均等化，即劳动力成本在所有国家均是相等的。当同时满足要素价格均等、贸易成本和固定成本三个条件时，可得出在国际贸易均衡状态下，大国对异质性产品的生产大于需求，这将会使得大国成为异质性产品的净出口国。克鲁格曼以及埃尔普曼和克鲁格曼提出的本土市场效应理论为国际贸易提供了新的理论基础，其理论与现实意义重大。随后，众多国外学者在其理论模型的基础上进行了扩展，主要体现于以下几个方面：第一，消费者偏好假设；第二，市场结构假设；第三，是否存在一个无交易成本的同质性行业假设；第四，生产要素构成假设；第五，是否为多国模型假设。

第一，对于消费者偏好的假定，埃尔普曼（Helpman，1990）认为，异质性产品间的交叉弹性要大于异质性产品作为一个整体的需求价格弹性，他用 CES 效应函数取代 CD 效用函数。在此基础上，另一些学者将标准模型中同质性产品与异质性产品间的替代关系由 CD 函数变成 CES 函数（Yu，2005），这样一来，两种产品间的支出将会受到两种产品价格指数的影响。CES 效用函数中替代弹性的非单一性假定使异质性产品的支出份额内生化，并且使有着相同偏好的国家在异质性产品的支出上产生差异。一个内生的支出份额对于本土市场效应意义重大，由于存在着相对的市场规模，国家间异质性产品不同的支出份额会影响制造业的布局。效用函数的这一改变为本土市场效应提供了新的视角。当同质性产品和异质性产品同时存在贸易成本时，异质性产品的贸易可以平衡状态，但市场规模影响着产业结构，产出结构的本土市场效应会显现、消失或者存在逆向本土市场效应，这完全依赖于同质性产品和异质型产品之间的需求替代弹性。换言之，同质性产品和异质性产品间的需求替代弹性是否大于 1 会影响异质性产品支出的份额，因此影响制造业份额分布状况。进一步将标准模型中不完全竞争市场、规模报酬递增、贸易成本等假设进行放宽以对本土市场效应进行验证，发现本土市场效应仍然是存在的（Head et al.，2002）。另外一些学者的研究发现边际成本的一个固定加成定价的 CES 函数并不是本土市场效应存在的必要条件（Ottabiavo & van Ypersee，2005）。

第二，对于市场结构的假定，大量研究表明，垄断竞争市场并非本土市场效应存在的前提，同质性产品同样会存在着本土市场效应只要这一市场存在着进入限制或者存在在一个寡头竞争的古诺市场（Feenstra et al.，2001；Head et al.，2002）。

第三，对于是否存在着完全竞争的同质性产品部门，也同样引起巨大的争议。当存在着这样一个外在部门时，D-S 部门中的贸易不平衡就会被吸收从而达到国际专业化生产的目的。戴维斯（Davis，1998）以及克洛泽和特里翁费蒂（Crozet & Trionfetti，2008）扩展了以往的研究，提出了在同质性产品部门也存在着贸易成本。戴维斯（Davis，1998）认为，克鲁格曼将同质性产品设定为贸易成本为 0 这一假设是没有根据的，而这一点是影响本土效应是否存在的关键。因此，他考察了同质性产品与异质性产的贸易成本，方法借鉴于劳奇（Rauch，1996）将国际贸易产品分为：（1）有组织的交易产品；（2）有参考价格的产品；（3）将以上两种产品以外的产品归结到此类。然后再将这三种产品分别对应于同质性产品、近似同质性产品以及异质性产品，他发现同质性产品的贸易成本不但存在且要高于异质性产品。最终结果表明，本土市场效应不存在。除此之外，他的研究结果表明，除非异质性产品的贸易成本非常高，否则每个国家都将以国家规模为比例进行生产。克洛泽（Crozet，2008）同样认为，大多数关于本土市场的理论与实证研究均假设存在着这样一个外在部门，可以吸收贸易的不均衡以及工资的差异，这是不现实的。他认为即使是同质型产品也存在着 Armington 弹性差异和冰山成本。在这种模型设定下，他通过对 25 个行业、25 个国家、7 年的数据进行考察，发现本土市场效应表现为非线性。他认为当一国在某一部门的需求与世界平均需求差异较大时，这一部门的本土市场效应较为明显，所以他的研究结论进一步证明了虽然外在部门的设定与现实不相符合，但是这一假定并不会影响本土市场效应的存在性。霍姆斯（Holmes，2003）认为，并不存在完全同质的产品，所有的产品均具有贸易成本并且都是差异化的。所以他的研究放宽了标准模型中的一个简易化假设，即存在一个外在部门——其产品同质且没有贸易成本，并以规模经济的差异化为标准将行业区分两个异质产品行业，不同于以往假设存在规模报酬不变和规模报酬递增两类产业的文献，该模型假设存在一系列在规模经济程度上存在差异的产业类型，并假设运输成本对所有产业类型都是一样的。研究结果表明，贸易模式取决于国家规模，小国家出口中等规模报酬递增的产品，大国家出口高规模报酬递增的产品。

第四，对于单要素生产函数的扩展。年明和高桥（Toshiaki & Takahashi，2011）认为，在以往本土市场效应的研究中，学者们将劳动力作为唯一的生产要素这一点是不科学的，资本作为企业生产的另一必备要素已获得经济学界的广泛认同。在大多数工业化国家中，劳动力的流动受到了较大限制，但是资本却能自由流动。特别是当布雷顿森林体系瓦解以后，资本在国际间加速流动。所以他们构建了一个理论框架，在这个框架中存在着资本这一生产要素，但是不存着一个无贸易成本的农业部门。这一框架可以让他们同时考察工业空间布局的不平等性和收入的差异性。流动的资本可以使企业聚集于较大规模的经济体中，并促使其区域内的工资水平上升。从工资和企业份额两方面展现出本土市场效应。直觉上，我们会认为更多的企业聚集在较大规模的经济体中以达到减少贸易成本的目的，这样的行为同时会促进工资的上升。此时，由于劳动力成本的上升，每一个企业会减少劳动力的投入。所以，最终大国会展现出本土市场效应。另外，文章还表明，行业分布的不均等性和工资水平的差异性呈现倒"U"型关系。倒"U"型的形状表明，贸易成本和空间不平等性之间的关系并非单调的。当贸易成本较高时，减小贸易成本，集聚将更明显，当进一步减小贸易成本时，集聚会减弱。该研究将资本作为另一生产要素容纳在了新的生产函数中，这一点与现实较为接近，并且这一假设使我们在分析本土市场效应时无须考虑一个没有贸易成本的同质性部门，这样一来，结论的可靠性大大上升。其理论机制表现为企业为了减少贸易成本会选择在一个较大规模的经济体内生产，虽然这样会带来劳动力需求的上升，但是由于资本的全球化流动，企业会用资本代替劳动，劳动力成本不会上升，由于资本的全球化流动，其成本也不会上升，那么最终就会导致本地市场效应的出现。

第五，对于两国理论模型的扩展，戴维斯和温斯坦（Davis & Weinstein，1998）运用两国模型考察了 OECD 国家的本土市场效应情况，其结论表明，本土市场效应不存在。戴维斯和温斯坦（2003）再次运用多国模型考察 OECD 国家的本土市场效应，与 1998 年验证过程不同，在其研究过程中使用了地理结构概念（以此衡量市场接近度），最终得到的结论是 OECD 国家存在着本土市场效应。上述研究结论的差异反映了国家概念与地理结构概念在本土市场效应验证过程的重要性，当我们在考察是否存在本土市场效应时，必须将第三国的影响考虑进去。贝伦斯等（Behrens et al.，2004）和贝伦斯等（Behrens et al.，2009）的研究表明，本土市场效应不一定能在多国框架的分析体系内成立，因为 HME 的存在与否受到其他国家的影响，而这些国家在中心位置与技术水平方面存在着差异。进一步该研究衍生了一个新的模型，在这个模型中包含了贸易国家的个数和技术水平差异的形式，在控制了中心位置的影响及比较优势的影响后（比较优势是通过一个简单的线性过滤器控制的），其结论表明，本土市场效应总是存在的。即一个国家产出占世界总产出的份额要大于一个国家需求占世界总需求的份额。需要说明的是，这一假设同样也考虑了由于技术差异所导致的要素价格之间的差异。曾道之（Dao-Zhi Zeng，2012）认为，埃尔普曼和克鲁格曼在研究本土市场效应时假定标准模型中有两个国家，并且存在着一个没有贸易成本的同质性部门是不符合现实的，在此基础上的研究缺乏可靠性。所以他的研究考虑了多国情况，并且在模型设定时去除了同质性产品部门。他的研究结果表明，企业市场份额与劳动工资仍然与标准模型结论相同，另外，本土市场效应是存在的，工资水平与下降的贸易成本表现为"U"型关系（这主要是因为劳动力是缺乏流动性的，更多的企业集聚于某一地区会导致该地区劳动力需求的上升，从而会促进工资水平的上升。集聚对工资水平的影响主要表现为两个方面：一方面，集聚使某一地区内劳动力需求上升，这又会促使工资水平的上升，当工资水平上升到一定程度，集聚就会下降，工资水平也会随之降低。所以工资水平表现为倒"U"型）。

一些学者认为，本土市场效应本身的理论框架也存在着问题，即规模效应只是国际贸易方向的一个动因，它对国家贸易的流向产生影响，但是不是决定性的。微观企业能够出口，还要取决于其生产率大小。以此为方向，一些学者认为，标准本土市场效应模型假设国家间除了规模差异，其他各方面都是相同，这一点与现实情况相差较大，建立在此假设基础上的实证检验缺乏可靠性（Deng-Shing Huang，2008），所以在标准模型的基础上考虑了国家间的技术差异，认为如果较小规模的经济体具有较高的技术水平，本土市场效应将会消失，甚至会出现逆向本土市场效应。研究表明，技术优势主要表现为两个方面：第一方面即直接效应方面，表现为较高的技术水平会导致较低的生产成本从而表现出较高的生产率水平；第二方面即间接效应方面，表现为通过贸易使生存企业的分布格局发现变化。根据理论结果，运用引力模型对本土市场效应假设以及技术优势的直接效应与间接效应进行实证考察。学者们的研究运用了2002年专利数将六大产业划分为技术密集型产业和劳动密集型产业。六个行业的实证结果均支持了技术效应的存在，行业技术密集度越高，抵消本土市场效应的技术优势效应越明显，也越有可能发生逆向本土市场效应。

除了对理论模型进行扩展，一些学者还对本土市场效应衡量方法进行了深入研究。主要包括以下三种方法。

第一，通过考察国家或地区间行业供给与行业需求之间的关系衡量本土市场效应。克鲁格曼（1980）假定由于消费者偏好的不同（如德国消费者更喜欢啤酒，而法国消费者更喜欢香水）市场上每种产品的需求量具有差异性，导致一种高需求商品在一个市场上聚集。戴维斯和温斯坦（1998，2003）发现，对于德国或者日本制造业部门而言，产出的增长要大于当地需求的增长。同样的产出消费模式也出现在美国和加拿大（Head and Ries，2002）。这样一系列结果与本土市场效应的结论相符。

第二，通过考察出口产品收入需求弹性的变化衡量本土市场效应。理论上，异质性产品的收入弹性更高，因为他们有着更高的加成定价和更高的贸易成本。芬斯特拉等（Feenstra et al.，1998）运用引力模型考察了异质性产品的贸易和同质性产品的贸易，他们发现，异质性产品出口的收入需求弹性要大于同质性产品的收入需求弹性，这可以被解释为本土市场效应。

汉森（Hanson，2004）认为，实证文献支持本土市场效应，同时也表明规模报酬递增的重要性。但是现存的方法受制于怎样将这些影响反映出来。使用行业产量与行业需求量关系的方法来识别本土市场效应的一个问题在于行业需求必须与影响行业供给的冲击无关。但是现实中这样的问题经常会存在以至于最终的结论缺乏可靠性。使用引力模型考察本土市场效应也存在着一些问题。当我们对整体数据进行估计时，引力模型会掩盖行业间双边贸易流的变化，这种变化或许是本土市场效应显现的根源。另外，一些学者表明，引力模型的运用没有表达进口国的偏好差异，因此导致了估计有偏（Anderson & Wincoop，2001）。汉森（2004）创立了另一种方法衡量本土市场效应。与以往的研究相似，他以引力模型作为出发点，但是与以往研究不同的是，他使用倍差的引力模型，这样的设定与理论和真实数据的估计一致。首先，他选择了具有相似贸易障碍的国家对。第二，他集中研究了两种不同特质的产业，一组产业具有较高的运输成本和较强的规模报酬，另一组产业则具有较低的运输成本和较弱的规模报酬。第三，他考察了在国家对之间是否存在着大国出口较高贸易成本，较强规模报酬产业的产品的现象。

从以上文献的梳理可以看出，西方学者对本土市场效应理论的研究已较为成熟，特别是在理论模型方面做出了巨大贡献，他们从贸易角度很好地解释了内外需互动关系及其对经济增长的影响，而我国关于本土市场效应的研究近几年刚刚开始，国内文献主要集中于验证本土市场效应在产业中的存在性或与产业结构、产业升级的关系。钱学峰、梁琦（2007）在回顾本地市场效应的理论背景和基本理论模型的基础上，对其理论模型和经验证据的新近发展做了系统的梳理并进行了简要的评论。刘青海、张志超、蔡伟贤（2009）基于新经济地理学的框架，以本土市场效应为理论基础并加以拓展，说明了高增长低就业不仅仅是产业政策所致，而且更可能是由于不正确的空间政策的问题。冯伟（2010）构建了包括本土市场规模、对外贸易和制度差异在内的经济增长模型，通过中国 28 个省区市 1989 ~ 2008 年的经济发展数据检验了经济增长中的本土市场规模、对外贸易和制度差异的关系。研究表明：本土市场规模与对外贸易是促进经济增长的重要因素，但它们之间存在着替代性，直接与自身存在较大制度差异的地区合作难以有效促进经济增长，但通过制度差异所蕴含的制度学习效应，能弥补对外贸易发展水平的不足，并能与本土市场规模形成互补性。徐康宁、冯伟（2011）通过构建简要模型并基于案例的分析，对比研究了以企业为主体的技术创新的不同模式，提出了基于本土市场规模效应的技术创新的第三条道路。邱斌、尹威（2010）利用 2001～2008 年中国制造业 28 个细分行业面板数据考察本土市场效应的存在性、特点及其作用途径。研究发现，制造业出口总体上存在本土市场效应；细分贸易模式后的分析发现，本土市场效应在一般贸易中显著存在，在加工贸易中不显著。同时，制造业行业开放度、贸易结构和空间集聚程度对本土市场效应的发挥有明显影响。陈丰龙、徐康宁（2012）使用 2001～2010 年中国制造业分行业数据，实证分析了本土市场规模与全要素生产率之间的关系。从作用机制来看，本土市场规模对生产率增长和技术进步的正向作用主要通过资本密度、研发密度与人力资本等途径传递；对效率改进的正向影响主要通过资本密度、研发密度、人力资本以及对外开放度等途径传递。在所有的作用途径中，人力资本的影响最大。张国胜（2011）从理论上将本土市场规模对产业升级的作用机制归纳为：本土市场的互动效应能够引导产业升级的需求发现；需求发现通过市场规模的诱致效应，能够为企业发展技术能力与拓展具有更高边际利润的价值创造活动提供运营支持；本土规模市场的终端需求效应则诱导了参与式合作，这有助于提升产业升级所需的技术能力。张国胜、胡建军（2012）认为，产业升级过程中，本土市场的互动效应、市场规模的诱致效应与本土规模市场的终端需求效应能对其产生重要影响。这种影响集中体现为互动效应能够引导产业升级的需求发现，需求发现通过市场规模的相互催化为产业升级提供运营支持，终端需求效应通过参与式合作有助于发展产业升级所需的技术能力。

正如上文所述，国内学者对本土市场效应的研究多集中于实证层面，对本土市场效应在产业中是否存在、在不同行业中本土市场效应的差异、本土市场效应与产业结构与产业升级之间的关系、本土市场效应与要素禀赋及其二元边际来源鲜有研究。

2.2　二元边际相关文献综述

传统对外贸易理论在分析一国贸易时，主要考虑贸易数量（贸易额）这一单一维度，并未考虑到从事贸易的企业数量以及进出口的产品种类的变化。随着贸易理论的发展，以梅里兹（Melitz, 2003）为代表的新新贸易理论将企业异质性以及贸易固定成本考虑到国际贸易的理论模型中，该理论模型认为，同一行业中不同企业的生产率存在着差异，生产率较高的企业会出口，生产率较低的企业不出口，仅服务于国内市场，当贸易成本下降时，原已出口的企业将会扩大出口规模即集约边际，原来仅服务于国内市场的企业将会出口其产品即通过扩展的边际增加该国贸易量。实质上，本书认为，传统贸易理论关注的焦点是贸易量即集约的边际，而新新贸易理论引入企业异质性更为关注企业的出口行为即扩展边际。

　　从现有的文献来看，对于二元边际的定义，特别是对于扩展边际的定义还没有一个统一的标准，但主要分类方式有三种，这三种分类分别从贸易国家层面、贸易产品层面以及贸易企业层面界定二元边际。三种二元边际定义如下：第一，贸易产品层面界定的扩展边际是指出口产品种类的增加，相对应集约的边际是指原有出口产品在其数量上的增加。第二，贸易企业层面上扩展边际的定义为新的企业进入国外市场，集约边际则被认为是原已出口企业相对于其以往出口额度的增加。第三，贸易国家层面上的定义，扩展边际是指出口国建立的新的贸易伙伴关系，而集约边际表示原有双边贸易关系的贸易额增长。

　　国际贸易理论的研究中，扩展边际与集约边际的相对重要性成为学者争论的另一焦点，究竟是扩展边际对出口的影响大？还是集约的边际主导着对外贸易规模？影响二元边际的因素有哪些？本书将就此问题对已有研究进行梳理总结。

　　一些学者认为，在贸易中扩展的边际主导着贸易变化如伊顿等（Eaton et al.，2008）、伊顿等（Eaton et al.，2004）、劳里斯（Lawless，2007）、汉默和克莱罗（Hummels and Klenow，2005）、伯纳德（Bernard at al.，2009）、图尔坎（Turkcan，2014）、达特（Dutt P.，2011）。伊顿等（2008）利用 1996～2005 年哥伦比亚海关数据考察了企业的进出口行为，其结论表明，尽管新出口企业数量众多，占比高达 50% 以上，但是其对出口规模的影响较小。出口贸易仍然被那些出口较为稳定的大企业主导。但是新出口企业成长迅速，在近 20 年的时间里逐步占据出口规模的一半以上。伊顿等（2004）利用法国微观制造业数据企业考察了法国出口到 113 个国家的 16 个制造业行业的贸易情况，该数据包含了每个企业出口到每个目的地的贸易额。其研究结果表明：（1）企业在出口决策上存在较大差异，一些企业仅在国内销售；（2）出口到多个目的地的企业数量与出口目的地数量的弹性为 -2.5；（3）将法国出口到每一目的地市场的贸易额分解为出口市场的规模和出口的份额，市场份额的变动几乎完全依赖企业的进入与退出，而市场规模的变动则有 60% 依赖企业的进入与退出，换言之，扩展边际主导了法国的对外贸易。劳里斯（Lawless，2007）将美国出口数据分解为出口企业数量即扩张的边际以及平均出口额即集约的边际，发现一系列衡量贸易成本的地变量对二元边际的影响不同，距离对贸易二元边际的影响均为负，但是对扩张边际的影响要更大一些。汉默和克莱罗（Hummels and Klenow，2005）利用110个国家出口5 000种产品到59个国家的贸易数据，考察大国的对外贸易是否具有较大的集约边际（同种产品较多数量）和较大的扩展边际（较多产品种类）或者拥有较高的产品质量？他们发现，扩展边际可以解释较大规模经济体较大出口规模的2/3，而集约的边际仅能解释其中1/3。伯纳德等（Bernard at al.，2009）利用美国的贸易数据考察了贸易边际如何影响美国的进出口贸易，其结论表明，美国进出口贸易的波动主要源于进出口扩展边际的变化，集约边际对贸易的主导作用表现在一年的考察期间，而扩展边际对贸易的影响需要五年或者十年。图尔坎（Turkcan K.，2014）运用1998~2011BACI209个国家6位码行业贸易数据分析了土耳其出口的二元边际，其结果表明，扩展边际，特别是出口目的地数量的扩张是土耳其出口规模扩大的主导力量，针对集约边际，出口数量的贡献比价格增长的贡献大。达特（2011）运用6位码行业贸易数据考察了世界贸易增长中的扩展边际与集约边际，其结果表明，扩展边际的贡献逐年增长，并在1988年超过集约边际成为贸易的主导力量，另外，该研究表明，WTO规则的作用显著。

另外一些学者则认为，集约的边际决定贸易的增长，如帕切科和彼罗拉（Amurgo-Pacheco and Pierola，2008）考察了1990~2005年24个发达国家与发展中国家的出口的二元边际，其结论表明，贸易增长的86%来自集约的边际。另外，布伦顿（Brenton，2007）、埃尔普曼等（Helpman et al.，2008）和伊顿（2008）的研究也得到了相似的结论，他们均认为，集约的边际在贸易增长中起主要作用。大量对于中国贸易的研究也得到了相似的结论，阿米提和佛莱德（Amiti and Freund，2007）利用中国对美国HS10位数出口数据考察了中国出口的二元边际，他发现，中国对美国出口的增长基本上都来源于集约的边际，扩展边际对其影响不到15%。钱学峰（2010）通过对1995~2005年国家贸易数的分析，考察了中国出口增长的二元边际结构。他发现，无论在多边层次的层面还是在双边层次的层面，中国出口增长的主要动力来自集约的边际，扩展边际对其影响较小。高越（2014）运用1995~2010年中国6位码行业出口数据分析了中国出口的三元边际，即出口的扩展边际、出口额数量变动与价格变动，其结果表明，中国出口增长主要依赖于出口数量的增长，其贡献高达66.81%。费尔伯迈尔和科勒（Felbermayr and Kohler，2006）的研究表明，集约边际与扩展边际对出口增长的影响在不同的时间段发挥不同的影响，如在1950~1970年和20世纪90年代，扩展的边际较为重要，而在其他的年份中集约的边际发挥着主导作用。

贝塞德斯和普鲁马省（Besedes and Prusa，2010）使用调查数据，分析对比了发达国家与发展中国家的二元边际，他们发现，无论是发达国家还是发展中国家，扩展的边际均有较大提升，但是扩展边际的变动不会影响国家间长期的增长率。

除了上述关于二元边际相对重要性的考察，众多学者还从其他多个视角对二元边际的理论与实证进行了相关拓展，如施炳展（2010）提出了贸易增长的三元分解，他通过对 1995 ~ 2004 年六位 HS 贸易数据的分析，将中国的出口增长划分为广度的增长、数量的增长以及价格的增长，并以此为基础，利用非参数方法对中国的出口增长进行了研究。他发现，从增长来看，数量的增长最快，广度的增长次之，价格的增长最慢。他使用了不同的技术和不同的数据，结果均是稳健的。与出口二元边际相对应，马涛和刘仕国（2010）利用中国 2001 ~ 2006 年进口的 HS 六位码数据考察了我国进口增长的二元边际结构，他认为，进口的增长主要依赖于数量的扩张，市场中的老产品是进口的主要构成部分，换言之，中国进口的增长主要依赖于集约的边际。另外，他还分析了中国进口增长二元边际的影响因素，结果表明，双边贸易成本的下降以及多边阻力的提高均能促进双边进口。以微观企业的出口决策为视角，陈勇兵和陈宇媚（2013）通过对 2000 ~ 2005 年中国海关数据库的考察，将中国出口的增长分解为集约的边际即单位企业的平均出口额以及扩展的边际即出口企业数量，结果表明，2000 ~ 2005 年，虽然集约边际波动的幅度小于扩展边际波动的幅度，但是中国出口增长的主要动力来自持续出口企业贸易额的扩大。另外，中国出口增长的影响因素对二元边际的影响程度有所不同，经济规模、贸易成本以及距离的变动主要影响扩展边际进而影响出口额。与之相似，李新和曹婷（2013）同样基于 2000 ~ 2005 年中国企业层面的数据，从企业的出口与退出、产品与目的国的选择三个方面分析了中国出口的二元边际，他的研究结果表明，企业的出口与退出、产品与目的国的选择十分频繁，尽管在出口增长中，扩展边际波动的幅度比集约波动幅度大，但是集约边际仍然是主导出口增长的部分。黄玖立和徐旻鸿（2012）利用 2002 年中国地级行政单位海关数据考察了运输成本对地区出口二元边际的影响，他们的研究结果表明，运输成本能够显著地影响地区出口的贸易流量，其影响主要通过扩展的边际实现，运输成本的增加会减少地区出口的产品数量，但是运输成本对集约的边际影响不显著。他们认为，降低交通费用可以改善出口模式，最终优化中国出口结构。陈勇兵、王翠竹、赵贝贝（2012）利用 2000 ~ 2005 年中国海关企业数据库考察了中国出口企业的出口状态对中国出口增长的影响，他们的研究发现，如果以两年为期，已出口企业对出口增长的贡献较大，但从较长期来看，新进入企业对出口增长的贡献较大。另外，他们的研究还表明，大多出口企业不会改变其出口状态，这些企业会通过其出口规模与出口市场的改变影响出口额度。这说明中国的出口增长主要依赖于集约的边际而非扩展的边际。

通过对以往的文献梳理分析，本书发现，不同时期不同样本，针对出口二元边际的研究结论不尽相同，一些研究认为，扩展的边际主导着对外贸易，而另一些研究结果表明，集约的边际对贸易的影响较大。虽然关于二者重要性结论没有达到共识，但是有一点是确定的，即集约边际与扩展边际对贸易的影响是不容忽视的，扩展边际影响着贸易结构，而集约的边际则对于整体贸易量影响显著。由于微观数据的运用，进出口多视角的考察使得二元边际的理论与实证同样得到了长足的发展。

随着贸易二元边际研究的深入，众多学者对影响贸易二元边际的影响因素作了大量分析，如金融因素、制度因素、汇率因素、创新因素、基础设施因素、劳动力成本因素等。

2.2.1 关于金融因素

马洛瓦（Manova，2013）考察了信贷约束对贸易扩展边际和集约边际的影响，得到以下三点结论：第一，信贷约束对贸易扩展边际与集约边际均存在显著影响，信贷约束通过企业是否出口即扩展的边际对贸易总量的影响为 1/3，通过影响企业出口额即集约的边际对贸易总量的影响为 2/3。第二，金融发展较为完善的国家出口的产品种类更多。第三，金融发展较完善的地区其企业出口的市场越多，其中最小规模的市场规模相对较大。伯纳德（Bernard，2010）利用 2005 年及 2008～2009 年东欧和亚洲 28 个国家的调查数据，分析了企业融资与其出口决策的关系。他发现，生产率水平越高、存在时间越长、外资比例越高的企业越倾向于出口，而那些规模较大、生产率水平较高的企业退出国外市场的可能较小。但是研究结论表明，企业融资机会对其出口决策及出口后是否退出国外市场没有显著影响，即企业融资机会对扩展边际影响不明显。之所以出现这一结论，可能是由于在东欧和亚洲一些国家中，企业内部融资在企业出口决策中的作用更大。芬斯特拉等（Feenstra et al.，2011）认为，出口企业存在着额外的固定成本，出口中运输的时间越长，这部分成本越高，信贷约束对企业出口的扩展边际限制越大，并且中国企业层面的数据证明了这一结论，该研究还发现，金融危机对扩展边际的影响较大。伯尔曼（Berman，2010）利用 9 个发展中国家和新兴国家 5 000 个企业层面数据，考察了金融要素对企业出口决定及企业出口规模的影响。他的研究表明，企业获得融资有利于企业进入国外市场，成为出口企业，较好的金融条件并会使已出口的企业保持其出口状态或增加其出口规模。换言之，金融条件的改善会促进贸易的扩展边际，但不会影响企业的集约边际。米内蒂（Minetti，2011）使用 4 680 个意大利企业的调查数据，估计了金融配给对企业出口决定及出口规模的影响。这些调查资料来源于企业对调查问卷的直接回复，并非官方数据。在控制了生产率和其他企业特征后，研究发现，具有金融配给的企业其出口可能性会下降 39%，其国外销售额会下降 38%。金融配给对企业国外销售的影响要显著大于其对国内销售额的影响。贝洛内等（Bellone et al.，2010）使用法国微观企业数据，考察了信贷约束对企业扩展边际即企业的出口决策与集约边际即企业出口规模的影响。他的研究结果表明，企业信贷约束的缓解可以促进企业出口，但是对已出口企业的出口规模没有显著影响，信贷约束会影响贸易扩展的边际，对集约的边际没有显著影响。

2.2.2　关于制度因素

杜特（Pushan Dutt，2013）使用 6 位码海关双边数据，考察了 WTO/GATT 对贸易扩展边际与集约边际的影响，他以切尼（Chaney，2008）为基础建立了二元边际的引力模型，实证结果表明，标准引力模型很好地解释了双边贸易中扩展的边际及集约边际的变动。更为重要的是，WTO 对双边贸易的影响都集中在贸易的扩展边际上，在他们的模型中，WTO 成员身份使其出口的扩展边际提升 25%，与此同时，WTO 协议对其成员国出口的集约边际影响为负。基于固定成本与可变成本对贸易二元边际影响的比较静态分析，他们的结果表明，WTO 使其成员国之间贸易增加主要是依赖于贸易固定成本的下降。费伯马和科尔（Fel-bermayr and Kohler，2007）考察了 WTO 对于世界贸易的影响，发现该协议促进了国与国之间的贸易，尤其是扩大了贸易的扩展边际，加入 WTO 会提升该成员国贸易的扩展边际。弗伦施（Frensch，2009）考察了欧洲新兴经济体贸易政策对其贸易量和贸易二元边际的影响，他将扩展的边际定义为进口产品的种类，将集约的边际定义为每一种进口产品的数量，他的研究结果表明，经济自由化会促进世界贸易，贸易的增长主要沿着扩展的边际，当进一步将产品分为资本品、中间品和消费品，他的研究结果又表明，经济自由化对资本品和中间品进口扩展边际的影响要大于其对消费品扩展边际的影响。莫利纳等（Molina et al.，2010）

考察了 CAFTA 对多米尼加共和国贸易的影响，研究结果表明，关税的下降导致新出口企业数量增加，原出口企业出口产品种类和目的市场增加。换言之，贸易协定 CAFTA 导致贸易扩展边际增加了。

2.2.3 关于汇率因素

法姆和诺德斯特林姆（Flam and Nordström，2006）考察了欧元对于欧元区国家贸易的影响，该研究表明，相对于 1995～1998 年，欧元区国家间的贸易在 2002～2005 年年均增加了 26%，欧元区国家与非欧元区国家间的贸易在 2002～2005 年年均增长了 12%。该研究进一步表明，已出口产品的增长比例要小于新出口产品的增长比例，即贸易增长主要依赖于扩展的边际。欧元对半成品和成品贸易的影响较大，尤其是对高层次的加工产品如医药及机械的影响较大。科拉切利等（Colacelli et al.，2010）考察了 1981～1997 年 136 个国家的双边贸易数据，当将真实汇率波动对双边贸易总额的影响分解为真实汇率对贸易扩展边际及集约边际后，我们发现，真实汇率波动主要通过贸易的扩展边际对出口总额产生影响，进一步研究发现，扩展的边际在替代弹性较弱的行业对出口的影响最强。伯金与林（Bergin and Lin，2008）考察了汇率联盟与直接钉住汇率制度对贸易影响的不同机制。1973～2000 年面板数据表明，汇率联盟使贸易的总量上升，其中，扩展边际即新出口企业或新出口产品作为主导，相反，直接钉住汇率基本上都通过集约的边际使原有产品的贸易增加。

2.2.4 关于创新因素

维奇切尼（Wei-Chih Cheny，2008）利用 1975～2001 年 105 个国家出口到美国的制造业出口数据和美国专利数据，考察了创新在多大程度上影响出口的种类及扩展的边际、出口的数量即集约的边际与出口产品质量的提升。他的研究结论表明：（1）创新对集约边际和扩展边际均有显著正向影响，这种影响中集约的边际占 70%，扩展的边际占 30%。（2）进一步分解集约的边际可以发现，创新型国家以更高的价格出口更多数量的产品，这表明创新可以使出口产品质量提升。（3）相对于高收入国家，创新在低收入的国家中对出口的影响更强。（4）创新对出口的影响在技术密集型行业中更强。在生产密集型行业中，如塑料产品及机械，集约的边际占了较大份额，而在技术密集型的行业，如化学及电子机械，扩展的边际发挥了主导作用。（5）创新对出口的影响随着时间在下降。

当允许固定成本和创新内生性后结论仍然具有稳健性。王奇珍（2016）利用1999～2009 年中国工业企业数据库与中国专利数据库，考察了技术创新对企业出口增长二元边际的影响，其结论表明，技术创新对企业出口增长的二元边际具有显著的正向影响，其中，技术创新对劳动密集型企业出口的集约边际影响最大，对技术密集型企业出口的集约边际影响最小，对资本密集型企业出口的扩展边际影响最大，对技术密集型企业出口的扩展边际影响最小。

2.2.5　关于基础设施因素

克莱特斯-考克林（Cletus C. Coughlin，2011）利用美国各州对 190 个国家出口的贸易数据考察了贸易的扩展边际与（企业数量）与集约边际（企业的平均出口额），除了国家规模和距离外，他还发现了其他影响贸易成本和出口需求的因素。在一个美国的州与州分析对比的框架中，这些因素对贸易的扩展边际的影响要强于对集约边际的影响。一个值得注意的结果是，美国的 FDI 对贸易的扩展边际和集约边际均有显著的正向影响。在回归模型中使用州一级的数据，他发现一些因素对集约边际与扩展边际均有影响，但是其影响机制不同。例如，基础通信设施对扩展边际的影响显著为正，但是对集约边际的影响显著为负。盛丹和包群（2011）利用 1998～2001 年中国工业企业数据，以 Heck-man 两阶段选择模型为基础，考察了基础设施对中国企业出口决策的影响，他们的研究结果表明，除了网络基础设施，其他基础设施对中国企业的出口决策及出口规模均有显著影响。基础设施对企业出口决策的影响要更大，这说明基础设施建设对中国出口增长的影响更多地通过扩展边际实现，而不是集约边际。同时，他们的研究还表明，基础设施能够有效促进内资企业的出口并有利于企业出口规模的扩大，但对外资企业的影响相反；与之相反，研发投入对外资企业的出口决策及出口规模有促进作用，但是对内资企业的影响相反。

2.2.6　关于劳动力成本因素

陈雯（2016）认为，随着中国劳动力成本的不断上升，劳动力成本优势将逐渐被东南亚国家取代，他利用 2000～2006 年中国工业企业数据库和中国海关贸易数据库，考察了劳动力成本对企业出口二元边际的影响，其结果表明，劳动力成本对出口增长的集约边际和扩展边际均有抑制作用，但是影响程度较弱。

2.2.7 关于融入产业内分工体系因素

张胜满（2016）利用 WIOD 宏观数据与工业企业微观数据，考察了融入产品内国际分工体系对企业出口二元边际的影响，其结论表明，融入全球产品内分工体系能够显著提升企业出口的集约边际，但对出口的扩展边际影响不明显。划分企业类型的进一步考察表明，融入全球产品内分工能够提升加工贸易企业、港澳台企业以及外资企业集约边际，但不利于国有企业和集体企业扩展边际的扩张。

2.2.8 建交时间

曹亮（2017）利用 2000～2006 年中国工业企业数据库与中国海关贸易数据库，考察了中国与其他国家建交时间对企业农产品出口二元边际的影响，其结果表明，建交时间对企业出口的扩展边际具有抑制作用，却能够显著促进企业出口的集约边际。

2.2.9 内需规模

王永培（2016）利用 2000～2008 年中国 267 个地级市制造业企业相关数据，考察了内需规模对企业出口二元边际的影响，他发现，地级市内需与外需之间存在联动关系，扩大内需能够显著促进出口增长的扩展边际与集约边际，其中，相对于投资性内需，消费性内需对出口影响的强度更大。

2.3 以二元边际为视角研究本土市场效应的相关文献

由上述文献可知，对于本土市场效应的研究趋于完善，理论与实证方面均有大量文献，但是结合传统的比较优势与新新贸易理论的相关研究较少，未能指出本土市场效应的来源，国内外的一些学者有所涉及，但是仍旧缺乏系统全面的研究，如纳亚克（Nayak，2011）认为，相对于边际成本，固定成本的克服需要更多的资本，不同要素禀赋的国家或地区会选择不同的生产技术以使其生产成本最小化，具体来说，资本丰裕型地区会倾向投入更多的资本，建立更多的企业，生产更多种类的产品扩大生产与出口规模，而劳动丰裕型地区则会投入更多的劳动力，扩大企业的生产规模，生产更多同质性产品扩大生产与出口规模。

　　国内学者宗毅君利用 1996～2009 年中国制造业行业 6 位码微观贸易数据，考察了中国制造业出口增长的二元边际，并结合制造业行业面板数据，实证分析了中国制造业本土市场效应的二元边际来源，该研究表明，中国制造业本土市场效应主要来源于出口的集约边际，扩展边际对本土市场效应存在正向影响，但影响程度较小。同时，他认为不同技术水平制造业行业二元边际对本土市场效应的影响具有差异，中高技术制造业行业本土市场效应对二元边际的依赖较大。

　　综上所述，可知众多学者已对本土市场效应理论与二元边际实证有了较为深入的研究，但是将二者相结合的研究鲜有，尤其是基于二元边际视角对中国制造业本土市场效应的研究至今还是缺失的。本书认为，无论是从现实角度还是从理论角度，系统研究中国制造业本土市场效应及本土市场效应来源——基于二元边际视角都是必要的。本书认为，本土市场效应可以从以下方面进行扩展研究，如通过对比国内外贸易现状，考察我国现阶段所处的发展阶段与要素禀赋，从而揭示出我国经济发展现存的一些问题，如中国经济过度依赖国外市场，国内需求严重不足等问题。在此之后，本书提出相应的解决途径——本土市场效应，即通过加强本土消费规模进而实现对外贸易的扩张。继而本书以本土市场效应理论的发展脉络梳理该理论研究的相关文献，以此为基础，本书构建理论基础及相关模型，并对模型中影响本土市场效应的几个关键变量作出详细的分析。紧接着，本书全面考察了中国制造业对外贸易现状并试图从中发现可能存在的本土市场效应现象，然后本书以理论模型为导向并用实证的方法考察中国制造业行业以及各地区不同特征行业的本土市场效应和本土市场效应的来源——出口的二元边际。通过以上分析，本书得到可靠结论并以此为基础提出相关政策建议及未来研究方向。通过上述系统研究，本书能够全面深入分析我国制造业本土市场效应以及本土市场效应的二元边际来源。

第3章

本土市场效应理论模型

克鲁格曼提出的"本土市场效应理论"作为新贸易理论的核心内容为国际贸易的发展提供了新的解释，同时，也为内外需互动及其对经济影响的研究提供了新的视角。该理论指出，在垄断竞争市场、贸易成本和规模报酬递增等前提条件下，一国某种产品的产量占世界总产量的份额要大于本国同种产品的需求占全球需求的份额。即一国倾向于出口那些在国内有很大市场需求的产品。学术界普遍认为，标准的本土市场效应模型由克鲁格曼以及埃尔普曼和克鲁格曼首次提出。模型设定两个国家，两个部门，仅投入劳动力一种生产要素。一个部门生产同质性产品，该部门规模报酬不变，贸易成本为零，且处于完全竞争状态，另一个部门在规模报酬递增和垄断竞争条件下生产具有贸易成本的异质性产品（Dixit & Stiglitz, 1977）。偏好在两个同质产品间采用柯布-道格拉斯函数形式，其在不同的异质性产品间采用 CES 函数形式。每一种异质性产品的固定成本和边际成本均是相同的并且该产品的成本函数保持不变。同质性产品可被自由贸易，即该部门产品的贸易成本为零，与其相对应，异质性产品的贸易成本为正并体现为冰山成本的形式。这样的假设将会导致大国成为异质性产品的净出口国。下面，本书将具体阐述经典的本土市场效应理论模型，并在该模型的基础上分析汉森模型，考察不同特征制造业行业本土市场效应的差异，最后本书借鉴阿尔纳卜·纳亚克的理论模型，考察不同要素禀赋地区在不同特征制造业行业上的本土市场效应差异。

3.1 本土市场效应基本理论模型

克鲁格曼（1980）以及埃尔普曼和克鲁格曼（1985）首次提出了本土市场

效应理论，在此理论中，他们描述了一个具有两个国家，两个部门，单一生产要素的模型。其中一个部门在规模报酬递增、垄断竞争（IRS-MC）的框架下生产具有差异化的产品，该部门存在着冰山贸易成本（$\tau > 1$）；而另一个部门则在规模报酬不变、完全竞争（CRS-PC）的框架下生产同质化产品，此部门不存在运输成本。同时，模型假定一个企业只生产一种产品，企业规模较小，任何企业对其竞争对手的行为不会产生任何的影响。模型中假定存在两级效用函数，即以 C-D 形式存在的效用函数和以 CES 形式存在的复合效用函数并采用线性生产函数代表规模经济，最后求解开放经济情形下的均衡，由此可得到：

$$\frac{n}{n^*} = \frac{L/L^* - \phi}{1 - \phi L/L^*} \tag{3-1}$$

式（3-1）中，左边 n/n^* 代表本国生产的产品数量与外国生产的产品数量之比，右边 L/L^* 表示本国需求与外国需求之比，ϕ 代表贸易自由度，其数值代表本国居民对国外商品的需求量与其对国内商品需求量之比，当处于均衡状态的时候，本国 ISR-MC 部门的净出口为：

$$B = \frac{\phi w L^*}{\phi n + n^*}(n - n^*) \tag{3-2}$$

这里令 n/n^* 为 μ，令 L/L^* 为 λ，可将式（3-1）转化为以下形式：

$$\mu = \frac{\lambda - \phi}{1 - \lambda \phi} \tag{3-3}$$

式（3-3）表明，当本国与外国的需求规模相等，即 $\lambda = 1$ 时，本国生产的产品数量与外国生产的产品数量相等，即 $\mu = 1$，这时贸易处于平衡状态。但是如果此时本国对于 IRS 部门的产品需求上升，即 $\lambda > 1$，相对于外国，本国将会生产更大比例 IRS-MC 部门的产品，即 $\mu > 1$，此时根据式（3-2），$B > 0$，这表明一国对某一产业的需求大于另一国对该产业的需求，前者将会在该产业上生产更多产品，与此同时，它将成为双边贸易中的净出口国，这就是本土市场效应。

根据戴维斯和温斯坦（1999），本书将式（3-3）求导从而对相对产量和相对需求之间的关系有更为直观的认识，求导结果如下：

$$\frac{\partial \mu}{\partial \lambda} = \frac{1 - \phi^2}{(1 - \phi \lambda)^2} > 1 \tag{3-4}$$

式（3-4）表明，相对需求的上升会导致相对产量以一个更大的比例上升。根据这一结论，众多学者将相对需求及相对产量之间的线性关系作为考察对象，从而验证本土市场效应的存在性，如果相对需求的上升促使相对产量以一个更大的比例增长，则表明本土市场效应是存在的。

克鲁格曼以及埃尔普曼和克鲁格曼提出的本土市场理论假设存在两个部门：一个部门生产同质化产品且该部门产品的贸易成本为零，另一个部门生产异质化产品，该部门产品的贸易为正，在这样的假设下，该理论模型得到大国出口异质性产品，小国出口同质性产品。但是现实中可能不存在同质性产品，所有部门产品均是由差异的。汉森（2004）的模型解决了这一问题，他提出了多国多部门单一生产要素本土市场效应模型如下所述。

3.2 多国多部门单一生产要素模型

在这一部分中，我们将分析汉森的多国多部门模型单一生产要素模型，这一模型以埃尔普曼和克鲁格曼（1985）为基础，通过对其前提条件的放宽，进一步验证制造业行业的本土市场效应与不同特征制造业行业本土市场效应的差异性。

本模型假设存在着 J 个国家和 M 个部门，每一个部门中有大量的产品种类。所有的消费者对制造业各个部门均有相同的效应函数，即 C-D 函数：

$$U = \prod_{m=1}^{M} Q_m^{\mu_m} \qquad (3-5)$$

这里，我们暂时将国家的下标省去，μ_m 代表在部门 m 的支出份额（$\sum_m \mu_m = 1$），Q_m 代表部门 m 中所有的产品产品种类，可以用下式表达：

$$Q_m = \left[\sum_{i=1}^{n_m} C_{mi}^{\frac{\sigma_m-1}{\sigma_m}} \right]^{\frac{\sigma_m}{\sigma_m-1}} \qquad (3-6)$$

在式（3-6）中，$\sigma_m > 1$ 代表着部门 m 中任意两种产品的替代弹性，n_m 代表部门 m 中产品的种类数。每一种产品的生产均具有规模报酬的递增效应，所以部门 m 中单位产品 i 的最小生产成本 x_{im} 的表达式为：

$$f_m(w_m, x_{im}) = w_m(a_m + b_m x_{im}) \qquad (3-7)$$

这里，a_m 和 b_m 是常数，w_m 表示单位生产要素的成本（例如对于单一生产要素它表示工资，对于多生产要素它表示价格指数），在部门 m 各产品种类中，它被假设为一个常数。均衡时，每一种产品被一个垄断竞争厂商所生产，部门 m 中产品种类数 n_m 非常大，所以每种产品的价格是其边际成本的一个固定比例的加成定价。市场中厂商的自由进入使厂商的利润为 0，产品价格等于平均成本。

考虑到国家间产品价格的变动，我们允许在国与国间产品的运输过程中存在着冰山贸易成本，同时我们考虑到了进口关税的存在，这样如果 J 国生产的产品

i 在 J 国的价格为 P_{imj}，那么它在 k 国的售价为：

$$P_{imjk} = P_{imj} t_{mjk} (d_{jk})^{\gamma_m} = \left(\frac{\sigma_m}{\sigma_m - 1} \right) b_m w_{mj} t_{mjk} (d_{jk})^{\gamma_m} \qquad (3-8)$$

这里，P_{imj} 是 J 国 m 部门 i 产品的离岸价格；τ_{mjk} 是 1 加上 k 国对 j 国 m 部门产品增收的从价计征得关税；d_{jk} 表示 j 国到 k 国的距离；$\gamma_m > 0$ 表示以距离表示的运输成本的弹性；第二个等式将价格 P_{imj} 换成了边际成本的一个加成定价（此处部门 m 中产品的加成定价相同）

下面，考虑 k 国对 j 国 m 部门产品的需求。令 C_{imjk} 为 k 国从 j 国购买部门 m 中产品 i 的数量，它可用下式表达：

$$C_{imjk} = \mu_m Y_k \frac{(P_{imjk})^{-\sigma_m}}{\sum_{h=1}^{J} \sum_{i=1}^{n_{mh}} (P_{imhk})^{1-\sigma_m}} \qquad (3-9)$$

这里，Y_k 表示 k 国的国民收入。定义 $S_{mjk} = \sum_i P_{imjk} C_{imjk}$，它表示 j 国出售给 k 国部门 m 所有产品的总价。利用不同产品偏好与生产率的对称性，这些售价可以表达成以下形式：

$$S_{mjk} = \mu_m Y_k n_{mj} \left(\frac{P_{mjk}}{P_{mk}} \right)^{1-\sigma_m} \qquad (3-10)$$

这里，P_{mk} 表示 k 国 m 部门的价格指数。

为了进一步发展本土市场效应的逻辑，比较 j 国出口到 k 国部门 m 的产品与其他国家 h 出口到 k 过 m 部门的产品。结合式（3-8）和式（3-10），这些相对出口额可以用以下式子表示：

$$\frac{S_{mjk}}{S_{mhk}} = \frac{n_{mj}}{n_{mh}} \left(\frac{w_{mj}}{w_{mh}} \right)^{1-\sigma_m} \left(\frac{d_{jk}}{d_{hk}} \right)^{(1-\sigma_m)\gamma_m} \qquad (3-11)$$

这里，我们假设国家 h 与 j 拥有共同的生产技术，并且被 k 国征收相同的关税。用出售总额的相对量表示可以去除 k 国的价格指数，除此之外，这样的表达方法可使出口国面对相同的贸易政策从而去除关税的影响。因为 $\sigma_m > 1$，式（3-11）表明，当 j 国相对于 h 国有着更小的生产成本、j 国比 h 国离 k 国更近、j 国相对于 h 国在部门 m 上生产更多的产品种类时，对于一些部门 m，j 国出口到 k 国的产品要大于 h 国出口到 k 国的产品。J 国相对于 h 国生产更多的产品种类有很多原因，其中包括了本土市场效应。

为了规避一些不可观测到变量的影响，汉森使用了 DID 方法，即比较部门 m 和部门 o：部门 m 具有较小的 σ_m 值（表明该部门的产品差异较大，边际成本的加成定价更高），更大的 γ 值（表明更高的运输成本）；部门 o 具有更大的 σ 值（表明该部门的产品差异较小，边际成本的加成定价较低），更小的 γ 值（较低的运输成本）。在下面的分析中，我们令部门 m（高加成定价，高运输成本）为实验组，令部门 o（低加成定价，低运输成本）为控制组。从式（3－11）中，j 国与 h 国出口到 k 国产品中，部门 m 产品的相对比例与部门 o 产品的相对比例之比可以表达为：

$$\frac{S_{mjk}/S_{mhk}}{S_{ojk}/S_{ohk}} = \frac{n_{mj}/n_{mh}}{n_{oj}/n_{oh}} \frac{(w_{mj}/w_{mh})^{1-\sigma_m}}{(w_{oj}/w_{oh})^{1-\sigma_o}} (d_{jk}/d_{hk})^{(1-\sigma_m)\gamma_m-(1-\sigma_o)\gamma_o} \qquad (3-12)$$

如果 j 国相对于 h 国规模更大，$(n_{mj}/n_{mh})/(n_{oj}/n_{oh})$ 比率越高，那么本土市场效应就存在。换句话说，对于两个国家，国家 j 和国家 h，如果 j 国相对于 h 国规模更大，j 国中部门 m 即高价格加成定价、高运输成本部门的出口额与部门 o 即低价格加成、低运输成本部门的出口额之比大于 h 国中部门 m 即高价格加成定价、高运输成本部门的出口额与部门 o 即低价格加成、低运输成本部门的出口额之比，那么本土市场效应就存在。

对上述多国家多部门单一生产要素本土市场效应理论，一个直观的感受是部门 m 产品差异化程度较高与运输到消费市场的运输成本较高，m 部门中企业利益最大化的选择是集聚到一个较大的市场当中，这个结论成立需依赖于部门 o，部门 o 中产品的运输成本较低，替代弹性高。这样的产品可以在任意地方生产，因为他们运输成本低，消费的可替代性高。所以均衡时，他们将在较小的经济体中生产。

为了弄清本土市场的逻辑，我们建立一个模型，这个模型给定部门间运输成本和替代弹性如何变化。我们假设模型中存在一种生产要素即劳动和两个规模不同的国家，连续性部门被标注为 $z \in [0,1]$，每一个部门均有大量的产品种类，部门间有统一的 C-D 函数支出份额。根据公式 $\sigma(z) = (2-z) \times 4$，$\sigma$ 随着 z 的增大而单调下降。所以当 z 的值由 0 增加到 1 时，σ 的值由 8 减小到 4（这暗含着根据 z 的取值范围，价格的加成定价由 1.13 增加到 1.25）。运输成本表达式为 $\exp(-\tau(z))$，这里 τ 随着 z（根据公式 $\log([15z+3]/[(2-z)\times4-1])$）单调增减，所以当 z 从 0 上升到 1 时，$\tau$ 从 0.06 上升到 0.4。部门中较高 z 表明该部门有较高的运输成本和较低的替代弹性 σ，所以在我们的分析框架中这样的部门可以成为实验组，相反，部门中较低 z 表明该部门有较低的运输成本和较高的替代弹性 σ，所以在我们的分析框架中这样的部门可以成为控制组。本土市场效应理论表明，如果部门中 z 较高，那么该部门企业就会集聚到较大规模的国家中，如果部门中 z 较小，那么其中的企业将会集聚到较小规模的国家中。在此我们改变 z 的数值，并改变两个国家的相对规模的大小，例如假设存在两种情况：第一，大国规模是小国规模 1.2 倍；第二，大国规模是小国规模 1.6 倍的，我们得到的结果将与理论模型相一致，较高 z 值部门（具有较高的运输成本，较低的替代弹性 σ）中的企业倾向于集中在大国中生产，而较低 z 值部门（具有较低的运输成本，较高的替代弹性 σ）中的企业倾向于集中在小国中生产。两个国家规模的差距越大，企业在大国中生产的集中度越高。

汉森的多国多部门单要素模型假设仅存在着一种生产要素即劳动，该假设表明国家间不存在着要素禀赋差异，每个国家选择相同的技术进行生产活动。但是本书认为企业生产往往需要资本和劳动两种生产要素，各国要素禀赋往往是存在差异的，因此不同要素禀赋国家本土市场效应是存在差异的，本书下面将会通过对阿尔纳卜·纳亚克理论模型的分析阐述这一问题。

3.3　多国多部门两要素本土市场效应模型及其拓展

3.3.1　两要素多部门一般均衡模型

阿尔纳卜·纳亚克模型假设存在规模不同的多个地区，存在两种生产要素——资本与劳动，存在着多个制造业部门，这些部门中的产品均是差异化产品，其交易成本不为零。由此可见，该模型与汉森的本土市场模型有两点不同：第一，本模型中包含劳动和资本两种生产要素，第二，不同要素禀赋的国家中企业的生产函数存在差异。根据以上假设，本书按照要素禀赋将所有国家划分为两类：资本丰裕型国家和劳动丰裕型国家。基于以上假设，本书将证明不同要素禀赋的地区在不同特征制造业行业上的本土市场效应存在差异。

模型假设两个不同规模的国家分别是国家 N 和国家 S，两个国家在要素禀赋上存在着差异，假设国家 N 和国家 S 中的消费者偏好和生产技术相同，生产要素——资本和劳动可以在同一国家不同行业中自由流动，但是不能在国家间流动。

本模型的求解需要两个步骤。首先，求解每个行业的局部均衡，考察企业规模、企业数量、产业内贸易的程度和份额等变量以及这些变量如何随着相对要素价格和相对国家规模的改变而改变。接着，本书将求解一般均衡价格，并以此为基础考察劳动和资本丰裕型地区的本土市场效应变化。

（1）代表性消费者问题。存在着连续异质性垄断竞争行业 $i \in [0,1]$ 。每一个行业 i 均有一个常替代弹性函数（CES），其替代弹性为 σ_i 。国家 N 和国家 S 中，行业 i 中产品的数量分别为 n_i 和 n_i^* 。所有国家代表性消费者均有两重效用函数，其一级效用函数为 CD 函数，收入的一个固定比例 b_i 花费在行业 i 中的产品。以下式（3-13）代表一级效用函数，份额 b_i 之和为 1。

$$U = \int_0^1 b_i \ln Q(i) \mathrm{d}i \; ; \int_0^1 b_i \mathrm{d}i = 1 \qquad (3-13)$$

在式（3-14）中，$Q(i)$ 是二级常替代弹性函数（CES），它表示消费者消费行业 i 中产品种类之和。

$$Q(i) = \Big(\sum_{j=1}^{n_i+n_i^*} q_{ij}^{\frac{\sigma_i-1}{\sigma_i}} \Big)^{\frac{\sigma_i}{\sigma_i-1}} \qquad (3-14)$$

式（3-14）中，q_{ij} 表示行业 i 中产品 j 的消费数量。在一般均衡中，行业 i 中产品 j 的生产函数都是相同的，每种产品均为一个垄断竞争企业所生产。因此，本书将一个产业每一个企业的下标 j 去除。

（2）行业 i 的一般均衡。从效用函数式（3-13）和式（3-14）可知，国家 N 中企业的需求包括国内需求和国外需求，可由式（3-15）表示：

$$q_i^D = b_i p_i^{-\sigma_i}(YG_i^{\sigma_i-1} + Y^* \tau_i^{1-\sigma_i} G_i^{*\sigma_i-1}) \qquad (3-15)$$

τ_i 表示国家 N 和国家 S 之间行业 i 的冰山贸易成本，G_i 和 G_i^* 分别表示国家 N 和国家 S 行业 i 的价格指数，其表达式为：

$$G_i^{1-\sigma_i} = n_i p_i^{1-\sigma_i} + n_i^* p_i^{*1-\sigma_i} \tau_i^{1-\sigma_i}, G_i^{*1-\sigma_i} = n_i^* p_i^{*1-\sigma_i} + n_i p_i^{1-\sigma_i} \tau_i^{1-\sigma_i} \qquad (3-16)$$

（3）代表性企业问题与技术选择。该模型假设存在着两种生产要素——资本和劳动进行生产，行业 i 中企业生产 1 单位产品需要投入 F_i 单位资本，c_i 单位劳动。单位资本的价格为 r，单位劳动的价格为 w，这表明行业 i 中产品的成本函数为：

$$C_i = c_i w q_i + r F_i \qquad (3-17)$$

在此，该模型做了一个简化即固定成本投入仅用资本，可变成本投入仅用劳动[①]通过简化模型可知给定成本函数，代表性企业设定利润最大化定价为：

$$\max \pi_i = p_i q_i - c_i w q_i - r F_i \qquad (3-18)$$

---

① 本书后面将会给出一般情况分析，固定成本投入密集使用资本但是存在劳动力的投入，可变成本密集使用劳动力，但同时存在资本的投入，其结论与简化分析结论一致。

正如垄断竞争模型 D-S（1977），在需求函数式（3 – 15）下最大化利润函数（3 – 18）。最优定价为边际成本的一个常加权定价，$p_i = \dfrac{\sigma_i}{\sigma_i - 1} c_i w$，同时它也反映了一个地区的劳动成本。

（4）零利润及自由进入条件。替代一阶条件得到的最优价格，收入减去可变成本的营运利润为：

$$(p_i q_i - c_i w q_i) = \frac{p_i q_i}{\sigma_i} \qquad (3 - 19)$$

自由进入条件表明在均衡时式（3 – 18）中企业的利润必为 0，所以根据式（3 – 18）和式（3 – 19），均衡时每一个厂商提供的产品数量为：

$$q_i^s = (\sigma_i - 1) \frac{F_i}{c_i} \frac{r}{w} \qquad (3 - 20)$$

正如前文预期的那样，式（3 – 20）中企业固定成本越大，可变成本越小，企业规模越大。

（5）生产技术的选择。一个企业资本密集度可以用企业中每一单位劳动使用的资本量衡量，如 $\dfrac{F_i}{c_i q_i^s}$。将式（3 – 20）中求解得到的最优供给量代入，i 可以得到行业 i 中企业的技术：

$$\frac{K_i}{L_i} = \frac{w}{(\sigma_i - 1) r} \qquad (3 - 21)$$

因为固定成本和可变成本中的要素密集度存在差异，所以最优技术的选择依赖于企业规模，而式（3 – 20）表明企业规模依赖于要素价格。

（6）均衡时国家 N 与国家 S 的行业份额及企业数量。式（3 – 20）中，每个企业提供的产品数量必须与每个公司的产品需求相等才能达到市场出清。所以令一个企业 0 利润或自由进出条件下的产出等于它的总需求可以得到：

$$p_i q_i^s = b_i Y \left(\frac{p_i}{G_i} \right)^{1 - \sigma_i} + b_i Y^* \left(\frac{p_i \tau}{G_i^*} \right)^{1 - \sigma_i} \qquad (3 - 22)$$

将均衡时式（3 – 20）求解得到的地区 N、地区 S 企业提供产品数量代入式（3 – 22）中可以得到：

$$\frac{p_i q_i^s}{p_i^* (q_i^s)^*} = \tilde{r} = \frac{\tilde{p}_i^{1 - \sigma_i} \tilde{Y} \left[1 + \left(\dfrac{G_i}{G_i^*} \right)^{1 - \sigma_i} \tau_i^{1 - \sigma_i} \dfrac{1}{\tilde{Y}} \right]}{\left(\dfrac{G_i}{G_i^*} \right)^{1 - \sigma_i} \left[1 + \left(\dfrac{G_i^*}{G_i} \right)^{1 - \sigma_i} \tau_i^{1 - \sigma_i} \tilde{Y} \right]} \qquad (3 - 23)$$

这里，"～"代表地区 N 的变量与地区 S 相应变量的比值。用式（3 – 16）简化 $\left(\dfrac{G_i}{G_i^*}\right)^{1-\sigma_i}$ 可得：

$$\left(\frac{G_i}{G_i^*}\right)^{1-\sigma_i} = \frac{\tilde{n}_i \tilde{p}_i^{1-\sigma_i} + \tau_i^{1-\sigma_i}}{1 + \tilde{n}_i \tilde{p}_i^{1-\sigma_i} \tau^{1-\sigma_i}} \qquad (3-24)$$

通过式（3 – 23）和式（3 – 24）可以得到：

$$\frac{n_i}{n_i^*} = \tilde{n}_i = \frac{\dfrac{\tilde{p}_i^{1-\sigma_i}}{\tilde{r}}(\tau^{2-2\sigma_i} + \tilde{Y}) - \tau^{1-\sigma_i}(1 + \tilde{Y})}{\tilde{p}_i^{1-\sigma_i}(1 + \tau^{2-2\sigma_i}\tilde{Y}) - \dfrac{\tilde{p}^{2-2\sigma_i}}{\tilde{r}}\tau^{1-\sigma_i}(1 + \tilde{Y})} \qquad (3-25)$$

当行业 i 中存在着产业内贸易时，通过式（3 – 25）我们可求解其条件。我们还可以求解其行业中国家 N 的产出份额，我们用 $\tilde{\rho}_i$ 代表 $\tilde{p}_i^{\sigma_i-1}\tilde{r}$。首先，通过式（3 – 25）我们可以得到 $n_i^* = 0$ 的条件：

$$\tilde{\rho}_i = \tilde{p}_i^{\sigma_i-1}\tilde{r} \leqslant \underline{\rho}_i = \frac{\tau_i^{1-\sigma_i}(\tilde{Y} + 1)}{\tilde{Y}\tau_i^{2-2\sigma_i} + 1} \qquad (3-26)$$

这时，国家 N 成为产业 i 唯一的生产者，产业 i 所有的支出 $b_i(Y + Y^*)$ 都由国家 N 得到。式（3 – 26）表明，当替代弹性 σ_i，国家 N 相对价格 $\tilde{p}_i$（或者相对工资 $\tilde{w}$），相对租金率 $\tilde{r}$ 不是特别大时，国家 N 可以成为产业 i 中唯一的生产者。相类似的，$n_i = 0$，国家 S 成为整个市场唯一的生产者条件为：

$$\tilde{\rho}_i = \tilde{p}_i^{\sigma_i-1}\tilde{r} \geqslant \bar{\rho}_i = \frac{\tilde{Y} + \tau_i^{2-2\sigma_i}}{\tau_i^{\sigma_i-1}(\tilde{Y} + 1)} \qquad (3-27)$$

比如说，如果国家 N 的相对价格足够高，租金率足够高，行业 i 中产品差异化程度较小，替代弹性较高，那么国家 S 就成为行业 i 中唯一的生产者。

因此，当 $\underline{\rho} < \rho < \bar{\rho}$ 时，地区 N 与地区 S 均生产行业 i 中的产品，行业 i 存在着产业内贸易。假设地区 N 与地区 S 存在着产业内贸易，下一部分我们将推导每个国家行业 i 的产出份额。

（7）国家 N 中产业 i 的份额。地区 N 中，产业 i 的份额表达式为 $v_i = \dfrac{n_i p_i q_i^s}{n_i p_i q_i^s + n_i^* p_i^* (q_i^s)^*}$，此处，国家 N 中企业的收入为 $p_i q_i$，n_i 表示国家 N 中所有企业的数量，分子分母同时除以 $n_i^* p_i^* q^*$，用均衡时式（3 – 20）中国家 N 和国家 S 提供的产品数量比替代，$\tilde{q}_i^s = \dfrac{\tilde{r}}{\tilde{w}}$，地区 N 中产业 i 的份额可以表达为：

$$v_i = \frac{\tilde{n}_i \tilde{p}_i \tilde{q}_i^s}{1 + \tilde{n}_i \tilde{p}_i \tilde{q}_i^s} = \frac{\tilde{n}_i \tilde{r}}{1 + \tilde{n}_i \tilde{r}} \qquad (3-28)$$

用式（3-25）替代 $\tilde{n}_i$，使用以上国家 S 与国家 N 不完全专业化，即存在着产业内贸易的条件，用 $\tilde{\rho}_i$ 代表 $\tilde{p}_i^{\sigma_i-1}\tilde{r}$，令 $Y^* + Y = W$，这里 W 是所有地区的收入，国家 N 的收入占所有国家收入的份额可以表示为：

$$v_i = 1 \qquad\qquad\qquad 如果 \quad \tilde{\rho}_i \leqslant \underline{\rho}_i$$

$$= \frac{Y}{W}\left[\frac{-\tilde{\rho}_i \tau_i^{1-\sigma_i}\left(\dfrac{Y^*}{Y}+1\right)+1+\dfrac{Y^*}{Y}\tau_i^{2-2\sigma_i}}{-\left(\tilde{\rho}_i+\dfrac{1}{\tilde{\rho}_i}\right)\tau_i^{1-\sigma_i}+\tau_i^{2-2\sigma_i}+1}\right] \qquad 如果 \quad \tilde{\rho}_i \in [\underline{\rho}_i, \bar{\rho}_i] \qquad (3-29)$$

$$= 0 \qquad\qquad\qquad\qquad 如果 \quad \tilde{\rho}_i \geqslant \bar{\rho}_i$$

因此，行业 i 中国家 N 的产出份额是国家间相对市场规模、贸易成本，要素价格的一个函数。在一般均衡中，市场出清时，地区 N 的相对工资一定大于相对租金率。本书将在附录 1 中证明这一点，并利用式（3-29）推导出地区 N 的产出份额如何随着地区 N 的相对规模和部门中产品差异性的改变而改变。

（8）存在贸易成本时均衡的要素价格。模型中地区 N 与地区 S 要素价格出清的条件为：

$$\int_{i\in[0,1]} n_i F_i \mathrm{d}i = \bar{K} \qquad 和 \qquad \int_{i\in[0,1]} n_i c_i q_i \mathrm{d}i = \bar{L} \qquad (3-30)$$

$$\int_{i\in[0,1]} n_i^* F_i^* \mathrm{d}i = \bar{K}^* \qquad 和 \qquad \int_{i\in[0,1]} n_i^* c_i (q_i^s)^* \mathrm{d}i = \bar{L}^*$$

当存在着贸易成本时，本模型的一般均衡将会产生如下结论：

引理 1：当存在贸易成本时，只有当资本丰裕地区 N 中工资率大于租金率，要素市场才能出清。

要素价格均等使地区 N 与地区 S 选择相同的生产技术，所以较大规模的地区在贸易成本存在的条件下需要更多的生产要素——劳动与资本。所以要素价格均等不能使两个地区的要素市场出清，要素市场达到出清只有一个方法，就是某种要素较为丰裕的国家中该要素价格在两地区中的价格较为便宜。

3.3.2　本土市场效应的考察

为了考察某一行业在一个国家中的本土市场效应，我们需要对比分析相对行业规模与相对地区规模之间的关系。一个地区行业 i 的相对规模用该地区产品 i

占世界产品 i 产出总额的比例 v_i 表示，如式（3 - 29）。从式（3 - 29）可以看出，国家 N 中行业 i 的份额依赖于国家 N 的市场规模，行业 i 的贸易成本以及相对要素价格。将贸易成本以及其他比较优势控制之后，如果一个地区某一行业的产出份额大于该地区 GDP 份额，那么该地区在该行业中表现出了本土市场效应。使用 $v_i = \dfrac{n_i p_i q_i}{b_i(Y + Y^*)}$ 代表国家 N 在行业 i 中的产出份额，当 $v_i > \dfrac{Y}{Y + Y^*}$，国家 N 在行业 i 上具有本土市场效应，如果 $1 - v_i > \dfrac{Y}{Y + Y^*}$，则国家 S 在行业 i 上具有本土市场效应。

（1）资本丰裕型国家 N 的本土市场效应。国家 N 在行业 i 的产出份额是 $v_i = \dfrac{n_i p_i q_i}{b_i(Y + Y^*)}$，国家 N 的收入可以被表示为所有行业的收入之和：

$$Y = \int_0^1 n_i p_i q_i \mathrm{d}i = \int_0^1 v_i b_i (Y + Y^*)\,\mathrm{d}i \qquad (3-31)$$

令 $\tau_i^{\sigma_i - 1} = x_i$ 以简化模型，再利用式（3 - 29）代替 v_i，将式（3 - 31）变形为：

$$\int_0^1 b_i g_i di = 0 , \quad g_i = \left(\frac{Y}{(x_i \tilde{\rho}_i - 1)} - \frac{Y^* \tilde{\rho}_i}{(x_i - \tilde{\rho}_i)} \right) \qquad (3-32)$$

附录揭示了式（3 - 31）到式（3 - 32）的过程，求解过程表明以上等式的解是存在的，我们可以求得均衡 $\tilde{\rho}_i$ 并得到以下结论：

引理 2：当国家 N 是较大市场规模的国家，如 $Y > Y^*$，对于 $\tilde{\rho}_i$，式（3 - 32）存在着唯一解，以使 $1 < \tilde{\rho}_i < \min[x_i]$。

因为 $\tilde{\rho}_i = \tilde{w}^{\sigma_i} \tilde{r}$，从引理 1 和引理 2 可知，$\tilde{w} > \tilde{r}$，$\tilde{\rho}_i > 1$，所以资本丰裕型国家 N 工资必定更高，如 $\tilde{w} > 1$。因为资本丰裕型国家较大的市场规模及丰裕的资本驱动该国家工资上升，所以规模较大资本丰裕的国家比规模较小劳动丰裕的国家有着更高的绝对工资。我们可以考察在何种情况下，较大市场规模的国家 N 存在本土市场效应。

当国家 N 比国家 S 规模大时，如果 $v_i > \dfrac{Y}{Y + Y^*}$，国家 N 在行业 i 上具有本土市场效应。这一条件可以被写成以下形式：

$$[v_i(Y + Y^*) - Y] > 0 \qquad (3-33)$$

使用式（3 - 31）和式（3 - 32），当 $g_i > 0$ 时，不等式（3 - 33）成立。给定 $\tilde{\rho}_i = \tilde{w}^{\sigma_i} \tilde{r}$ 和 $x_i = \tau_i^{\sigma_i - 1}$，$g_i$ 的分布取决于参数 σ_i、τ_i、b_i，我们不能直接求解

g_i，但是我们可以对比分析各行业 g_i，从而确定在何种情况下，资本丰裕国家中行业具有本土市场效应。我们可以将 $g_i > 0$ 改写成如下形式：

$$g_i = \left(\frac{Y}{x_i \tilde{w}^{\sigma_i} \tilde{r} - 1} - \frac{Y^* \tilde{w}^{\sigma_i} \tilde{r}}{x_i - \tilde{w}^{\sigma_i} \tilde{r}} \right) > 0 \qquad (3-34)$$

$$\Leftrightarrow Y \left[\frac{x_i}{\tilde{w}^{\sigma_i} \tilde{r}} - 1 \right] > Y^* \left[x_i \tilde{w}^{\sigma_i} \tilde{r} - 1 \right] \qquad (3-35)$$

$$\Leftrightarrow Y > \tilde{w}^{2\sigma_i} \tilde{r}^2 Y^* + \frac{\tilde{w}^{\sigma_i} \tilde{r}}{x_i} (Y - Y^*) \qquad (3-36)$$

假设地区 N 是市场规模较大的地区，如 $Y > Y^*$，从引理 1 和引理 2 可知，较大规模的国家 N 有着较大的相对工资和绝对工资水平如 $\tilde{w} > \tilde{r}$、$\tilde{w} > 1$，由式 (3-36) 可知，如果降低 σ_i 的值，提高 x_i 的值，式 (3-36) 左边部分相对于其右边部分的值上升，因此从式 (3-36) 中我们可知，行业 i 中产品异质性越大，贸易成本越高，即 σ_i 越小，x_i 越大时，国家 N 在行业 i 上具有的本土市场效应越强。

引理 3：当国家 N 的市场规模大于国家 S 的市场规模时，国家 N 将在那些替代弹性小，贸易成本较大的行业中有着更强的本土市场效应。

（2）劳动丰裕型地区本土市场效应。国家 S 在行业 i 上的产出份额是 $v_i^* = (1 - v_i)$，国家 S 的收入可以被表达成国家 S 中所有行业的收入之和，即：

$$Y^* = \int n_i^* p_i^* q_i^* \mathrm{d}i = \int_0^1 v_i^* b_i (Y + Y^*) \mathrm{d}i \qquad (3-37)$$

$$\Leftrightarrow W - Y = W - \int_0^1 v_i b_i (Y + Y^*) \mathrm{d}i \qquad (3-38)$$

这里，我们令 $\tau_i^{\sigma_i - 1} = x_i$，我们可以看到在两国模型中，此处的均衡条件与国家 N 的均衡条件相同，因此，我们将国家 S 均衡形式表达成式 (3-32) 的形式：

$$\int_0^1 b_i g_i \mathrm{d}i = 0, \qquad g_i = \frac{Y}{(x_i \tilde{\rho}_i - 1)} - \frac{Y^* \tilde{\rho}_i}{(x_i - \tilde{\rho}_i)} \qquad (3-39)$$

给定 Y 和 Y^*，我们发现此条件的解是存在的。然而，此处我们要考察的是国家 S 的本土市场效应。因此，我们假设国家 S 是规模较大的地区，然后求解 $\tilde{\rho}_i$ 使市场出清。求解 $\tilde{\rho}_i$ 可以得到以下结论：

引理 4：当国家 S 的市场规模较大，即 $Y^* > Y$，式 (3-39) 提供一个唯一解 $\tilde{\rho}_i$，从而使 $\max[x_i^{-1}] < \tilde{\rho}_i < 1$

从引理 1 可知 $\tilde{w} > \tilde{r}$，结合引理 4 即 $\tilde{\rho}_i = \tilde{w}^{\sigma_i}\tilde{r} < 1$ 可知，在市场规模较小、资本较为丰裕的国家中，劳动资本比较高即 $\tilde{w}/\tilde{r} > 1$，但是其绝对工资不一定更高。因为国家 S 较大的市场规模促使该地工资上升，这种规模效应在一定程度上影响了劳动丰裕型国家 S 与资本丰裕型国家 N 的工资比。国家 N 的绝对工资水平仍可能较高，只要满足如下两个条件：国家 N 中资本价格相对价格 $\tilde{r} < 1$，$\tilde{w} < \left(\dfrac{1}{\tilde{r}}\right)^{1/\sigma_i}$。

国家 S 在行业 i 的本土市场效应可以定义为 $\upsilon_i^* > \dfrac{Y^*}{Y^* + Y}$，所以如果行业 i 具有本土市场效应，它的产出份额应该大于其 GDP 所占的份额。在这个两国模型中，这就等同于国家 N 的产出份额小于其 GDP 份额，$\upsilon_i < \dfrac{Y}{Y + Y^*}$，当 $g_i < 0$，这一条件得到满足。因此，根据式（3 – 39）$g_i < 0$ 表明：

$$Y^* > \frac{Y}{\tilde{w}^{2\sigma_i}\tilde{r}^2} + \frac{Y^* - Y}{x_i\tilde{w}^{\sigma_i}\tilde{r}} \qquad (3-40)$$

假设规模较小、资本较为丰裕的国家较富有，那么 $\tilde{w} > 1$，式（3 – 40）右边随着行业 i 替代弹性 σ_i 的增大而减小。因此，当我们比较一个规模较大、劳动较丰裕的国家和一个规模小、资本较丰裕的国家时，市场规模较大、劳动较丰裕国家在差异性较小的行业即替代弹性 σ_i 较大行业上具有更强的本土市场效应。于是可以得到以下结论：

引理 5：当国家 S 比国家 N 的市场规模大时，国家 S 将会在替代弹性 σ_i 较大，即产品差异性较小的行业中具有更强的本土市场效应。

本土市场定义表明，一个地区倾向于出口那些在国内有很大市场需求的产品，汉森认为，集聚会使需求上升，从而提升大国的要素价格，而在垄断竞争的模型中，价格是成本的一个加成定价，因此大国中产品价格较高，由于差异化产品对价格的敏感性低，所以大国在差异化程度较高行业上具有较强的本土市场效应。与汉森理论模型不同，本模型认为，不同地区在资源禀赋上存在着差异，而不同资源禀赋的地区本土市场效应具有差异性，如资本丰裕型地区由于劳动力资源较少，企业会用更多的资本替代劳动，所以工资水平会相对较高，而规模效应又进一步促使企业在大国中集聚，企业的集聚会进一步促进工资水平的上升。所以相对于劳动丰裕型地区，资本丰裕型地区在差异化行业中表现出更强的本土市场效应。本书将实证部分考察不同资源禀赋的地区其本土市场效应的差异性。

3.4　影响本土市场效应发挥的细化模型

克鲁格曼首次提出了本土市场效应理论模型框架，随后众多学者在其理论模型基础上通过对其假定不断放松并结合实证分析完善了该理论。本部分将试图结合以往关于本土市场效应理论模型及实证分析的研究，深入对本土市场效应强度的影响因素进行分析，从而为本书提供逻辑线索，经过对以往文献的分析，本书认为，影响本土市场效应有以下几个方面：国家间的贸易障碍、行业的运输成本、行业中产品的差异化程度、行业中产品的规模经济程度。

3.4.1　贸易障碍

根据海德和里斯（Head & Ries，2001）的理论模型，当我们将贸易障碍纳入本土市场一般化模型后，本土市场效应将会受到贸易障碍的不利影响，即贸易障碍会削弱本土市场效应。之所以出现这一结论，是因为贸易障碍会使贸易受到人为因素的扭曲，这样一来，产业内贸易将不再由市场因素决定即市场规模大小对贸易模式的影响会发生改变，本土市场效应会被削弱。另一方面，随着全球一体化的深入，贸易障碍被削弱，本土市场效应的作用会更加明显。下面本书通过对海德和里斯模型的简要分析使这一结论更为直观，该模型建立了两国产量份额与需求份额的一个线性关系：

$$shr(v) = \frac{b^2 - 1}{[b + an/n^*][b + n^*/an]}shr[E] + \frac{1}{1 + (bn^*)/an} \qquad (3-41)$$

式（3-41）中，$shr(v)$ 表示差异化产品的产出份额，$shr(E)$ 表示差异化产品的需求份额，a 表示两国间的对称性，b 表示国家间的贸易障碍，当两国完全对称时，$n/n^* = v/v^* = shr(v)/(1 - shr(v))$，式（3-41）将转化为如下形式：

$$shr(v) = \frac{b + 1}{b - 1}shr(E) - \frac{1}{ab - 1} \qquad (3-42)$$

由式（3-42）可知，$\frac{b + 1}{b - 1}$ 代表本土市场效应强度，b 越大，$\frac{b + 1}{b - 1}$ 越小，即贸易障碍越大，本土市场效应越弱。

3.4.2　运输成本

阿米提（Amiti，1998）模型中假定存在着两个规模报酬递增的产业。他的分析结果表明，当两个产业的要素密度和替代弹性相同时，大国将专业化生产运输成本较高的产品，小国将专业化生产运输成本较低的产品。这样大国将出口生产成本较高的产品，小国将出口生产成本较低的产品。这一结论表明，具有较高运输成本的产业具有本土市场效应。阿米提认为，之所以这一结论成立，是因为高运输成本的产业在选择区位时为了规避较高的运输费用会倾向于在大国生产，所以大国成为了高运输成本产品的出口国。

3.4.3　产品差异化程度

汉森建立了一个多产业、单要素框架、两个国家的本土市场效应理论模型，如上节诉述，在这个模型中本土市场效应存在的条件：

$$\int_0^1 \alpha(z)g(z)dz = 0 \ , \ g(z) = \left[\frac{Y}{x(z)w^{\sigma(z)}-1} - \frac{w^{\sigma(z)}}{x(z)-w^{\sigma(z)}}\right] > 0 \ (3-43)$$

$g(z) > 0$ 等价于：

$$Y\left[\frac{x(z)}{w^{\sigma(z)}} - 1\right] > \left[x(z)w^{\sigma(z)} - 1\right] \tag{3-44}$$

进一步对上式化简可得：

$$Y > w^{2\sigma(z)} + \frac{w^{\sigma(z)}}{x(z)}(Y-1) \tag{3-45}$$

由式（3-45）可知，替代弹性较小、产品的产异化程度较大的产业倾向于出现本土市场效应。这是因为均衡时，产品价格是其边界成本的一个固定比例（该比例即 $\frac{\sigma}{\sigma-1}$ 受替代弹性的影响，替代弹性越大，其比例越小）的加成定价，低替代弹性的产品（即产品差异化程度较高的产品）的定价较高，较高价格产品的企业会倾向于在大国生产从而销售给更多的消费者获取更多利润 。

3.4.4　规模经济程度

克鲁格曼首次提出本土市场效应理论，他认为存在规模报酬递增和规模报酬不变两个部门，规模报酬递增的部门会呈现本土市场效应。那么如果存在着多个规模经济程度不同的产业，这些产业是否都存在着本土市场效应，其本土市场效应存在着何种特点呢？

由 D-S 模型我们可以推导出均衡时，价格与边际成本之间的关系如下式：

$$p_e = \frac{\sigma}{\sigma - 1}MC = (1 + \frac{1}{\sigma - 1})MC \qquad (3-46)$$

另外，当处于均衡状态时，厂商的利润为 0，即厂商的均衡价格与平均成本相等，有 $p_e = AC$，所以有 $AC = (1 + \frac{1}{\sigma - 1})MC$，由上式可知，当替代弹性 σ 降低时，平均成本相对边际成本的值更大，这也表明均衡时规模经济更高。克鲁格曼（1980，1981）、韦德（weder，2003）也表明，产业中产品的替代弹性 σ 越小，该产业的规模经济程度越高，相反替代弹性 σ 越大，产业的规模经济程度越小。替代弹性 σ 是产业规模经济程度的逆指标。根据前文可知，产业替代弹性 σ 越小，本土市场效应越强。所以本书可以得到以下结论，产业规模经济高低会影响该产业的本土市场效应，高规模经济程度的产业有着较高的本土市场效应，与之相对，如果某产业的规模经济程度较低，那么该产业的本土市场效应相对较弱。由此可知，替代弹性 σ 的值不但表示产业中产品的差异程度，同时它也能代表产业的规模经济程度。

韦德建立了一个多产业，单要素的本土市场效应模型，他利用替代弹性 σ 的值衡量产业的规模经济程度，结果表明，产业替代弹性 σ 的值与该产业出口规模呈现负相关关系，这一结论表明，产业的规模经济程度越高，该本土市场效应越强。与之相似，福尔摩斯和斯蒂文斯（Holmes & Stevens，2005）也提出了一个多产业单要素模型，该模型假设所有产业在运输成本、产品替代性等方面均相同，唯独在规模经济程度上存在差别，认为现实中存在众多规模经济程度不同的产业并以此为基础探讨产业经济程度与贸易模式之间的关系，其研究结果发现，当假定所有的产业均存在贸易成本，并且这些贸易成本相同时，只有那些规模经济程度高的产业才会产生贸易，相反，那些规模经济程度较小的产业没有贸易，另外，大国出口那些高规模经济程度的产品，小国出口那些中等规模经济程度的产品。这也说明较高规模经济程度的产业具有较强的本土市场效应。

本土市场效应理论作为新贸易理论的核心内容受到了众多学者广泛的关注。它指出当存在运输成本、规模经济时，一国将出口那些本国有较大需求的产业。克鲁格曼首次提出了本土市场效应理论，但在其理论中没有明确影响本土市场强度的一些因素，随后的一些研究虽然对最初的本土市场理论进行了不断地完善，但是对其强度影响的分析较少，本部分从贸易障碍、产业的运输成本、产业中产品的差异化程度，产业的规模经济程度的等方面全面分析了这一问题，为下文的进一步分析提供了线索。

第4章

中国制造业出口现状及二元边际特征

本土市场效应理论指出在存在着垄断竞争、运输成本与规模报酬递增的情况下，一国或地区对某一行业的超额需求会带来该行业的净出口。本书分析中国制造业的本土市场效应及其二元边际，重点考虑不同要素禀赋地区以及不同特征行业的本土市场效应差异。本部分详细分析我国制造业对外贸易的地区与行业分布。

4.1 中国制造业对外贸易发展的总体概况

由于中国制造业是中国对外贸易的主体，中国对外贸易的发展概况可以反映制造业外贸的基本特征，所以本书将首先介绍中国对外贸易发展的进程。1949年新中国成立以来，中国的对外贸易发展大致可以分为四个阶段：第一个阶段是计划经济下国家统治贸易，该时间段为 1949~1977 年；第二阶段是贸易逐步开放的有计划的商品经济，该时间段为 1979~1991 年；第三阶段是市场经济体制下的贸易自由化，该时间段为 1992~2001 年；第四阶段是 WTO 框架下的贸易自由化，该时间段是 2002 年至今。1978 年以前，中国实行进口替代的对外贸易战略，此时中国的内向型经济割裂了中国国内市场与国外市场的联系，因此中国对外贸易发展缓慢。1978 年以后，我国根据邓小平"摸着石头过河"的改革开放策略，建立了经济特区并渐次开放了沿海沿江城市和区域试图推动对外贸易发展，结果取得一定成绩。如表 4-1 所示，1988 年，我国进出口贸易额首次突破了 1 000 亿美元，1991 年达到了 1 357 亿美元，是 1978 年的 6.5 倍。我国的出口贸易额占世界出口总额的比重由 1980 年的 0.9% 上升到 1991 年的 2% 。同时，在世界中的排名由 1980 年的 26 位上升到了 1991 年的 13 位。

表 4 - 1　　　　　　　　　1980 ~ 1991 年中国进出口贸易额　　　　　单位：亿美元

年份	进出口总额	出口	进口
1980	378. 22	182. 72	195. 5
1981	440. 22	220. 07	220. 15
1982	416. 06	223. 21	192. 85
1983	436. 16	222. 21	213. 9
1984	535. 49	261. 39	274. 1
1985	696. 02	273. 5	422. 52
1986	738. 46	309. 42	429. 04
1987	826. 53	394. 37	432. 16
1988	1 027. 84	475. 16	552. 68
1989	1 116. 78	525. 37	591. 4
1990	1 154. 36	620. 91	533. 45
1991	1 357. 01	719. 1	637. 91

资料来源：1980 ~ 1991 年《中国海关统计年鉴》。

　　1992 年，邓小平南方谈话和党的十四大以后，我国对外开放进一步扩大，对外贸易进入稳定增长期，对外开放扩大的主要措施包括以下几个方面：第一，设立 15 个保税区，利用保税区的独特条件促进对外贸易发展；第二，开放芜湖、九江、黄石、武汉、岳阳、重庆六个城市港口，设立长江三峡经济开放区；第三，开放 13 个陆地边境城市等，通过这些措施形成中国全方位的开放格局。与此同时，申请复关。通过这一阶段的全面开放，我国对外贸易进入稳步增长时期。2001 年，我国进出口贸易总额比 1991 年增长了三倍，同时，出口贸易总额在世界上的排位上升至第六位。出口商品结构中，工业制成品所占比重上升至90%，机电产品出口额超过纺织品出口额成为第一大出口产品。这期间进出口贸易额如表 4 - 2 所示。

表 4 - 2　　　　　　　　　1992 ~ 2001 年中国进出口贸易　　　　　　单位：亿美元

年份	进出口总额	出口	进口
1992	1 655. 24	849. 4	805. 85
1993	1 957. 03	917. 44	1 039. 59
1994	2 366. 2	1 210. 06	1 156. 14
1995	2 808. 64	1 487. 8	1 320. 84
1996	2 898. 81	1 510. 48	1 388. 33
1997	3 251. 62	1 827. 92	1 423. 7
1998	3 239. 49	1 837. 12	1 402. 37
1999	3 606. 3	1 949. 31	1 656. 99
2000	4 742. 97	2 492. 03	2 250. 94
2001	5 096. 51	2 660. 98	2 435. 53

资料来源：1992 ~ 2001 年《中国海关统计年鉴》。

2001 年，中国加入 WTO，成为世贸组织成员，此后的十年中，中国进行了更大范围、更深层次的对外开放，如 2002 年 1 月 1 日，中国降低了 5 300 个税目的进口税率，使其达到了 12% 的平均关税税率水平，同时，取消了 221 种进口商品配额。经过各类对外贸易措施的实行，2009 年，中国的平均关税水平降至9.8%，实现了与国际贸易体制对接、贸易体制全方位、宽领域的改革。由此，中国经济与综合国力得到了快速发展，进出口总额上升至世界第二位，经济总量也超过日本，成为世界第二大经济体。2016 年，我国进出口总额达到 36 855.57亿美元，出口总额达到 20 976.31 亿美元，如表 4 - 3 所示。

表 4 - 3 　　　　　　　　　2002 ~ 2016 年中国进出口贸易　　　　　　单位：亿美元

年份	进出口总额	出口	进口
2002	6 207.66	3 255.96	2 951.7
2003	8 509.88	4 382.28	4 127.6
2004	11 545.54	5 933.26	5 612.29
2005	14 219.06	7 619.53	6 599.53
2006	17 604.39	9 689.78	7 914.61
2007	21 765.72	12 204.56	9 561.16
2008	25 632.6	14 306.93	11 325.67
2009	22 072.19	12 016.63	10 055.55
2010	29 727.62	15 779.32	13 948.3
2011	36 418.6	18 983.8	17 434.8
2012	38 671.2	20 487.1	18 184.1
2013	41 589.93	22 090.04	19 499.89
2014	43 015.27	23 422.93	19 592.35
2015	39 530.33	22 734.68	16 795.64
2016	36 855.57	20 976.31	15 879.26

资料来源：2002 ~ 2016 年《中国海关统计年鉴》。

总之，通过融入全球化经济一体化，中国的对外贸易得到了全面快速发展。从计划经济体制下的封闭、半封闭状态到市场经济体制改革下的各方面全方位开放状态；从完全的进口替代战略逐步转向部分产品进口替代继而再全面转向出口贸易导向的贸易战略；从将沿海城市当作经济特区试点，到将整个沿海地区转变为经济特区，再将经济特区试点扩散到沿边以及内陆省区；从单一方面为主的开放市场。扩展到 WTO 框架下全方位、多角度的开放市场。最终实现了从政策性开放到和世界通行贸易体制高度接轨的制度性开放。

对外贸易商品结构的演变能够较好地反映我国对外贸易的发展，因此，本书将从以下三个方面对其进行介绍分析。

（1）商品结构。一国或地区对外贸易的商品结构能够在很大程度上反映该国或地区经济与技术的发展水平。本部分将按照 SITC 部门分类将产品结构划分为初级产品与工业制成品。表 4 - 4 揭示了 1980 ~ 2012 年中国初级产品与工业制成品进出口的结构变化。由表 4 - 4 可知,改革开放初期,初级产品与工业制成品的出口数额十分接近,1980 年,初级产品的出口额为 91.14 亿美元,工业制成品的出口额为 90.05 亿美元,工业制成品与初级产品出口之比为 0.98。在随后的 30 年间,工业制成品的出口比重大幅度上升,相反,初级产品的出口份额持续下降。至 2012 年,工业制成品出口额高达 19 481.56 亿美元,工业制成品与初级产品的出口之比也高达 19.37。该数据的演变反映了中国出口商品结构的调整与升级,制造业产品成为中国主要的出口,在对外贸易中发挥着重要作用。同时,表 4 - 4 显示,中国进口商品结构的发展与出口商品的发展有着很大的差异,尽管工业制成品成为中国进口的主要成品,但是,在进口方面,初级产品的份额是在持续震荡的。如 2003 年以后,初级产品进口的增速要大于工业制成品,这是由于石油和一些原材料进口的大幅增加所致。

表 4 - 4　　　　　　中国初级产品与工业制成品进出口结构变化　　　　单位:亿美元

年份	初级产品		工业制成品	
	出口	进口	出口	进口
1980	91.14	69.59	90.05	130.58
1981	102.48	80.44	117.59	139.71
1982	100.5	76.34	122.71	116.51
1983	96.2	58.08	126.06	155.82
1984	119.34	52.08	142.05	222.02
1985	138.28	52.89	135.22	372.55
1986	112.72	56.49	196.7	363.01
1987	132.31	69.15	262.06	363.01
1988	144.06	100.68	331.1	452.07
1989	150.78	117.54	374.6	473.86
1990	158.86	98.53	462.05	434.92
1991	161.45	108.34	556.98	529.57
1992	170.04	132.55	679.36	673.3
1993	166.66	142.1	750.78	897.49
1994	197.08	164.86	1 012.98	991.28
1995	214.85	244.17	1 272.95	1 076.67
1996	219.25	254.41	1 291.23	1 133.92
1997	239.53	286.2	1 588.39	1 137.5
1998	204.89	229.49	1 632.2	1 172.88
1999	199.41	268.46	1 749.9	1 388.53
2000	254.6	467.39	2 237.43	1 783.55
2001	263.38	457.43	2 397.6	1 978.1
2002	285.4	492.71	2 970.56	2 458.99
2003	348.12	727.63	4 034.16	3 399.96
2004	405.49	1 172.67	5 527.77	4 439.62

年份	初级产品		工业制成品	
	出口	进口	出口	进口
2005	490.37	1 477.14	7 129.16	5 122.39
2006	529.19	1 871.29	9 160.17	6 043.32
2007	615.09	2 430.85	11 562.67	7 128.65
2008	779.57	3 623.95	13 527.36	7 701.67
2009	631.12	2 898.04	11 384.83	7 161.19
2010	816.86	4 338.5	14 960.69	9 623.94
2011	1 005.44	6 042.69	17 978.36	11 392.15
2012	1 005.58	6 349.34	19 481.56	11 834.71
2013	1 072.68	6 580.81	21 017.68	12 919.09
2014	1 126.92	6 469.4	22 296.01	13 122.95
2015	1 039.27	4 720.57	21 695.41	12 075.07
2016	1 051.87	4 410.55	19 924.44	11 468.71

资料来源：1980~2016 年《中国统计年鉴》整理所得。

（2）贸易方式。根据海关统计方法，贸易方式可分为一般贸易、加工贸易与其他贸易三种类型。由于加工贸易与一般贸易存在较大差异，对经济的影响亦有不同，且二者均为中国对外贸易的重要组成部分，所以本部分重点对比分析一般贸易与加工贸易的发展趋势及特点。所谓加工贸易，是指经营企业进口全部或者部分原辅材料、零部件、元器件、包装物料（以下简称料件），经加工或装配后，将制成品复出口的经营活动，包括来料加工和进料加工。1978 年，国务院制定了《开展对外加工装配业务实行办法》，在此之后，加工贸易在上海、广东、福建开始试点，其特征为"两头在外，三来一补"，凭借着我国廉价的劳动力及自然资源，加工贸易得到了迅速发展，表 4-5 展示了 1981~2016 年中国一般贸易与加工贸易两种贸易方式下进出口结构的变化。从表 4-5 可知，改革开放初期，一般贸易是我国对外贸易的主要方式，1981 年，以加工贸易方式进口与出口的产品数额分别为 11.31 亿美元和 15.04 亿美元，与此同时，以一般贸易出口与进口额分别为 208 亿美元和 203.66 亿美元。但随后，加工贸易快速发展，自 1995 年开始，加工贸易在进口和出口两方面均超过了一般贸易。直至 2010 年，加工贸易方式下的出口额持续高于一般贸易的出口额。加工贸易的崛起表明中国经济正通过比较优势即劳动力成本优势逐步融入了世界经济当中，并在全球生产网络中占据一席之地。2011 年以后，中国的加工贸易占比开始下降，一般贸易占比开始上升，一般贸易规模大于加工贸易，尤其表现在中国对外出口方面。具体而言，2011 年，一般贸易出口额为 9 170.34 亿美元，而加工贸易出口额为 8 352.84 亿美元，一般贸易出口额高出加工贸易出口额的 9.78%。2012~

2016 年，一般贸易出口额占比持续上升，在此期间，一般贸易出口额高出加工贸易出口额的百分比分别为 14.51%、26.2%、36.04%、52.61% 以及 61.19%。可能的原因在于 2008 年美国次贷危机以及随后爆发的欧债危机导致外需下降，而与此同时，我国 8 万亿内需刺激以及国内产业结构调整促使内需规模上升，由于加工贸易两头在外，其对外部冲击更为敏感，所以加工贸易占比呈现持续下降趋势。

表 4 - 5　　　　　1981～2016 年中国两种贸易方式进出口结构的变化　　单位：亿美元

年份	一般贸易		加工贸易	
	出口	进口	出口	进口
1981	208	203.66	11.31	15.04
1982	206.69	170.17	15.77	21.28
1983	201.6	187.68	20.01	24.01
1984	231.62	238.49	29.29	31.47
1985	237.3	372.72	33.16	42.74
1986	250.95	352.08	51.41	63.9
1987	296.43	287.72	81.38	95.02
1988	325.96	352.08	128.33	137.46
1989	315.52	356.14	188.04	156.78
1990	354.6	262	254.2	187.6
1991	381.2	295.4	324.3	250.3
1992	436.8	336.2	396.07	315.14
1993	432	380.45	442.36	363.6
1994	615.6	355.2	569.8	475.7
1995	713.61	433.81	737.18	583.59
1996	628.24	393.63	843.27	622.75
1997	779.74	390.3	996.02	702.06
1998	742.35	436.8	1 044.54	685.99
1999	791.35	670.4	1 108.82	735.78
2000	1 051.81	1 000.79	1 376.52	925.58
2001	1 118.81	1 134.56	1 474.34	939.74
2002	1 361.87	1 291.11	1 799.27	1 222
2003	1 820.34	1 877	2 418.49	1 629.35
2004	2 436.06	2 481.45	3 279.7	2 216.95
2005	3 150.63	2 796.33	4 164.67	2 740.12
2006	4 162.33	3 330.74	5 103.55	3 214.72
2007	5 393.55	4 286.64	6 175.6	3 684.74
2008	6 628.62	5 720.93	6 751.14	3 783.77
2009	5 298.12	5 344.7	5 868.62	3 222.91
2010	7 206.12	7 692.76	7 402.79	4 174.82
2011	9 170.34	10 076.21	8 352.84	4 697.56
2012	9 878.99	10 223.86	8 626.77	4 812.75
2013	10 863.49	11 090.76	8 607.85	4 969.53

续表

年份	一般贸易		加工贸易	
	出口	进口	出口	进口
2014	12 032. 06	11 105. 1	8 844. 34	5 256. 52
2015	12 193. 03	9 234. 94	7 989. 18	4 474. 82
2016	11 605. 80	8 955. 97	7 167. 87	3 974. 45

资料来源：1981~2016 年《中国统计年鉴》整理所得。

（3）中国进出口贸易的区域分布。本节考察了中国在对外贸易的进出口中各区域所占的比重。将中国划分为三大区域，分别为东部地区、中部地区与西部地区。由表 4-6 可知，2001~2016 年，对外贸易在三大区域的分布呈现严重不均衡态势。东部地区的对外贸易占据绝对优势，2001~2010 年，其进出口比重均高达 90% 以上，即使 2011~2016 年该比重有所下降仍然占据 84% 以上的份额。相比之下，中、西部地区对外贸易比重较小，如表 4-6 所示，中、西部地区对外贸易进出口占比最高的年份是 2015 年，其中，中部地区出口份额为 8.02%，进口份额为 7.09%。而西部地区出口份额为 7.97%，进口份额为 4.02%。从时间变化趋势可知，中、西部地区对外贸易的份额正在上升，三大区域间对外贸易的不平衡性有所下降，但是中国对外贸易集中于东部地区的现象没有发生根本性改变。

表 4-6   **2001~2016 中国东、中、西三大区域进出口贸易比重**   单位:%

年份	出口比重			进口比重		
	东部地区	中部地区	西部地区	东部地区	中部地区	西部地区
2001	92. 14	5. 15	2. 71	93. 06	4. 54	2. 4
2002	92. 25	4. 84	2. 91	93. 48	4. 38	2. 14
2003	92. 25	4. 75	2. 99	93. 35	4. 51	2. 13
2004	92. 54	4. 62	2. 84	93. 45	4. 44	2. 11
2005	92. 68	4. 56	2. 76	93. 68	4. 21	2. 11
2006	92. 29	4. 79	2. 92	93. 55	4. 36	2. 09
2007	91. 64	5. 16	3. 2	92. 74	4. 89	2. 38
2008	90. 31	5. 91	3. 78	92. 05	5. 27	2. 66
2009	91. 78	4. 78	3. 44	91. 59	5. 49	2. 91
2010	90. 7	5. 54	3. 74	91. 17	5. 76	3. 06
2011	88. 87	6. 34	4. 78	90. 1	6. 58	3. 31
2012	86. 61	7. 07	6. 31	89. 64	6. 7	3. 64
2013	86. 61	7. 07	6. 31	89. 65	6. 70	3. 65
2014	85. 50	7. 47	7. 02	89. 30	6. 73	3. 98
2015	84. 01	8. 02	7. 97	88. 19	7. 09	4. 72
2016	84. 97	8. 07	6. 96	88. 59	7. 30	4. 10

注：本书按照通常的三大区域划分方法，东部地区包括：北京、天津、河北、辽宁、上海、江苏、浙江、福建、山东、广东、广西、海南；中部地区包括山西、内蒙古、吉林、黑龙江、安徽、江西、河南、湖北、湖南；西部地区包括：重庆、四川、贵州、云南、西藏、陕西、甘肃、青海、宁夏、新疆。

资料来源：2002~2017 年《中国统计年鉴》整理所得。

4.2　中国制造业对外贸易的区域与行业分布

4.2.1　基于东、中、西部三大区域层次的特征分析

本节重点考察中国制造业对外贸易的区域结构。由于中国制造业对外贸易额总量不断提升的同时，其区域贸易呈现较大的差异，所以本节将通过对中国国研网数据的分析将这种差异呈现出来，表 4 - 7 展现了 2002 ~ 2016 年东、中、西三个区域层面的贸易比重，总体来看，中国制造业对外贸易主要集中于东部地区，其出口比重均高达 80% 以上。但是东部地区制造业占比呈现下降趋势，2002 年，其占比高达 93.47%，2016 年，东部地区制造业占比下降至 83.22%。中部地区制造业出口占比居中，高于西部地区但低于东部地区，呈显著上升趋势，由 2002 年占比 3.99% 上升至 2016 年 11.15%。西部地区制造业出口占比最低，但是与中部地区相似，其增长速度较快，2002 年，出口占比仅为 2.52%，2016 年，该比值上升至 5.63%。不同地区制造业出口占比的变化在一定程度上反映了我国不同地区比较优势的演变，由于前期制造业在东部地区高度集中，其境内劳动力、原材料以及土地价格的快速上升，导致东部地区成本优势丧失，制造业开始向中、西部地区移动，所以东部地区出口占比逐年减小，而中、西部地区制造业规模逐渐增大。

表 4 - 7　　　　　　中国东、中、西部三大区域制造业出口比重　　　　　单位:%

年份	区域		
	东部地区	中部地区	西部地区
2002	93.47	3.99	2.52
2003	93.39	3.88	2.73
2004	93.37	4.09	2.54
2005	93.37	4.17	2.45
2006	92.98	4.35	2.67
2007	92.38	4.72	2.9
2008	91.36	5.13	3.51
2009	93.45	4.52	2.03
2010	93.45	4.52	2.03
2011	89.75	6.80	3.44
2012	87.75	8.08	4.18
2013	85.91	8.78	5.31

续表

年份	区域		
	东部地区	中部地区	西部地区
2014	85.37	9.89	4.74
2015	84.56	10.93	4.50
2016	83.22	11.15	5.63

资料来源：由国研网中对外贸易统计数据库整理计算所得。

本书按照不同的贸易方式对东、中、西部三大区域制造业对外贸易的差异进行分析，表4-8反映了2002~2016年中国东、中、西部三大区域制造业两种贸易方式即一般贸易与加工贸易进出口额比重，由表中数据可知，东部地区无论是在一般贸易方式下还是在加工贸易方式下，其进出口比重均最大，2002~2016年，东部地区制造业在一般贸易方式下的进出口比重最小为87.01%，最大为88.46%，在加工贸方式下进出口比重最小为84.83%，最大为98.06%。相比之下，中、西部地区制造业在一般贸易与加工贸易方式下进出口比重均较小。从一般贸易与加工贸易两种方式来看，2002~2013年，东部地区的加工贸易比重持续大于一般贸易比重，但是2014~2016年加工贸易比重持续大于一般贸易。而西部地区则相反，2002~2012年，一般贸易的比重持续大于加工贸易，2013~2016年，一般贸易的比重持续小于加工贸易。中部地区2002~2016年一般贸易的比重持续大于加工贸易。

表4-8　　　　中国东、中、西部三大区域制造业两种贸易方式进出口额比重　　　单位:%

年份	区域					
	东部地区		中部地区		西部地区	
	一般贸易	加工贸易	一般贸易	加工贸易	一般贸易	加工贸易
2002	87.63	97.88	7.79	1.24	4.58	0.88
2003	87.47	98.06	8.18	1.11	4.35	0.83
2004	87.89	98.03	7.83	1.25	4.28	0.72
2005	88.46	98.01	7.38	1.37	4.16	0.62
2006	88.26	97.8	7.48	1.48	4.26	0.72
2007	87.78	97.51	7.93	1.74	4.28	0.75
2008	87.45	97.11	8.32	1.92	4.23	0.97
2009	88.36	97.09	7.87	1.85	3.77	1.06
2010	88.31	96.67	7.99	2.26	3.70	1.08
2011	88.04	94.29	8.30	3.31	3.65	2.41
2012	87.01	91.06	8.44	4.81	4.55	4.14
2013	87.71	88.77	8.44	5.68	3.85	5.55
2014	87.74	85.87	8.49	6.53	3.77	7.60
2015	87.22	86.01	8.79	7.82	3.99	6.18
2016	87.99	84.83	8.41	8.38	3.59	6.79

资料来源：由国研网中对外贸易统计数据库整理计算所得。

4.2.2　中国各省区市层次的特征分析

本书进一步分析了中国 31 个省区市制造业对外贸易的分布特征,如表 4 - 9 所示,中国制造业的分布极不均衡。本书按照出口的比重,将中国 31 个省区市分为四个组别,第一组别中的区域出口比重大于 10%,第二组别中的区域出口比重大于 1% 小于 10%,第三组别中的区域出口比重大于 0.5% 小于 1%。第四组别中的区域出口比重小于 0.5%。由表 4 - 9 中的数据可以看到,中国制造业对外贸易的区域分布呈现"阶梯式"特征,出口份额在东部地区最高,西部地区最低,中部地区次之。广州、江苏、上海、浙江等东部沿海城市为第一梯队,四个城市出口份额之和超过了 70%。山东、福建、天津、辽宁、北京、河北属于第二梯队,其出口贸易比重依次下降。由此可见,东部沿海地区除了广西与海南外,其他大部分城市对外贸易的优势十分明显。与之相对,中、西部地区对外贸易发展迟滞,成为中国制造业的"低洼",从表 4 - 9 可以看到,出口贸易比重小于 1% 的省区市有 20 多个,几乎全部分布在西部地区,仅仅是四川一个省份进入了到了第二梯队。原因在于两方面:第一,东部沿海地区地理位置优越,贸易起步较早,同时,受到了大量的国家政策优惠如早期的经济特区等,而中、西部地区由于距离海港较远,优惠政策启动较晚,对外贸易未及时得到发展。第二,由于第一点原因,东部地区经济得到迅速发展,人口规模与经济总量快速提升,通过规模效应进一步促进了东部地区的对外贸易。

表 4 - 9　　　　　中国 31 个省区市制造业出口贸易比重　　　　　单位:%

区域	省区市	2002 年	2003 年	2004 年	2005 年	2006 年	2007 年	2008 年
东部地区	北京	2.395	2.101	2.143	2.337	2.462	2.421	2.374
	天津	3.505	3.225	3.519	3.455	3.398	3.181	2.907
	河北	1.235	1.321	1.617	1.553	1.549	1.786	2.047
	辽宁	3.118	2.765	2.764	2.603	2.493	2.472	2.551
	上海	10.038	10.974	12.18	11.701	11.469	11.532	11.484
	江苏	12.649	14.308	15.515	17.065	17.375	17.568	17.739
	浙江	9.936	10.395	10.544	10.99	11.345	11.434	11.884
	福建	5.815	5.516	5.262	4.829	4.372	4.081	3.976
	山东	5.989	5.779	5.811	5.872	5.834	6.115	6.546
	广东	38.261	36.531	33.547	32.545	32.244	31.345	29.327
	广西	0.427	0.382	0.367	0.351	0.372	0.378	0.445
	海南	0.111	0.098	0.096	0.072	0.075	0.077	0.071

区域	省区市	2002 年	2003 年	2004 年	2005 年	2006 年	2007 年	2008 年
中部地区	山西	0.238	0.242	0.311	0.307	0.325	0.446	0.46
	内蒙古	0.199	0.199	0.218	0.223	0.226	0.253	0.293
	吉林	0.263	0.232	0.243	0.248	0.257	0.254	0.296
	黑龙江	0.435	0.499	0.506	0.64	0.619	0.696	0.532
	安徽	0.686	0.613	0.592	0.64	0.649	0.673	0.735
	江西	0.305	0.317	0.434	0.344	0.405	0.449	0.551
	河南	0.687	0.697	0.713	0.712	0.728	0.738	0.855
	湖北	0.633	0.582	0.541	0.542	0.609	0.665	0.805
	湖南	0.545	0.491	0.523	0.501	0.532	0.539	0.617
西部地区	重庆	0.344	0.339	0.312	0.314	0.322	0.345	0.382
	四川	0.749	0.682	0.566	0.52	0.565	0.598	0.746
	贵州	0.149	0.164	0.199	0.133	0.128	0.159	0.169
	云南	0.375	0.307	0.306	0.28	0.273	0.305	0.274
	西藏	0.023	0.023	0.018	0.013	0.019	0.021	0.023
	陕西	0.354	0.323	0.279	0.281	0.298	0.325	0.337
	甘肃	0.151	0.167	0.172	0.137	0.163	0.131	0.113
	青海	0.05	0.051	0.08	0.041	0.053	0.023	0.027
	宁夏	0.104	0.119	0.123	0.101	0.111	0.107	0.117
	新疆	0.229	0.556	0.487	0.653	0.731	0.886	0.318

区域	省区市	2009 年	2010 年	2011 年	2012 年	2013 年	2014 年	2015 年	2016 年
东部地区	北京	2.309	1.975	1.656	1.394	1.313	1.182	0.913	0.802
	天津	2.562	2.484	2.460	2.537	2.410	2.386	2.300	2.103
	河北	1.086	1.314	1.398	1.418	1.354	1.445	1.337	1.305
	辽宁	3.510	3.468	3.020	2.899	2.974	2.617	2.016	1.783
	上海	10.108	9.849	9.150	7.621	6.963	6.452	6.563	6.196
	江苏	22.065	22.099	22.941	21.747	20.304	19.722	20.049	19.807
	浙江	10.735	10.779	10.173	10.313	9.981	10.097	9.885	9.813
	福建	4.382	4.456	4.739	5.525	5.732	5.587	5.804	5.896
	山东	7.475	7.185	6.742	6.903	7.364	7.338	7.247	7.322
	广东	28.756	28.228	26.824	26.737	26.777	27.753	27.622	27.318
	广西	0.325	0.397	0.536	0.542	0.592	0.613	0.672	0.707
	海南	0.138	0.121	0.110	0.111	0.144	0.172	0.153	0.165
中部地区	山西	0.245	0.298	0.287	0.446	0.510	0.572	0.562	0.783
	内蒙古	0.173	0.311	0.270	0.234	0.163	0.157	0.140	0.128
	吉林	0.192	0.211	0.256	0.311	0.321	0.324	0.342	0.341
	黑龙江	0.188	0.218	0.199	0.176	0.133	0.150	0.132	0.103
	安徽	0.746	0.818	1.191	1.305	1.449	1.828	1.882	1.969
	江西	1.035	1.165	1.278	1.435	1.403	1.790	1.826	1.814
	河南	0.453	0.584	1.225	1.908	2.321	2.719	3.381	3.179
	湖北	0.999	1.181	1.315	1.294	1.372	1.232	1.458	1.619
	湖南	0.490	0.576	0.783	0.968	1.111	1.122	1.212	1.216

续表

区域	省区市	2009 年	2010 年	2011 年	2012 年	2013 年	2014 年	2015 年	2016 年
西部地区	重庆	0.420	0.420	1.017	1.571	1.956	2.307	2.303	2.487
	四川	0.828	0.828	1.639	1.901	2.661	1.616	1.219	1.899
	贵州	0.100	0.100	0.092	0.103	0.089	0.104	0.118	0.152
	云南	0.156	0.156	0.125	0.118	0.115	0.123	0.143	0.224
	西藏	0.000	0.000	0.000	0.000	0.000	0.000	0.000	0.000
	陕西	0.360	0.360	0.342	0.322	0.303	0.406	0.498	0.635
	甘肃	0.049	0.049	0.076	0.058	0.053	0.071	0.075	0.095
	青海	0.004	0.004	0.003	0.006	0.007	0.003	0.013	0.002
	宁夏	0.055	0.055	0.077	0.060	0.063	0.070	0.081	0.081
	新疆	0.053	0.053	0.073	0.039	0.060	0.040	0.054	0.056

资料来源：国研网数据整理所得。

从各省对外贸易的时间变化趋势来看，中国在 2002 年加入世界 WTO 之后，各省对外贸易得到了快速发展，平均增长率在 10% 以上，东部地区对外贸易增长平稳，其中，江苏、浙江及河北的出口增长率较快，福建、海南出口比重略有下降，贸易大省广东的对外贸易增长率较低，2008 年，金融危机促使大部分东部省份制造业出口比重增长减速，但与此同时，中、西部地区对外贸易却得到了较大发展，如山西、江西、内蒙古、新疆均得到了快速发展。

最后，本书通过计算分析赫芬达尔指数，考察 31 个省区市对外贸易集中度的变化趋势。其计算公式如下：

$$HHI_t = \sum_i \left(\frac{y_{it}}{Y_t} \right)^2$$

其中，y_{it} 表示地区 i 在 t 期的对外贸易额，Y_t 是指所有地区在 t 期的对外贸易之和。该指数的计算过程表明，集中程度越大，赫芬达尔指数值越大。图 4 – 1 揭示了 2002 ~ 2016 年中国 31 个省区市制造业对外贸易的赫芬达尔指数趋势。从表 4 – 9 可以看到，该指数在 2002 ~ 2016 年呈现下降趋势，表明中国 31 个省区市对外贸易集中度有所下降，其中，2002 ~ 2004 年及 2006 ~ 2018 年，该指数的下降较为明显，而 2004 ~ 2006 年，该指数没有呈现明显的下降趋势，这是因为在 2001 年中国加入 WTO 之后，为了缩小各区域之间的差距，推行了"西部大开发""中部崛起"等战略，并在中、西部区域内实行了大量优惠政策，中、西部经济得到较快发展，对外贸易迅速扩张，使得各区域制造业对外贸易差距较小。

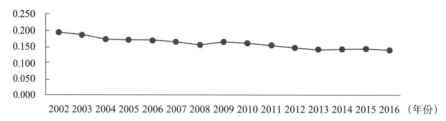

图 4 – 1　2002～2016 年中国 31 个省区市制造业出口的赫芬达尔指数变动情况

4.2.3　中国制造业对外贸易的行业分布

本部分试图通过对中国制造业对外贸易的行业分布的考察从而得到各细分行业对外贸易的现状及发展趋势，进而联系本书所要考察的问题。考虑到时间的连贯性以及数据口径的一致性，本书将以下 28 个制造业行业作为研究对象。它们包括农副食品加工业、食品制造业、饮料制造业、烟草制品业、纺织业、纺织服装、鞋、帽制造业、皮革、毛皮、羽毛（绒）及其制品业、木材加工及木、竹、藤、棕、草制品业、家具制造业、造纸及纸制品业、印刷业和记录媒介的复制、文教体育用品制造业、石油加工、炼焦及核燃料加工业、化学原料及化学制品制造业、医药制造业、化学纤维制造业、橡胶制品业、塑料制品业、非金属矿物制品业、黑色金属冶炼及压延加工业、有色金属冶炼及压延加工业、金属制品业、通用设备制造业、专用设备制造业、交通运输设备制造业、电气机械及器材制造业、通信设备、计算机及其他电子设备制造业、仪器仪表及文化、办公用机械制造业。

为了更好地考察行业的出口导向特征，本书提出了行业外向度指标，并对其进行量化，它的计算方法是使用行业的出口交货值比上行业的销售产值。表 4 – 10 依据此公式计算了 2016 年中国各制造业行业的外向度水平。由表中数据可知，不同的行业外向度差异较大。通信设备、计算机及其他电子设备制造业外向度高达 59.89%，而烟草制品行业外向度仅为 0.004 5。这一指标反映了不同制造业不同的出口导向。进一步分析可知，外向程度较高的行业中既有劳动密集型行业如纺织服装、鞋、帽制造业、家具制造业、文教体育用品制造业、皮革、毛皮、羽毛（绒）及其制品业、橡胶制品业等，同时也包括技术资本密集型行业如通信设备、计算机及其他电子设备制造业、仪器仪表及文化、办公用机械制造业等。

表 4 - 10　　　　　　　　　　　2016 年中国制造业出口外向度

行业	工业销售产值 （亿元）	出口交货值 （亿元）	行业外向度
制造业	1 041 824.16	117 590.43	0.112 9
农副食品加工业	68 857.76	2 836.34	0.041 2
食品制造业	23 544.4	1 114.45	0.047 3
酒、饮料和精制茶制造业	19 034.28	256.21	0.013 5
烟草制品业	8 855.8	41.24	0.004 7
纺织业	40 287.42	3 521.73	0.087 4
纺织服装、服饰业	23 664.77	4 748.25	0.200 6
皮革、毛皮、羽毛及其制品和制鞋业	15 189.99	3 382.59	0.222 7
木材加工和木、竹、藤、棕、草制品业	15 119.7	892.23	0.059 0
家具制造业	8 826.79	1 786.33	0.202 4
造纸和纸制品业	14 832.74	569.82	0.038 4
印刷和记录媒介复制业	8 178.51	481.31	0.058 9
文教、工美、体育和娱乐用品制造业	16 897.37	4 397.74	0.260 3
石油加工、炼焦和核燃料加工业	34 077.5	610.21	0.017 9
化学原料和化学制品制造业	86 789.56	4 333.64	0.049 9
医药制造业	28 417.72	1 460.42	0.051 4
化学纤维制造业	7 879.83	559.96	0.071 1
橡胶和塑料制品业	32 764.61	3 743.29	0.114 2
非金属矿物制品业	63 057.45	1 776.09	0.028 2
黑色金属冶炼和压延加工业	60 343.78	2 320.08	0.038 4
有色金属冶炼和压延加工业	48 879.02	1 124.06	0.023 0
金属制品业	39 334.97	3 630.42	0.092 3
通用设备制造业	48 337.12	4 930.98	0.102 0
专用设备制造业	37 672.91	3 024.39	0.080 3
汽车制造业	80 440.37	3 188.99	0.039 6
铁路、船舶、航空航天和其他运输设备制造业	20 293.17	3 408.04	0.167 9
电气机械和器材制造业	74 163.8	10 092.24	0.136 1
计算机、通信和其他电子设备制造业	98 457.24	47 081.32	0.478 2
仪器仪表制造业	9 441.41	1 358.2	0.143 9
其他制造业	2 832.2	464.93	0.164 2
废弃资源综合利用业	4 133.12	14.92	0.003 6
金属制品、机械和设备修理业	1 218.83	440.04	0.361 0

资料来源：《2017 中国工业经济统计年鉴》经作者整理所得。

4.3　中国制造业对外贸易与本土市场规模联动分析

　　克鲁克曼首次提出本土市场效应这一基本概念并进行考察，其定义表明，在垄断竞争市场、贸易成本及规模报酬递增的前提下，一国某种产品的产量占世界总产量份额要大于本国同种产品的需求占全球需求的份额。即一国会出口那些在国内有很大需求的产品。其理论机制在于一种产品大规模的需求会导致该产品大规模的生产，由于存在干中学效应、积聚效应，大规模的生产会导致该产品的生产率提高，最终会导致其出口的增加。换言之，内需的增强会导致外需的增加。以下，本书将通过一些简单的统计性分析考察制造业行业的本土市场效应。

表4-11反映了2004~2016年中国制造业行业内需状况，由于中国经济统计年鉴每年的分类标准有所差异，出口值仅从2004年开始统计，所以本书选取2004~2016年20个制造业行业为研究对象。这些行业具体包括：石油炼焦、非金属矿物、黑色金属矿物、有色金属矿物、烟草制造、农副食品加工、食品制造、饮料制造、纺织食品、造纸、皮革、化学原料制造、化学纤维、通用设备、专用设备、交通运输、电器机械、医药、电子通信、仪器仪表等。另外，本书参照邱斌（2010）对内外需的衡量标准，以行业出口值衡量行业外需，利用行业产品销售值与行业值之差代表行业内需。以往存在大量关于本土市场效应规模的指标，最为通用的做法是以当地GDP规模对市场最终消费需求进行衡量，但是本书是基于分行业、分地区面板数据的经验分析，因此，衡量标准采用各行业国内销售产值作为各制造业行业的本土市场需求。目的是验证各地区、各行业的国内需求是否促进该行业的出口，从而判断是否具有本土市场效应，并进一步分析其本土市场效应的差异性。

表4-11　　　　　　　　2004~2016年中国制造业行业内外需比较　　　　　　单位：亿元

年份	内需	外需
2004	97 487.93	25 802.59
2005	130 601.6	39 152.88
2006	165 003.9	46 104.19
2007	207 460.5	58 734.57
2008	271 051.9	71 518.94
2009	345 243.7	80 390.24
2010	391 907.1	70 292.29
2011	501 222	87 908.65
2012	685 907.1	792 228.6
2013	782 978.4	895 412.2
2014	850 254.5	968 373.3
2015	873 634.6	989 362.2
2016	924 233.7	1 041 824
合计	263 747.3	59 988.04

资料来源：2005~2017年《中国经济统计年鉴》整理所得。

由表 4 – 11 可知，2004～2016 年，中国制造业行业内需快速上升，2004 年，中国制造业行业内需规模仅为 97 487.93 亿元，2016 年，这一数值已经高达 924 233.7 亿元。同时，外需规模也在迅速上升，由 2004 年的 25 802.59 亿元上升到了 2016 年的 1 041 824 亿元。从这一简单的统计性描述中可以发现内需与外需扩张趋势相同，那么究竟内需是否是外需扩张的原因呢？中国制造业行业是否存在着本土市场效应呢？本书将在下一部分的实证中考察。

另外，通过以上对于中国制造业出口结构的分析，我们发现，不同地区制造业出口差异较大，例如，中、西部地区出口较少，东部地区主导着中国的出口贸易，每年出口额巨大。当我们进一步对比分析东、中、西部市场规模时，我们发现，东部地区 GDP 占据中国 GDP 的绝大部分，其变动直接决定着中国经济的走向，地区巨大的市场规模与巨大的出口额是否存在着联系呢？换言之，东部地区的出口是否是由于其内部巨大的市场需求？中国制造业是否存在着本土市场效应？众所周知，加工贸易占据着中国对外贸易的半壁江山，在考虑制造业本土市场效应的时候，我们必须对加工贸易单独研究，由以上地区制造业出口分布结构可知，东部地区加工贸易占据中国加工贸易的 90% 以上，加工贸易制造业在东部地区聚集是否也是因为其巨大的内部需求呢？中国加工贸易制造业行业是否存在着本土市场效应？这成为我们在实证研究中需要考虑的一个问题。分析中国制造业行业出口结构，我们发现，中国劳动密集型制造业行业与资本密集型制造业行业的出口外向度均较高，而资源密集型制造业行业的出口外向度较低。资本密集度外向程度较高是否表示由于资本密集型行业产品差异化程度较高，具有较大的规模经济，所以本土市场规模的扩大对促进外需规模的扩张具有显著影响？中国资本密集型制造业行业存在显著的本土市场效应？而劳动密集型制造业行业同样存在着较高的出口外向度，这与经典本土市场效应理论模型的结论不符，但是却能很好地支持本书的研究结论，即中国是劳动丰裕型国家，在劳动密集型行业存在较强的本土市场效应。本部分的研究为下一步的实证提供了一些典型化的支撑，同时提供了研究视角。

本书理论部分表明，不同要素丰裕型国家扩大产出的方式存在差异，所以其出口增长的方式也有所不同，资本丰裕型地区出口的扩张主要依靠于扩展的边际即成立新的企业。而劳动丰裕型地区出口的扩张主要依赖于集约的边际即扩大原有企业的规模。本书将会进一步利用统计性描述的方法考察中国制造业行业的本土市场效应的扩展方式，即本土市场规模的扩大导致出口的增加更多的是依赖于出口的扩张边际还是出口的集约的边际，并且考察中国各个地区出口的二元边际是否存在着差异，资本丰裕型省份制造业行业的本土市场效应是否更加依赖于出口的扩张边际而劳动丰裕性省份制造业行业本土市场效应是否更加依赖于出口的集约边际。

4.4 中国制造业行业对外贸易二元边际的特征

首先本书使用 1999～2008 年中国工业企业数据库考察制造业行业本土市场效应的来源，考察是扩展的边际主导了外需的增加还是集约的边际主导了外需的变化。另外，本书将进一步考察不同资源禀赋丰裕型地区本土市场效应的来源及其差异。为中国贸易战略及其各地方贸易发展方式提供政策建议。

扩展边际及集约边际的定义。根据新近发展的企业异质性贸易模型，一国的出口增长主要是沿着集约的贸易边际和扩展的贸易边际而实现的。集约的边际意味着一国的出口增长主要来源于现有出口企业和出口产品在单一方向上量的扩张，扩展的边际则表明一国出口增长主要是基于新的企业进入出口市场以及出口产品种类的增加。本书认为，扩展的边际就是新出口企业出口的产品，这里，本书将选取两个指标对扩展的边际进行衡量，一是新出口企业的个数，二是新企业出口产品的额度。集约的边际是指那些去年出口今年仍旧出口的企业的出口额。本书计算出 1999～2008 年每年的扩展边际和集约边际，然后通过实证方法计算出扩展边际和集约边际对外需的影响，进而计算出本土市场效应的差异。

表 4－12 表明，中国制造业 2000～2008 年外需增长主要来源于集约的边际，这与众多关于出口二元边际的研究相似，外需的增长更多依赖于集约边际的增长，同时，由于中国仍旧属于发展中国家，相对于资本，劳动资源更为丰富，属于劳动丰裕型国家，实证与理论部分相一致，该理论认为，劳动丰裕型国家倾向于依靠扩大企业规模，增加员工数量扩大外需，即外需的扩大更加依赖于集约的边际。下面，本书进一步分析 2000～2008 年中国制造业行业外需增长来源——二元边际的变动。

表 4－12　　　　　　　　2000～2008 年中国制造业出口的二元边际

OLS			
ext1	int1	ext2	int2
0.529 5	0.515 1	0.470 1	0.412 1

表 4 – 13　　　　　　　　2000～2008 年中国制造业出口的二元边际变动

年份	OLS				GLS			
	ext1	int1	ext2	int2	ext1	int1	ext2	int2
2000	0.577 8	0.517 1	0.391 6	0.502 3	0.729 0	0.392 7	0.379 1	0.405 7
2001	0.767 1	0.427 2	0.573 8	0.372 9	0.947 6	0.365 6	0.529 8	0.378 3
2002	0.602 3	0.451 8	0.476 3	0.400 8	0.787 6	0.375 7	0.464 8	0.457 3
2003	0.527 1	0.501 3	0.392 8	0.489 2	0.687 2	0.454 2	0.433 3	0.482 3
2005	0.497 7	0.559 4	0.366 2	0.491 7	0.636 5	0.479 3	0.381 4	0.491 1
2006	0.338 9	0.615 1	0.310 6	0.587 7	0.483 3	0.557 9	0.301 4	0.561 0
2007	0.323 5	0.649 4	0.294 8	0.572 6	0.409 5	0.533 9	0.281 0	0.625 4
2008	0.699 6	0.428 3	0.577 7	0.374 2	0.841 7	0.265 6	0.518 3	0.335 2

表 4 – 13 反映了 2000～2008 年中国制造业行业二元边际的发展变化，ext1 表示以新出口企业数为标准衡量的扩展的边际，int1 表示对应的集约的边际。ext2 表示以新出口企业出口的额度作为衡量标准的扩展的边际，int2 表示对应的集约的边际。为了进一步分析 2000～2008 年中国制造业出口的二元边际的变化，本书用图 4 – 2 至图 4 – 5 做进一步分析。

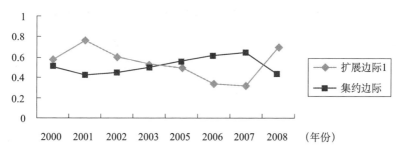

图 4 – 2　2000～2008 年中国制造业行业二元边际的发展变化（ext1/ols）

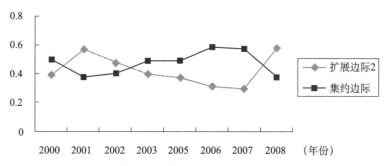

图 4 – 3　2000～2008 年中国制造业行业二元边际的发展变化（ext2/ols）

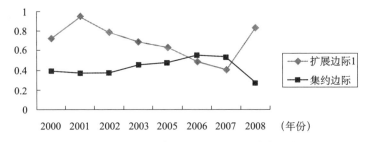

图 4 - 4   2000 ~ 2008 年中国制造业行业二元边际的发展变化 （ext1/gls）

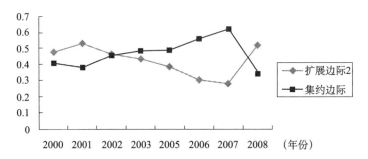

图 4 - 5   2000 ~ 2008 年中国制造业行业二元边际的发展变化 （ext2/gls）

图 4 - 2、图 4 - 3、图 4 - 4 与图 4 - 5 分别利用不同的衡量方法考察了中国制造业行业二元边际 2000 ~ 2008 年的发展变化，如图 4 - 2 中，扩展的边际即 ext1 利用新成立企业的个数衡量，集约的边际 int1 用连续两年存在企业的个数表示。用最小二乘法（OLS）考察出口的二元边际。由图 4 - 2 可知，2001 年，扩展的边际有较大幅度的上升，在此之后，扩展的边际持续下降直到 2008 年扩展的边际有了一定的上升。与扩展的边际相对应，集约的边际在 2001 年下降，在 2002 ~ 2007 年持续上升，2008 年突然下降。出现这一趋势的原因在于中国 2001 年加入 WTO，这极大地促进了中国的对外贸易，大量以前不出口的企业首次出口成为新出口企业，所以这一阶段扩展的边际占主导地位。随后几年，中国制造业扩展的边际逐渐下降，集约的边际相对上升，到 2008 年，美国金融危机导致了世界经济危机，中国出口萎缩。大量中小企业倒闭，扩展的边际的影响加大，相对而言，集约的边际影响变小。对比图 4 - 3、图 4 - 4、图 4 - 5 可知，在使用多种计量方法如 OLS 与 GLS，多种扩展边际衡量方式如新出口企业数、新出口企业出口作为衡量方法时，中国制造业行业的扩展边际和集约的边际的发展趋势与图 4 - 2 相差不大。

4.5　中国制造业行业对外贸易二元边际的地区差异性分析

本部分以地区人均 GDP 作为不同要素禀赋地区划分的标准，并以地区 GDP 衡量地区经济规模，然后选取人均 GDP 高、经济规模大的地区作为资本丰裕型地区，选取人均 GDP 低、经济规模较的地区作为劳动密集型地区。本书选取典型的资本密集丰裕型地区（包括广东、江苏、浙江、上海、北京、福建），典型的劳动丰裕型地区（包括安徽、湖北、河南、江西）。图 4 - 6 ~ 图 4 - 13 反映了 1999 ~ 2008 年不同要素禀赋地区本土市场效应的来源即扩展的边际和集约的边际对外需的影响。由图 4 - 6 可知，1999 ~ 2008 年，各年资本丰裕型地区制造业行业扩展的边际大于集约的边际，而在劳动丰裕型地区，制造业行业集约的边际大于扩展的边际，无论是使用新出口企业数还是用新出口企业出口额作为扩展边际，这一结论都是成立的。这一结论与本书理论部分相吻合，表明资本丰裕型地区因其比较优势倾向于成立新企业扩大产出，而劳动丰裕型地区由于劳动力成本较低，倾向于采用劳动密集型技术扩大产出。本部分考察的对象仅限于中国部分具有代表性的地区，使用一般统计性方法得到的结论与理论部分相同，即不同要素禀赋的地区外需扩展的方式存在着差异，劳动丰裕型地区依赖于通过集约的边际扩大出口规模，而资本丰裕型地区出口规模的扩大主要依赖于扩展的边际。

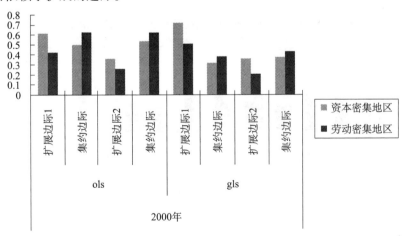

图 4 - 6　2000 年不同要素禀赋地区本土市场效应来源比较

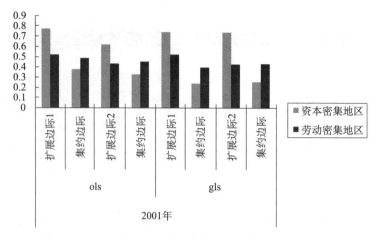

图 4 - 7　2001 年不同要素禀赋地区本土市场效应来源比较

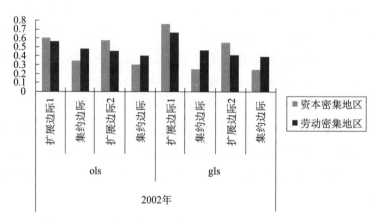

图 4 - 8　2002 年不同要素禀赋地区本土市场效应来源比较

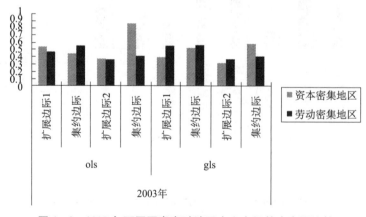

图 4 - 9　2003 年不同要素禀赋地区本土市场效应来源比较

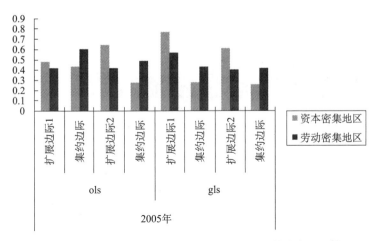

图 4-10　2005 年不同要素禀赋地区本土市场效应来源比较

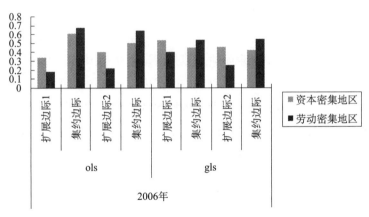

图 4-11　2006 年不同要素禀赋地区本土市场效应来源比较

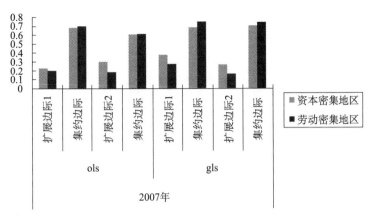

图 4-12　2007 年不同要素禀赋地区本土市场效应来源比较

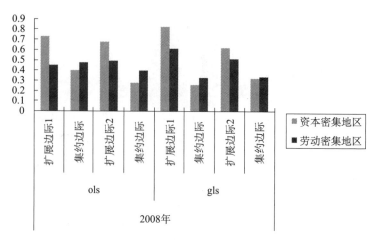

图 4 - 13　2008 年不同要素禀赋地区本土市场效应来源比较

　　本部分通过统计性描述的方法介绍了中国制造业行业本土市场效应的二元边际的来源，该结论与理论模型结论一致，即要素禀赋的差异决定地区本土市场效应二元边际来源的不同，中国现阶段仍然是劳动丰裕型国家，所以其本土市场效应主要来源于集约的边际，进一步对比中国国内不同资源禀赋地区制造业行业本土市场效应的来源，本书发现，劳动丰裕型地区依赖于通过集约的边际扩大出口规模，而资本丰裕型地区出口规模的扩大主要依赖于扩展的边际。本书将进一步通过实证的方法考察中国制造业行业本土市场效应的来源及其特征。

第 5 章

中国制造业行业本土市场
效应的实证分析

本土市场效应理论作为新贸易理论的核心内容很好地诠释了内需与外需的联动关系，为中国现阶段内需不足、外需减速等问题提供了新的视角与解决途径。本书实证部分试图利用中国制造业企业大样本数据及多种实证方法考察中国制造业本土市场效应，并从多个角度全面深入剖析，如不同特征制造业行业本土市场效应强度的差异，不同要素禀赋地区在制造业行业本土市场效应的区别及其原因，一般贸易制造业行业与加工贸易制造业行业本土市场效应强度的差异，等等，在全面掌握这一理论及我国制造业内外需联动现状的前提下，为解决当前我国面临的两大难题——内需与外需问题提供相关政策建议。

5.1 中国制造业行业本土市场效应的基本分析

首先本书对本土市场效应这一基本概念进行考察，其定义表明，在垄断竞争市场、贸易成本及规模报酬递增的前提下，一国某种产品的产量占世界总产量份额大于本国同种产品的需求占全球需求的份额。即一国会出口那些在国内有很大需求的产品。其理论机制在于一种产品大规模的需求会导致该产品大规模的生产，由于存在干中学效应和积聚效应，大规模的生产会导致该产品的生产率提高，最终会导致其出口的增加。换言之，内需的增强会导致外需的增加。本书将通过对 2004~2016 年中国 31 个地区 20 个制造业行业数据进行深入实证分析，以考察其存在性。

根据国内外现有研究，本书将选取中国出口的各影响因素作为解释变量。构建如下回归模型：

$$EXPORT_{ijt} = F(HME_{ijt}, RESOURCE_{ijt}, FDIINF_{ijt}, MARKETINF_{ijt})$$

其中，$EXPORT_{ijt}$ 表示 i 省份 j 行业 t 时期的出口额，HME_{ijt} 表示 i 省份 j 行业 t 时期本土市场规模。$RESOURCE_{ijt}$ 表示 i 省份 j 行业 t 时期资源禀赋密集使用情况，$FDIINF_{ijt}$ 代表 i 省份 j 行业 t 时期外资对出口的影响。$MARKETINF_{ijt}$ 表示 i 省份 j 行业 t 时期市场特征的相关影响。

HME_{ijt}：本土市场规模的选取，本书以中国各地区制造业行业销售产值减去行业出口交货值衡量。本土市场规模的指标众多，以往的相关研究多以 GDP 来衡量市场最终的消费需求。由于本书以分行业面板数据为基础进行中国制造业本土市场效应的经验分析，因此，本书采用中国各地区、各行业国内销售产值作为中国各地区、各制造业行业的本土市场需求的衡量，目的是验证各行业的国内需求是否促进该行业的出口从而判断是否具有本土市场效应。

$PCAPITAL_{ijt}$：对于中国各地区制造业行业资源禀赋的考察，本书选取地区行业人均固定资产作为该地区制造业行业资源禀赋的代理变量。传统的比较优势理论经典模型——H-O 模型利用一国或地区的资源禀赋对其贸易出口进行解释。如改革开放以来，劳动力资源禀赋长期被视为中国参与全球一体化以及进行国际贸易的比较优势。尽管近些年来由于我国经济的快速发展，劳动力资源需求的快速上升，劳动力成本不断上升。但是相对于欧美发达国家，我国劳动力成本仍然处于较低水平。所以本书认为，资源禀赋仍然是一个关键的待检验变量，需要对其影响进行进一步考察。

$FASSET_{ijt}$：这一指标考察了中国各省市地区制造业行业外资比例对该地区制造业出口的影响。本书利用三资企业历年资产总额来衡量外商直接投资这一指标。以往一些研究从理论和实证两个方面考察了我国外商直接投资对我国贸易的影响，其结论较为一致，均表明外商直接投资对中国出口具有显著的促进影响。其影响机制可以从两个方面阐述：一方面，外商直接投资的进入为我国带来了先进的管理模式、创新的产品以及科学的生产营销网络体系等有利条件，我国企业通过竞争效应、学习效应提升提高市场竞争力，从而促进国内企业的出口；另一方面，随着我国对外开放的深入，大量的外资企业进入中国，这些为数众多的外资企业的对外出口构成了中国对外出口的重要组成部分，从而对中国出口贸易的快速发展产生了重要影响。

$MARKETCOMPIT_{ijt}$：这一指标衡量了中国各地区制造业行业的市场竞争程

度。该指标以行业资金利润率的大小来衡量市场的竞争程度。本书认为，市场竞争程度较高的地区行业，其内部企业生存压力较大，更有动力去拓展海外市场。而且这部分企业能在长期的竞争中存活下来说明其生产率等各方面条件较为优越，具备进入海外的条件，在动机与条件均存在的情况下，他们更有可能在国内市场基本饱和的情况下，将其产品出口到国外市场。需要注意的是，资金利润率越大的行业其竞争程度越低。使用这一指标也存在着一定的缺陷，如行业资金利润率本身包含一定的出口利润，这样就无法单纯计算国内的利润率从而去除出口的影响考察国内的竞争程度，当然如果能将其剔除，该指标会更为合理。但是由于数据无法支撑，所以本书采用了制造业行业资金利润率来做市场竞争程度的近似衡量。

由表 5 - 1 回归结果可知，本土市场规模对外需的影响显著为正，当本土市场规模增加 1%，外需增加 0.226 4%，当加入控制变量之后内需对外需的影响仍然显著为正，这进一步说明内需对外需的影响具有稳健性。换言之，中国制造业行业存在着显著的本土市场效应。另外，回归结果表明，其他控制变量对外需影响也十分显著，其影响与预期相同，市场竞争程度降低 1%，行业出口增加 6.53倍。正如上文所提及的市场竞争程度用销售利润率来衡量，销售利润率越低，市场竞争程度越高，市场中存在的企业生产率越高，企业进入国外市场越容易，外需会越大。这一点与梅利兹（Meliz，2003）的结论具有一致性，他从微观企业的角度探讨了决定企业出口的关键因素——劳动生产率水平，劳动生产率较高的企业具有进入国外市场的能力，对外出口规模会增加。另外，市场竞争程度越高，企业出口动力越大，正如前文所述，高市场竞争程度的市场，企业生存压力较大，越希望到国外拓展新的市场。回归结果显示，行业外资比例越大，行业外需越强，这一结果与现实相符，外资的注入会从两个方面促进中国对外出口。首先，行业外资的进入会提高该行业技术水平，从而达到提升高产品竞争力进而促进出口的目的。其次，行业外资的增加能够提高行业信息的对称性程度，使国内企业更好地了解国外市场，降低一些进入国外的固定成本如销售渠道的开发等。资源禀赋对外需影响显著为负，表明我国仍然是以劳动力作为比较优势，劳动密集行业倾向于出口。这一点也很好地与现实吻合。劳动力成本低使得我国制造业整体水平较低，在国际市场上形成较强的竞争力。中国能够成为"世界加工厂"也正是因为劳动力成本较低这一原因。通过以上分析可知，中国制造业行业整体存在着本土市场效应，内外需具有联动效应，尽管我们通过实证方法验证了中国制造业本土市场效应的存在性，那么不同时期中国制造业行业本土市场强度是否有所差异呢？众所周知，改革开放 40 年中国经济经历了快速增长，对外贸易也获得了较大发展，尤其是中国加入 WTO 之后的一段时期，对外贸易规模迅速扩大，贸易增长大于经济增长，其贸易结构也不断优化，在这样的背景下，中国内外需联动效应即本土市场效应是否存在变化，这种变化的发展趋势如何是一个值得研究的话题，所以本书将进一步考察不同时间段中国各地区制造业行业的本土市场效应，并进一步分析发生这些变化背后的原因。

表 5 - 1   中国制造业行业本土市场效应回归结果

变量	OLS	
	Fdemand$_{ijt}$（外需）	Fdemand$_{ijt}$（外需）
HME$_{ijt}$（本土市场规模）	0.226 4 *** （ - 0.011 2）	0.203 9 *** （ - 0.012 7）
Competitive$_{ijt}$（市场竞争程度）	—	- 653.745 *** （151.364 5）
Forgein$_{ijt}$（外资比例）	—	613.503 *** （36.273 4）
Percapitial$_{ijt}$（资源禀赋）	—	- 0.465 4 *** （0.167 5）
Observations	7 983	8 897

注：*** 、** 、* 分别表示在 1% 、5% 、10% 的统计水平上显著。

由于 2008 年美国次贷危机以及 2009 年欧债危机促发了全球经济波动，中国经济深受影响，所以本书以此为节点分别考察 2008 ~ 2016 年与 2004 ~ 2007 年两个阶段中国制造业行业本土市场效应的变化，然后通过对比 2004 ~ 2007 年和 2008 ~ 2016 年两个时间段中国制造业行业本土市场效应的强弱动态分析中国本土市场效应的发展趋势，然后从产业出口结构的角度深入分析这种趋势发生的原因。

表 5 - 2 反映了 2008 ~ 2016 年中国制造业本土市场效应，由回归结果可知，中国制造业行业本土市场效应显著，中国制造业本土市场规模扩大 1% ，外需增加 0.296 2% ，制造业行业内需与外需存在显著的联动机制。当回归分析中加入其他控制变量并控制行业固定效应时，中国制造业行业本土市场效应依然显著，进一步说明中国制造业行业本土市场效应具有稳健性。

表 5 - 2   2008 ~ 2016 年中国制造业行业本土市场效应回归结果

变量	OLS		
	Fdemand$_{ijt}$（外需）	Fdemand$_{ijt}$（外需）	Fdemand$_{ijt}$（外需）
Ddemand$_{ijt}$（内需）	0.296 2 *** （0.023 1）	0.266 1 *** （0.022 7）	0.311 7 *** （0.023 7）
Competitive$_{ijt}$（市场竞争程度）	—	- 639.126 *** （165.611 7）	- 540.342 *** （177.773 2）
Forgein$_{ijt}$（外资比例）	—	463.590 9 *** （36.665 2）	361.148 5 *** （37.400 1）

续表

变量	OLS		
	Fdemand$_{ijt}$（外需）	Fdemand$_{ijt}$（外需）	Fdemand$_{ijt}$（外需）
Percapitial$_{ijt}$（资源禀赋）	—	− 0. 255 6 （0. 202）	− 0. 036 44 （0. 204 4）
Industry	no	no	yes
Observations	5 078	5 041	5 041

注：（1）***、**、*分别表示在1%、5%、10%的统计水平上显著；（2）Industry 表示控制行业固定效应。

表 5 - 3 揭示了2004 ~ 2007 年中国制造业行业本土市场效应。由回归结果可知，在此期间，中国制造业本土市场效应依然显著，内需增加1%，外需扩大0. 229 2%。对比分析以上两时段的回归结果可知，中国制造业本土市场效应具有较强稳健性，但是其本土市场效应强度存在差异，相比第一阶段，第二阶段中国制造业本土市场效应显著上升，由0. 229 2% 上升至0. 296 2%，当回归结果加入其他控制变量并进一步控制行业固定效应时，2008 ~ 2016 年，中国制造业行业本土市场效应上升的趋势并未发生改变。为什么本土市场效应强度趋于上升？针对这一问题，本书进行了深入分析，发现原因在于其出口产品的行业结构发生了变化，由于不同制造业行业之间的产品及规模报酬有所差异，各个制造业行业本土市场效应的强度存在差异（正如理论部分指出的那样，关于这一点本书将会在后续章节中予以进一步阐述与证明），因此，最终表现为中国制造业本土市场效应趋势发生了改变。以下部分将从两个方面介绍制造业行业出口结构的改变：不同技术水平制造业行业出口结构的改变与不同要素密集度制造业行业出口结构的变化。

表 5 - 3　　　　　　2004 ~ 2007 中国制造业行业本土市场效应回归结果

变量	OLS		
	Fdemand$_{ijt}$（外需）	Fdemand$_{ijt}$（外需）	Fdemand$_{ijt}$（外需）
Ddemand$_{ijt}$（内需）	0. 229 2 *** （0. 014 4）	0. 208 1 *** （0. 014 1）	0. 241 3 *** （0. 014 7）
Competitive$_{ijt}$（市场竞争程度）	—	− 503. 892 5 * （260. 8117）	− 909. 958 *** （289. 818 4）
Forgein$_{ijt}$（外资比例）	—	816. 111 *** （66. 397 5）	566. 633 6 *** （69. 903 6）
Percapitial$_{ijt}$（资源禀赋）	—	− 0. 564 2 ** （0. 2575）	− 0. 055 9 （0. 2771）
Industry	no	no	yes
Observations	2 226	2 225	2 225

注：（1）***、**、*分别表示在1%、5%、10%的统计水平上显著；（2）Industry 表示控制行业固定效应。

根据中国经济统计年鉴，本书将 20 个制造业行业划分为高新技术制造业行业、中高技术制造业行业、中低技术制造业行业以及低技术制造业行业。具体划分标准为：高新技术制造业行业包括医药（27）、电子通信（40）、仪器仪表（41）；中高技术行业包括化学原料制品（26）、化学纤维（28）、通用设备（35）、专用设备（36）、交通运输（37）、电器机械（39）；中低技术行业包括石油炼焦（25）、非金属矿物（31）、黑色金属矿物（32）、有色金属矿物（33）、金属制品（34）；低技术行业包括农副食品（13）、食品制造（14）、饮料制造（15）、烟草制造（16）、纺织（17）、皮革（18）、造纸（22）。

表5-4揭示了2004~2016年不同技术水平制造业行业出口结构的变化趋势。根据表5-4所示，2004~2016年，高新技术行业占中国制造业行业的份额持续上升，2004~2007年，其均值为0.4525，但至2008~2016年，这一指标的均值上升至0.4732，与此相对应，中高技术行业占比由0.2448上升至0.2886，而中低技术行业占比与低技术行业占比分别由0.1234和0.1791下降至0.0979和0.1394。不同技术行业份额的变动表明相对于中低技术制造业行业与低技术制造业行业，高技术制造业行业与中高技术制造业行业份额在逐渐增大，中国出口结构逐渐升级优化。根据本书理论部分，不同制造业行业本土市场效应的强弱取决于其产品的差异化程度，差异化程度较高的行业，规模经济程度较高，其本土市场效应越强。大量实证研究同样表明，高新技术行业与中高技术行业产品差异较大，本土市场效应较强，而低技术行业及中低技术行业由于其产品差异程度较弱，本土市场效应强度较弱，所以前者份额的升高、后两者份额的降低会促使中国制造业行业本土市场效应强度上升。

表5-4   **2004~2016年中国各技术水平行业占比**

年份	高新技术行业占比	中高技术行业占比	中低技术行业占比	低技术行业占比
2004	0.4479	0.2297	0.1204	0.2019
2005	0.4482	0.2425	0.1205	0.1886
2006	0.4600	0.2445	0.1251	0.1703
2007	0.4541	0.2626	0.1276	0.1555
2008	0.4447	0.2842	0.1259	0.1451
2009	0.4738	0.2815	0.0817	0.1574
2010	0.4721	0.2869	0.0944	0.1466
2011	0.4631	0.3014	0.0972	0.1381
2012	0.4776	0.2917	0.0961	0.1345
2013	0.4804	0.2846	0.0962	0.1386
2014	0.4751	0.2897	0.1023	0.1327
2015	0.4833	0.2888	0.0947	0.1335
2016	0.4892	0.2896	0.0927	0.1283
Total	0.4669	0.2752	0.1062	0.1516

资料来源：2005~2017年《中国经济统计年鉴》整理所得。

　　另外，根据理论模型，不同资源禀赋行业由于其行业特征表现出的本土市场效应也存在着较大差异（进一步的实证将在下面章节中进行），例如，资源密集型行业由于受到地区资源禀赋的制约，其外部需求对于本土市场规模的依赖程度较低，换言之，即使资源密集型制造业行业如石油、煤炭、烟草行业在国内的需求具有较大规模的提升，并因此带来生产率水平的提高，但是由于其规模的进一步扩大受到有限资源的制约，其出口额不会显著提升，因此，本土市场效应不存在或者表现不强。而资本密集型行业由于存在较大固定资产投入，规模经济较为明显，所以本土市场效应也最为明显。由于劳动密集型行业的发展主要依赖于劳动力投入的增加，固定成本的投入相对于资本密集型行业较少。所以劳动密集型行业本土市场效应的强度居于资源密集型行业与资本密集型行业之间。

　　本书将进一步界定资源密集型行业、资本密集型行业、劳动密集型行业，并将中国制造业行业分为以上三类，继而考察不同资源密集制造业行业占比的变动趋势，从而探寻我国制造业行业本土市场效应变动的原因。依据劳动力、资本以及技术三种生产要素在各行业中的相对密集度，本书将行业划分为劳动密集型行业、资本密集型行业与资源密集型行业。第一，劳动密集型行业是指在生产中主要依赖于大量使用劳动力要素，而对技术以及设备等的依赖程度较低的行业。具体的衡量标准是在生产成本当中工资以及设备折旧和研发费用支出之比较大。根据这一标准，目前，劳动密集型行业主要包括农业、林业以及纺织、服装、玩具、皮革和家具等制造业。对应国民经济行业分类，本书将农副食品加工业（13）、食品制造业（14）、饮料制造业（15）、纺织业（17）、皮革（18）、造纸（22）划分为劳动密集型产业。第二，资本密集型行业是指在单位产品的生产成本中，资本成本与劳动成本二者相比数值较大，换言之，单位劳动者所占用的固定资本及流动资本金额较高的行业。一般认为资本密集型行业主要包括钢铁业、一般电子和通信设备制造行业、运输设备制造行业、石油化工行业、重型机械工业、电力工业等。资本密集型行业主要的分布在于基础工业和重加工业，这些行业一般被认为是发展国民经济和实现工业化的重要基础。对应国民经济行业分类，本书将化学原料制造（26）、化学纤维（28）、通用设备（35）、专用设备（36）、交通运输（37）、电器机械（39）医药（27）、电子通信（40）、仪器仪表（41）划分为资本密集型产业。第三，资源密集型行业也可以称为"土地密集型行业"。在这一行业中，需要投入较多的土地等自然资源进行生产。本书认为，土地资源被视为一种生产要素可以被泛指为各种自然资源，主要包括土地、原始森林以及江河湖海和各种矿产资源。其中，与土地资源关系最为密切的则是农矿业，内容主要包括种植业、林牧渔业以及采掘业等。依照此种划分，本书将石油加工、炼焦加工（25）、非金属矿物（31）、黑色金属矿物（32）、有色金属矿物（33）、金属制品（34）、烟草制造（16）划分为资源密集型行业。

表5-5反映了2004~2016年中国不同资源密集度制造业行业占比变化趋势，由表5-5可知，2004~2016年，资本密集型制造业行业的占比有所上升，如2004~2007年，该比值的均值为69.73%，2008~2016年，这一数值上升至74.83%。在同样的时间段里，劳动密集型制造业行业与资源密集型制造业的占比均有所下降，其中，劳动密集型制造业行业2004~2007年，占比均值为17.85%，2008~2011年，该指标均值下降至15.43%，同样，资源密集型制造业行业2004~2007年占比均值为12.4%，2008~2011年，该指标均值为9.71%。资本密集型行业占比的上升、劳动力密集型行业和资源密集型行业占比的下降有力地解释了中国制造业行业本土市场效应强度的上升。

表5-5　　　　2004~2016年中国不同资源密集度制造业行业占比变化趋势

年份	资源密集型产业占比	劳动密集型产业占比	资本密集型产业占比
2004	0.121 1	0.201 1	0.677 6
2005	0.121 2	0.188 0	0.690 7
2006	0.125 6	0.169 8	0.704 5
2007	0.128 1	0.155 1	0.716 7
2008	0.126 2	0.144 7	0.728 9
2009	0.087 5	0.157 1	0.755 3
2010	0.094 7	0.146 2	0.758 9
2011	0.097 6	0.137 8	0.764 5
2012	0.093 5	0.160 8	0.745 6
2013	0.093 6	0.164 8	0.741 5
2014	0.099 4	0.160 2	0.740 2
2015	0.091 9	0.161 8	0.746 1
2016	0.090 1	0.155 9	0.753 9
Total	0.105 4	0.161 8	0.732 7

资料来源：2005~2017年《中国经济统计年鉴》整理所得。

5.2　本土市场效应的行业差异性分析

上述章节分别从理论模型及数据的统计性分析两方面考察了中国制造业行业本土市场效应的变化趋势及其根源，得到的结论表明，中国制造业本土市场效应逐渐减弱，其根源在于不同制造业行业的本土市场效应差异。虽然该结论具有一定的合理性，但缺乏实证支撑。因此，本部分将从实证的角度考察不同特征制造业行业本土市场效应强度的差异，进而进一步验证结论的可靠性。首本根据本土市场效应的定义，国内需求能够促进出口规模的扩大具有一定前提条件，如具有本土市场效应的行业应该具有垄断竞争、贸易成本及规模报酬递增等特点。同时，众多学者的研究如汉森（2004）等表明，不同制造业行业在规模报酬以及贸易成本等方面存在着差异，进一步考察不同制造业行业的本土市场效应强度是进一步分析中国制造业本土市场效应及解决中国内需及外需不均衡问题的必要部分。那么究竟哪些制造业行业本土市场效应强？哪些制造业行业本土市场效应弱呢？是否如理论部分所指出的那样？以上从中国制造业行业结构的改变分析中国本土市场效益强弱的变化思路是否正确呢？本部分将利用大量数据对不同行业的本土市场效应进行对比分析并结合实证研究解决上述问题。表 5 - 6 是 2004 ~ 2016 年行业内外需均值情况的统计性描述。

表 5 - 6　　　　　　　　　　2004 ~ 2016 年行业内外需均值

行业	出口	内需	行业	出口	内需
41	14 444. 62	15 837. 33	36	11 622	72 173. 48
28	2 166. 8	23 401. 63	17	31 423. 01	103 373. 7
16	205. 63	29 702. 81	33	7 958. 57	107 683. 6
18	23 314. 45	30 132. 58	31	10 032. 76	114 397. 9
15	1 312. 19	37 324. 93	35	21 411. 66	119 111. 9
14	4 668. 55	42 107. 61	13	12 527. 87	126 842. 7
27	5 433. 78	42 795. 48	25	2 661. 2	129 437. 9
22	3 801. 06	43 212. 68	39	47 777. 41	129 835. 4
34	19 243. 01	65 490. 57	26	18 962. 19	180 854. 8
40	205 905. 9	69 531. 03	37	32 329. 97	182 504. 1
			32	14 220. 15	228 803. 2

注：（1）数据由 2004 ~ 2016 年《中国经济统计年鉴》整理所得；（2）表中数字对应的制造业行业名称如下：农副食品加工业（13）、食品制造业（14）、饮料制造业（15）、烟草制造（16）、纺织业（17）、皮革（18）、造纸（22）、化学原料制造（26）、医药（27）、化学纤维（28）、非金属矿物（31）、黑色金属矿物（32）、有色金属矿物（33）、通用设备（35）、专用设备（36）、交通运输（37）、电器机械（39）、电子通信（40）、仪器仪表（41）。

由表 5 - 6 可知，不同制造业行业本土市场效应即内外需联动效应存在差异，内需高的行业并不一定外需高，如仪表仪器行业 2004 ~ 2016 年内外需均值分别为 15 837. 33 亿元和 14 444. 62 亿元，二者比值仅为 1. 09。而烟草制造业行业内外需均值分别为 29 702. 81 亿元和 205. 63 亿元，二者比值高达 144. 47。图 5 - 1 进一步揭示了 2004 ~ 2016 年 20 个制造业行业内外需均值的对比情况，从图 5 - 1 可以清楚地看到，20 个制造业行业的内需与外需的联动趋势呈现不规则变化，内需较高的制造业行业不必然是外需较高的制造业行业。制造业行业间本土市场效应即内外需联动效应也有所不同，如电子通信行业的内需外联动效应较强，其内需均值为 69 531.03 亿元，而相应的外需均值为 205 905 亿元。再如，黑色金属矿物的冶炼加工业内外需联动效应较弱，其内需均值为 228 803.2 亿元，而外需均值为 14 220.15 亿元。本书下面将进一步用实证的方法考察不同制造业行业的本土市场效应即内外需联动效应。

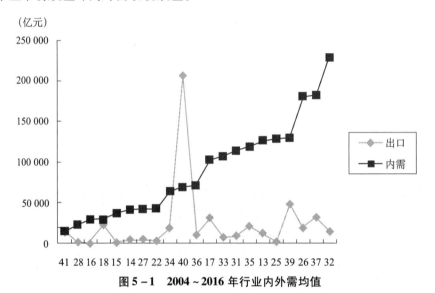

图 5 - 1　2004~2016 年行业内外需均值

注：（1）数据由 2004~2016 年《中国经济统计年鉴》整理所得；（2）制造业行业名称与代码对应表如表 5 - 6。

5.2.1　不同要素密集制造业行业本土市场效应对比分析

上述部分用统计性描述方法分析了制造业行业在本土市场效应中可能存在的差异，下文将从不同角度深入分析不同要素密集型制造业行业在本土市场效应方面存在的差异。本书仍旧依据上述分类方式，将中国制造业行业分为资源密集型产业、劳动密集型产业和资本密集型，并考察三种不同类型制造业行业本土市场效应情况，可见表 5 - 7、表 5 - 8 和表 5 - 9。

表 5 -7　　　　　　　　　资源密集型制造业行业内外需均值

年份	本土市场规模	外需	外需/本土市场规模
2004	46 421.97	4 134.49	0.089 0
2005	58 988.17	4 888.83	0.082 8
2006	75 858.66	6 528.72	0.086 0
2007	99 102.33	8 147.69	0.082 2

续表

年份	本土市场规模	外需	外需/本土市场规模
2008	126 033.6	9 087.77	0.072 1
2009	127 839.00	5 480.91	0.042 8
2010	164 448.40	7 477.07	0.045 4
2011	203 760.70	8 575.63	0.042 0
2012	225 816.00	9 022.78	0.039 9
2013	249 216.70	9 499.47	0.038 1
2014	261 952.50	10 536.30	0.040 2
2015	249 323.20	9 561.73	0.038 3
2016	254 548.50	9 502.10	0.037 3
Total	2 143 310.00	102 443.5	0.047 7

资料来源：2005～2017 年《中国经济统计年鉴》整理所得。

表 5-7 反映了资源密集型制造业行业 2004～2016 年本土市场规模与外需规模，由该表可知，资源密集型行业本土市场规模上升的同时，外需规模也在同时扩张，如 2004 年，中国资源密集型制造业行业内需规模为 46 421.97 亿元，2016 年，该指标上升至 254 548.5 亿元，与此同时，外需规模由 2004 年的 4 134.49 亿元上升至 2016 年的 9 502.1 亿元，尽管本土市场规模与外需规模变化趋势相同，但是二者比值却呈现下降趋势，2004 年，资源密集型制造业行业外需与内需之比为 0.089，2011 年，该数值下降至 0.037 3，由此可知，资源密集型制造业行业本土市场规模对外需的拉动作用有所下降。

表 5-8　　　　　　　　　劳动密集型制造业行业内外需均值

年份	本土市场规模	外需	外需/本土市场规模
2004	30 653.23	6 862.71	0.223 8
2005	38 444.60	7 583.27	0.197 2
2006	47 111.75	8 827.92	0.187 3
2007	59 970.54	9 871.57	0.164 6
2008	74 625.29	10 417.86	0.139 6
2009	84 384.65	9 836.03	0.116 5
2010	104 405.30	11 539.47	0.110 5
2011	125 687.20	12 108.55	0.096 3
2012	153 090.00	15 516.75	0.101 3
2013	173 163.90	16 731.21	0.096 6
2014	186 273.20	16 978.76	0.091 1
2015	195 946.30	16 823.81	0.085 8
2016	205 411.40	16 429.39	0.079 9
Total	1 479 167.00	159 527.30	0.107 8

资料来源：2005～2017 年《中国经济统计年鉴》整理所得。

表 5-8 与表 5-9 分别反映了中国劳动密集型制造业行业与中国资本密集型制造业行业 2004～2016 年本土市场规模与外需规模的变化趋势。与资源密集型

制造业行业的发展趋势相似，劳动密集型制造业行业与资本密集型制造业行业本土市场规模均有较大提升，如在劳动密集型行业中，2004 年，我国本土市场规模为 30 653.23 亿元，2016 年，该数值上升至 205 411.4 亿元，而在资本密集型行业中，2004 年，我国本土市场规模为 79 242.24 亿元，2016 年，该数值上升至 491 893.1亿元。二者外需规模也呈现快速上升趋势，劳动密集型行业外需规模由 2004 年的 6 862.71 上升至 2016 年的 16 429.39 亿元，资本密集型行业外需规模由 2004 年的 23 117.78 亿元上升至 2011 年的 79 438.18 亿元，但是外需规模与本土市场规模比值持续下降，2004 年，我国劳动密集型行业外需与内需之比为 0.223 8，2016 年，该比值为 0.079 9，而同期，我国资本密集型行业外需与内需之比由 0.291 7 下降至 0.161 4，表明无论是资本密集型制造业行业还是劳动密集型制造业行业，内需对外需的拉动都有所下降。

表 5 - 9 资本密集型行业内外需均值

年份	本土市场规模	外需	外需/本土市场规模
2004	79 242.24	23 117.78	0.291 7
2005	97 151.67	27 861.50	0.286 7
2006	122 661.50	36 623.00	0.298 5
2007	157 196.10	45 606.97	0.290 1
2008	192 678.80	52 468.40	0.272 3
2009	213 873.10	47 298.47	0.221 1
2010	275 061.00	59 883.58	0.217 7
2011	328 004.30	67 174.79	0.204 7
2012	352 685.60	71 943.97	0.203 9
2013	401 317.20	75 256.81	0.187 5
2014	440 379.50	78 428.73	0.178 0
2015	459 520.80	77 562.02	0.168 7
2016	491 893.10	79 438.18	0.161 4
Total	3 612 039.00	742 846.50	0.205 6

资料来源：2005～2017 年《中国经济统计年鉴》整理所得。

进一步对比分析表 5 -7、表 5 -8 与表 5 -9 可知，资本密集型制造业行业外需与本土市场规模之比最大，劳动密集型制造业行业该指标其次，资源密集型制造业行业该比值最小。从统计分析来看，资源密集型本土市场效应最小，资本密集型制造业行业本土市场效应最大，劳动密集型制造业行业本土市场效应强度处于二者之间，下面本土将进一步用实证的方法予以证明。

表 5 -10、表 5 -11、表 5 -12 利用实证的方法分别对比分析了中国不同要素密集度制造业行业本土市场效应。根据理论模型，不同要素密集度制造业行业由于规模效应及产品差异程度存在不同，其本土市场效应会具有差异性，资源密集型行

业由于受到资源分布限制，其本土市场效应较弱，劳动密集型制造业行业由于固定成本投入较小，产品差异化程度较低，其本土市场效应较弱，而资本密集型产品由于规模效应较大，其本土市场效应应该最为明显，以下是实证分析的结果。

表 5 – 10　　　　　　　　　中国资本密集型制造业行业本土市场效应

变量	OLS	
	$Fdemand_{ijt}$（外需）	$Fdemand_{ijt}$（外需）
HME_{ijt}（本土市场规模）	0. 364 5 ***	0. 311 3 ***
	（0. 022 5）	（0. 022 1）
$Competitive_{ijt}$（市场竞争程度）	—	− 822. 121 ***
		（150. 414 5）
$Forgein_{ijt}$（外资比例）	—	1 145. 486 ***
		（80. 315 6）
$Percapitial_{ijt}$（资源禀赋）	—	− 6. 541 8 ***
		（1. 560 2）
Observations	3 215	3 205

注：***、**、* 分别表示在1%、5%、10%的统计水平上显著。

表 5 – 10 揭示了中国资本密集型制造业行业本土市场效应的实证结果，由该表可知，资本密集型制造业行业本土市场效应较为明显，本土市场规模对外需具有显著的促进作用。资本密集型制造业行业本土市场规模增加1%，外需增加0. 36%。当加入控制变量以后，资本密集型制造业行业本土市场效应仍然十分显著。这说明资源密集型制造业行业的本土市场效应存在着稳健性，下面进一步对比分析资源密集型制造业行业与劳动密集型制造业的本土市场效应情况。

表 5 – 11　　　　　　　　　中国资源密集型制造业行业本土市场效应

变量	OLS	
	$Fdemand_{ijt}$（外需）	$Fdemand_{ijt}$（外需）
HME_{ijt}（内需）	0. 056 7 ***	0. 054 5 ***
	（0. 003 2）	（0. 003 1）
$Competitive_{ijt}$（市场竞争程度）	—	− 146. 19 ***
		（47. 76）
$Forgein_{ijt}$（外资比例）	—	148. 551 1 ***
		（12. 424 9）
$Percapitial_{ijt}$（资源禀赋）	—	− 0. 073 1 ***
		（0. 028 9）
Observations	1 919	1 888

注：***、**、* 分别表示在1%、5%、10%的统计水平上显著。

表 5 – 11 与表 5 – 12 分别代表了资源密集型制造业行业与劳动密集型制造业行业本土市场效应的实证结果，由表 5 – 11 及表 5 – 12 可知，中国资源密集型制造业行业与中国劳动密集型行业均存在本土市场效应，资源密集型行业内需扩大

1%，外需扩大0.056%，劳动密集型行业内需扩大1%，外需扩大0.19%。但是相对于资本密集型行业，这两类要素密集型行业的本土市场效应强度较弱，尤其是资源密集型行业，由于受到资源约束，即使本土市场规模有所扩大，其外需的增加也是有限的。与之相对应，劳动密集型制造业行业由于存在干中学等效应，可以通过生产规模的扩大提高其生产率水平，进一步提升产品在国际市场上的竞争力，最终形成本土市场效应。

表5-12 劳动密集型制造业行业本土市场效应

变量	OLS	
	$Fdemand_{ijt}$（外需）	$Fdemand_{ijt}$（外需）
HME_{ijt}（本土市场规模）	0.195 7 ***	0.194 5 ***
	（0.005 6）	（0.005 4）
$Competitive_{ijt}$（市场竞争程度）	—	-273.066 9 ***
		（62.620 5）
$Forgein_{ijt}$（外资比例）	—	139.354 3 ***
		（14.646 6）
$Percapitial_{ijt}$（资源禀赋）	—	-1.365 6 ***
		（0.214 5）
Observations	2 163	2 147

注：***、**、*分别表示在1%、5%、10%的统计水平上显著。

综上所述，不同要素密集型度制造业行业的本土市场效应存在着显著差异，资源密集型制造业行业本土市场效应最弱，劳动密集型制造业行业本土市场效应居中，资本密集型行业本土市场效应最强。这一结论与理论模型中的结论相一致，不同要素密集型度制造业行业规模报酬存在差异，致使本土市场效应强度存在差异。同时，这一结论对中国制造业行业本土市场效应呈下降趋势的解释起到了有效的支撑作用。

5.2.2 不同技术水平制造业行业的本土市场效应对比分析

依据中国经济统计年鉴，本书将中国制造业行业划分为高新技术制造业、中高技术水平制造业、中低技术水平制造业、低技术水平制造业。本书上述部分考察了中国制造业行业本土市场效应强度的演变并假定不同技术水平制造业的本土市场效应强度具有差异，由于产品差异化程度不同，高技术水平制造业本土市场效应最强，中高技术水平制造业本土市场效应次之，中低技术水平制造业行业本土市场效应比中高技术水平制造业本土市场效应强度弱，低技术水平制造业本土市场效应最弱。但是考虑到中低技术制造业行业多为资源密集型制造业行业，所以本书认为，中低技术水平制造业行业的本土市场效应最弱，下面我们将用实证的方法考察上述假定，即不同技术水平制造业行业的本土市场效应强度。

表 5 - 13 考察了高新技术制造业行业本土市场效应，由回归结果可知，高新技术水平制造业行业均存在本土市场效应，即高新技术制造业行业本土市场规模的扩大有利于促进出口规模扩大，内需与外需存在着联动效应，如表中数据所示，高新技术制造业行业本土市场规模增加 1%，外需增加 2.455 4%。其本土市场效应相对较强，这与理论预期相符，高新技术行业产品差异较大，因此本土市场效应较强，为了进一步对比分析不同制造业行业本土市场效应的差异，本书以下考察了其他技术水平制造业行业的本土市场效应情况。

表 5 - 13　　　　　　　　高新技术制造业行业本土市场效应回归结果

变量	OLS	
	Fdemand$_{ijt}$（外需）	Fdemand$_{ijt}$（外需）
HME$_{ijt}$（本土市场规模）	2.455 4 ***	2.217 ***
	(0.087 7)	(0.088 4)
Competitive$_{ijt}$（市场竞争程度）	—	− 1 027.89 *
		(561.829 2)
Forgein$_{ijt}$（外资比例）	—	1 224.786 ***
		(156.318 5)
Percapitial$_{ijt}$（资源禀赋）	—	− 7.616 1 *
		(4.666 8)
Observations	1 106	1 104

注：***、**、* 分别表示在 1%、5%、10% 的统计水平上显著。

表 5 - 14 考察了中高技术制造业行业的本土市场效应，由回归结果可知，中高技术水平制造业行业均也存在着本土市场效应，该类型制造业行业本土市场规模的扩大同样有利于促进出口规模扩大，内需与外需存在着联动效应，但是相较于高新技术水平制造业行业的本土市场效应，中高技术制造业行业本土市场效应较弱，表 5 - 14 中数据表明，中高技术制造业行业本土市场规模增加 1%，外需增加 0.193 8%。值得注意的是，尽管中高技术制造业行业与高新技术制造业行业本土市场效应存在差异，但是两者差距并不明显，这是由于两种类型制造业行业中产品均具有较强差异性。

表 5 - 14　　　　　　　　中高技术制造业行业本土市场效应回归结果

变量	OLS	
	Fdemand$_{ijt}$（外需）	Fdemand$_{ijt}$（外需）
HME$_{ijt}$（本土市场规模）	0.193 8 ***	0.183 4 ***
	(0.006 3)	(0.006 3)
Competitive$_{ijt}$（市场竞争程度）	—	− 17.689
		(131.764 7)

续表

变量	OLS	
	$Fdemand_{ijt}$ （外需）	$Fdemand_{ijt}$ （外需）
$Forgein_{ijt}$ （外资比例）	—	280. 357 8 ***
		(27. 887 1)
$Percapitial_{ijt}$ （资源禀赋）	—	− 3. 179 8 ***
		(0. 454 5)
Observations	2 102	1 989

注：***、**、*分别表示在1%、5%、10%的统计水平上显著。

表5 – 15 考察了中低技术制造业行业的本土市场效应，由回归结果可知，尽管中低技术制造业行业本土市场效应最弱，但是其本土市场效应依然显著存在，本土市场规模的扩大有利于促进出口规模扩大，该行业内需与外需存在着联动效应，如表5 – 15 所示，中低技术制造业行业本土市场规模增加1%，外需仅仅增加0.055 3%，这与以往的一些关于本土市场效应的研究相似如汉森（2004），其原因在于中低技术制造业行业多为资源密集型行业，其出口规模的扩大不仅依赖于其本土市场规模扩大、生产率水平的提高，更依赖于当地资源水平，所以本土市场效应较弱。

表5 – 15　　　　　　　　中低技术制造业行业本土市场效应回归结果

变量	OLS	
	$Fdemand_{ijt}$ （外需）	$Fdemand_{ijt}$ （外需）
HME_{ijt} （本土市场规模）	0. 055 3 ***	0. 052 1 ***
	(0. 003 5)	(0. 003 1)
$Competitive_{ijt}$ （市场竞争程度）	—	69. 638 1
		(62. 580 3)
$Forgein_{ijt}$ （外资比例）	—	282. 293 1 ***
		(17. 184 8)
$Percapitial_{ijt}$ （资源禀赋）	—	− 0. 078 3 ***
		(0. 00 7)
Observations	1 703	1 698

注：***、**、*分别表示在1%、5%、10%的统计水平上显著。

表5 – 16 考察了低技术制造业行业的本土市场效应，回归结果显示，低技术水平制造业行业存在本土市场效应即本土市场规模的扩大有利于促进出口规模扩大，内需与外需同样存在着联动效应，由以上不同技术水平制造业行业的本土市场效应强度对比可知，中低技术行业本土市场效应最低，其原因在于中低技术制造业行业多为资源密集型行业，其出口规模的扩大不仅依赖于其本土市场规模扩大、生产率水平的提高，更依赖于当地资源水平，所以本土市场效应较弱。而高新技术行业本土市场效应最强是由于高新技术行业产品差异较大，规模效应较为

明显，本土市场规模扩大能够促使该行业生产率显著提升，从而有效促进其出口规模的扩大。进一步对比中高技术制造业行业和低技术制造业行业，不难发现，中高技术行业更多表现为资本密集型行业，而低技术行业更多表现为劳动密集型行业，相对于劳动密集型行业，资本密集型行业有着更多的固定资产投资，规模效应更为明显，因此资本密集型行业本土市场效应该更强。

表 5-16　　　　　　　　　　低技术制造业行业本土市场效应回归结果

变量	OLS	
	Fdemand$_{ijt}$（外需）	Fdemand$_{ijt}$（外需）
HME$_{ijt}$（本土市场规模）	0.188 6 ***	0.181 4 ***
	(0.004 7)	(0.004 7)
Competitive$_{ijt}$（市场竞争程度）	—	−253.015 ***
		(47.961)
Forgein$_{ijt}$（外资比例）	—	60.863 9 ***
		(10.937)
Percapitial$_{ijt}$（资源禀赋）	—	−0.277 6 ***
		(0.152 9)
Observations	2 018	2 004

注：***、**、*分别表示在1%、5%、10%的统计水平上显著。

本部分分别考察了中国不同要素密集度制造业行业以及不同技术水平制造业行业本土市场效应强度的差异，从而验证了理论模型中关于产品差异及规模报酬对本土市场效应强度影响的结论，本书认为，按照要素密集度分类，资本密集型制造业行业本土市场效应最强，劳动密集型制造业行业本土市场效应强度次之，资源密集型制造业行业本土市场效应强度最弱。如果按照不同技术水平制造业行业分类，高技术制造业行业本土市场效应强度最强，中高技术制造业行业本土市场效应强度次之，中低技术制造业行业本土市场效应最弱，低技术制造业行业本土市场效应强度处于它们之间。本书的实证结果符合理论模型预期，即规模报酬较大、产品差异程度较高的制造业行业本土市场规模效应强度较大。另外，本部分对不同特征制造业本土市场效应强度的考察也能够证明上述中国制造业行业 2004～2016 年本土市场效应强度上升的原因——中国制造业行业结构变动。

5.2.3　一般贸易行业与加工贸易行业的本土市场效应对比分析

本书上述部分分析了不同技术水平及不同要素密集度制造业行业的本土市场效应差异，考虑到中国作为"世界工厂"，加工贸易在我国对外贸易中发挥着重要作用，而加工贸易本身具有一些特性与一般贸易存在较大差异，如加工贸易两头在外，研发及销售不在加工企业的责任范畴之内等，基于这些特征，本部分将我国对外贸易制造业行业分为一般贸易制造业行业与加工贸易制造业行业，然后验证其本土市场效应的存在性及差异性。

加工贸易是指企业从国外进口原材料以及中间产品，在本国加工后再出口到国外市场赚取附加值。根据加工贸易的定义，加工企业对于生产什么类型产品，该产品销往何处并不关心，其主要责任在于产品的加工与生产。加工产品主要的销售对象是国外消费者。这些概念似乎与本土市场效应并无关联。本土市场效应是指由于本地市场的超额需求导致生产规模的扩大最终致使生产率水平提高扩大出口规模。本地市场效应成立的前提是本土市场规模的扩大，但是加工贸易的产品主要销往国外，这样的制造业行业似乎不具备本土市场效应的特征，但是进一步分析，发现结果也许相反。我国加工企业主要集聚在东南沿海城市，如江苏、浙江、广东，最初国外企业选择这些省市内的企业作为加工制造企业也主要基于这些地区基础设施发达，交通较便利，除此之外，当地制造业体系较为健全，生产率水平较高也是加工贸易聚集的重要原因，由于这些地方本身存在着一定的市场规模，生产率水平较高，加工贸易才能大量聚集于此，正如邱斌（2012）所指出的，企业出口具有"自选择效应"，即出口企业在出口之前就存在着较高的生产率水平，凭借着这些优势企业才能出口，加工贸易同样具有自选择效应，这些从事加工贸易的制造业会聚集于那些同类制造业发展较好的地区。所以本土市场规模的扩大有利于加工贸易规模的扩大。另外，从事加工贸易企业在某一地方的聚集同样能促使该地区生产水平的提高。余淼杰（2011）通过考察2000~2006年中国对外贸易产品的海关数据以及规模以上中国制造业企业生产方面的大量的微观数据，计算出企业的全要素生产率。计量分析后的实证回归结果表明，相对于非加工企业，加工贸易企业有着更高的生产率水平。加工贸易能够通过技术溢出提升当地企业的生产率水平，如果本土市场规模能够促使加工贸易规模的扩大，加工贸易有利于制造业行业生产率水平的提高，那么加工贸易就存在着本土市场效应。本书将选取2004~2016年中国经济年鉴中的数据，从中国各地区、各行业的角度考察一般贸易与加工贸易的本土市场效应，并分析其差异性。本书中出口资料来源于国研网，数据库中出口数据按HS4位码分类，本书根据盛斌（2002）提供的归口标准，将HS4位码出口数据对应归入到GB（国家标准）制造业各行业中，汇总成为本书所需数据，如表5-17所示。

表 5 – 17　　　　　　　中国工业行业与 HS 货号对应表

行业名称	HS 货品税则号	行业名称	HS 货品税则号
煤炭采选业	27. 01 – 03	石油加工及炼焦业	27. 04 27. 06 – 08 27. 10 – 13 27. 15
石油和天然气开采业	27. 09 27. 11 27. 14	化学原料及化学制品业	15. 18 15. 20 第 28 29 31 32 33 34 35 36 37 38 章 39. 01 40. 02
黑色金属矿采选业	26. 01 – 02 26. 10	医药制造业	第 30 章
有色金属矿采选业	26. 03 – 09 26. 11 – 17 26. 20	化学纤维制造业	第 54 55 章
非金属矿采选业	第 25 章（不包括 25. 01）	橡胶制品业	第 40 章（不包括 40. 01 – 02）
木材及竹材采运业	44. 01 – 03 45. 01 – 02	塑料制造业	39. 02
食品加工和制造业	第 2 章 03. 03 – 06 第 4 章（不包括 04. 09 – 10）07. 10 – 12 08. 11 – 12 08. 14 09. 01 10. 06 15 – 21 23 章 22. 09	非金属矿制品业	第 68 – 70 章 90. 03 – 04
饮料制造业	09. 02 第 22 章（不包括 22. 09）	黑色金属冶炼及延压业	26. 18 – 19 第 72 章 81. 11
烟草加工业	24. 02 – 03	有色金属冶炼及延压业	74. 01 – 10 75. 01 – 06 76. 01 – 07 78. 01 – 04 79. 01 – 05 80. 01 – 05 第 81 章（不包括 81. 11）
纺织业	50 – 53 章 56 – 61 章 63 章	金属制品业	66. 01 第 73 章 74. 11 – 19 75. 07 – 08 82 83 章 76. 08 – 16 78. 05 – 06 79. 06 – 07 80. 06 – 07 94. 06
服装及其他纤维制品业	62 65 章	普通机械制造业	84. 01 – 14 84. 16 84. 18 – 20 84. 52 84. 56 – 68 84. 80 – 85
皮革毛皮羽绒及其制品	41 章（不包括 41. 01 – 03）第 42 – 43 章（不包括 43. 01）64 67 章（不包括 67. 02）94. 04	专用设备制造业	84. 17 84. 21 – 22 84. 24 – 49 84. 51 84. 53 – 55 84. 74 – 79 90. 18 – 22
木材加工	第 44 章（不包括 44. 01 – 03）45. 03 – 04 第 46 章	交通运输设备制造业	第 86 87 88 89 章
家具制造业	94. 01 – 03	电器机械及器材制造业	84. 15 84. 50 85. 01 – 16 85. 29 – 39 85. 43 – 48 94. 05
造纸即纸制品业	第 47 48 章（不包括 48. 20）	电子及通信设备制造业	84. 70 – 71 85. 17 – 29 85. 39 – 43
印刷业记录媒体的复制	第 49 章	仪器仪表及文化办工业	84. 23 84. 69 84. 72 – 73 90. 01 – 02 90. 05 – 17 90. 23 – 33 第 91 章
文教体育用品制造业	48. 20 第 92 章 95. 06	电力蒸汽及水生产供应业	27. 16

　　表 5 – 18 揭示了 2004 ~ 2016 年中国 31 个制造业行业中一般贸易数量与加工贸易占贸易总数量比值的均值，从表 5 – 18 可知，烟草制造业行业贸易数量规模最小，同样，其加工贸易数量占比均值最低，该比例仅为 4. 73%。加工贸易数量

占比最高的行业是印刷业记录媒体的复制，其比值高达 83.16%。进一步考察可知，在 31 个制造业行业中加工贸易数量占比最高的 5 个行业分别是印刷业记录媒体的复制（23）、电子及通信设备制造业（40）、橡胶制品业（29）、造纸及纸制品业（22）、电器机械及器材制造业（39）。加工贸易占比最低的 5 个行业分别是非金属矿制品业（31）、化学原料及化学制品业（26）、饮料制造业（15）、黑色金属冶炼及延压业（32）、烟草制造业（16）。本书下面将从贸易额的角度，考察 2004～2016 年各制造业行业中加工贸易的占比情况。

表 5-18　　　2004～2016 年一般贸易与加工贸易的占贸易总额比率（贸易数量为标准）

行业	贸易总数量	一般贸易数量	加工贸易数量	一般贸易数量占比（%）	加工贸易数量占比（%）
13	3.19E+11	2.43E+11	6.34E+10	76.11	19.80
15	3.99E+10	3.54E+10	3.77E+09	88.62	9.43
16	5.38E+08	5.13E+08	2.11E+07	95.34	3.92
17	1.24E+12	9.17E+11	2.70E+11	73.83	21.75
18	3.55E+11	2.63E+11	7.67E+10	73.94	21.60
19	3.14E+11	2.19E+11	7.80E+10	69.95	24.91
20	9.63E+10	7.92E+10	1.43E+10	82.25	14.79
21	5.92E+10	3.77E+10	1.77E+10	63.73	29.89
22	9.47E+10	3.10E+10	5.30E+10	32.73	55.87
23	1.56E+10	2.63E+09	1.08E+10	16.84	68.94
24	6.51E+10	3.77E+10	2.27E+10	57.95	34.92
25	7.05E+11	4.14E+11	2.39E+11	58.76	33.95
26	7.59E+11	6.55E+11	8.84E+10	86.26	11.66
27	5.13E+09	4.25E+09	7.09E+08	82.93	13.82
28	2.25E+11	1.78E+11	3.91E+10	79.11	17.32
29	9.26E+10	2.19E+10	5.88E+10	23.65	63.48
30	9.34E+08	4.88E+08	3.67E+08	52.23	39.23
31	3.82E+11	3.23E+11	4.92E+10	84.51	12.84
32	6.76E+11	6.05E+11	5.92E+10	89.51	8.75
33	7.42E+10	4.08E+10	2.76E+10	54.94	37.25
34	6.09E+11	4.46E+11	1.33E+11	73.29	21.80
35	2.41E+11	1.57E+11	6.96E+10	65.11	28.92
36	2.34E+11	1.90E+11	3.63E+10	81.25	15.54
37	7.01E+10	5.63E+10	1.14E+10	80.36	16.33
39	2.87E+12	9.84E+11	1.57E+12	34.25	54.50
40	5.50E+12	9.59E+11	3.77E+12	17.42	68.45
41	2.48E+11	1.23E+11	1.04E+11	49.58	41.80
Total	1.84E+13	1.01E+13	6.88E+12	54.98	37.22

注：（1）通过国研网对外贸易数据库整理所得（2）表中行业代码与地区名称的对应如下：食品加工与制造业（13）、饮料制造业（15）、烟草制造业（16）、纺织品业（17）、服装与其他纤维制造品（18）、皮革毛皮绒及其制品业（19）、木材加工业（20）、家具制造业（21）、造纸及纸制品业（22）、印刷业记录媒体的复制（23）、文教体育用品制造业（24）、石油加工及炼焦业（25）、化学原料及化学制品业（26）、医药制造业（27）、化学纤维制造业（28）、橡胶制品业（29）、塑料制品业（30）、非金属矿制品业（31）、黑色金属冶炼及延压业（32）、有色金属冶炼及延压业（33）、金属制品业（34）、普通机械制造业（35）专用设备制造业（36）、交通运输设备制造业（37）、电器机械及器材制造业（39）、电子及通信设备制造业（40）、仪器仪表及文化办工业（41）下表相同。

表 5-19 显示了 2004~2016 年中国 31 个制造业行业的贸易总额、一般贸易总额、加工贸易总额以及后两者在此期间占贸易总额比值的均值情况。通过对表 5-18 和表 5-19 可知,以贸易额为标准,中国 31 个制造业行业中加工贸易占比差异更大,如加工贸易占比最高的制造业行业是仪器仪表及文化办工业(41),其数值高达 90.82%。进一步对比二者,可以发现,无论从贸易数量还是从贸易额角度衡量制造业加工贸易占比情况,加工贸易占比较高的行业基本没有变化。以贸易额衡量,加工贸易占比最高的 5 个制造业行业分别是电器机械及器材制造业(39)、印刷业记录媒体的复制(23)、橡胶制品业(29)、电子及通信设备制造业(40)、仪器仪表及文化办工业(41),其占比分别为 63.95%、72.94%、79.43%、86.75%、86.96%。加工贸易占比最低的 5 个制造业行业分别是烟草制造业(16)、饮料制造业(15)、黑色金属冶炼及延压业(32)、木材加工业(20)、化学原料及化学制品业(26),其占比分别为 2.97%、10.32%、13.83%、17.52%、21.04%。下面我们进一步分区域分析一般贸易与加工贸易的地域分布。

表 5-19　制造业行业中一般贸易与加工贸易的占贸易总额比率(贸易额为标准)

行业	贸易总额	一般贸易总额	加工贸易总额	一般贸易总额占比(%)	加工贸易总额占比(%)
13	4.01E+11	2.75E+11	1.21E+11	68.57	30.09
15	2.90E+10	2.59E+10	2.99E+09	89.21	10.32
16	5.80E+09	5.59E+09	1.72E+08	96.40	2.97
17	2.03E+12	1.44E+12	5.71E+11	70.90	28.05
18	7.42E+11	4.80E+11	2.52E+11	64.61	33.94
19	7.84E+11	4.42E+11	3.27E+11	56.38	41.66
20	1.91E+11	1.56E+11	3.35E+10	81.70	17.52
21	3.43E+11	2.12E+11	1.26E+11	61.73	36.64
22	1.01E+11	4.06E+10	5.84E+10	40.08	57.52
23	2.75E+10	6.55E+09	2.01E+10	23.82	72.94
24	1.08E+11	4.63E+10	5.96E+10	42.69	54.87
25	2.74E+11	1.10E+11	1.57E+11	40.12	57.33
26	8.63E+11	6.76E+11	1.82E+11	78.26	21.04
27	3.72E+10	2.84E+10	8.47E+09	76.26	22.73
28	2.25E+11	1.67E+11	5.59E+10	73.94	24.78
29	1.56E+11	2.67E+10	1.24E+11	17.09	79.40
30	1.36E+09	6.80E+08	6.51E+08	50.00	47.87
31	2.58E+11	1.99E+11	5.63E+10	77.18	21.85
32	3.93E+11	3.36E+11	5.42E+10	85.56	13.83
33	2.39E+11	1.29E+11	1.06E+11	54.01	44.21
34	9.63E+11	6.63E+11	2.88E+11	68.83	29.93
35	7.46E+11	4.46E+11	2.87E+11	59.78	38.46
36	6.63E+11	3.07E+11	3.41E+11	46.29	51.37

行业	贸易总额	一般贸易总额	加工贸易总额	一般贸易总额占比（%）	加工贸易总额占比（%）
37	6.71E+11	2.69E+11	3.87E+11	40.00	57.56
39	2.32E+12	7.71E+11	1.48E+12	33.21	63.95
40	4.88E+12	4.63E+11	4.21E+12	9.49	86.75
41	1.27E+12	1.17E+11	1.11E+12	9.18	86.96
Total	1.90E+13	8.05E+12	1.04E+13	42.42	55.03

注：（1）通过国研网对外贸易数据库整理所得（2）表中行业代码与地区名称的对应如下：食品加工与制造业（13）、饮料制造业（15）、烟草制造业（16）、纺织品业（17）、服装与其他纤维制造品（18）、皮革毛皮绒及其制品业（19）、木材加工业（20）、家具制造业（21）、造纸及纸制品业（22）、印刷业记录媒体的复制（23）、文教体育用品制造业（24）、石油加工及炼焦业（25）、化学原料及化学制品业（26）、医药制造业（27）、化学纤维制造业（28）、橡胶制品业（29）、塑料制品业（30）、非金属矿制品业（31）、黑色金属冶炼及延压业（32）、有色金属冶炼及延压业（33）、金属制品业（34）、普通机械制造业（35）、专用设备制造业（36）、交通运输设备制造业（37）、电器机械及器材制造业（39）、电子及通信设备制造业（40）、仪器仪表及文化办工业（41）下表相同。

表 5-20 揭示了中国 31 个省区市加工贸易与一般贸易分布情况，由表可知，2004～2016 年，加工贸易数量占总贸易数量比值的均值为 37.51%，一般贸易数量占总贸易数量比值的均质为 54.54%。因此，从贸易数量的角度来看，2004～2016 年，一般贸易仍然是中国制造业对外贸易的主体部分，进一步对比分析中国地区加工贸易占比可知，中国各省市加工贸易占比差异较大，如加工贸易占比最高的省份是天津（3），其加工贸易数量占贸易总数量的 65.97%。而加工贸易数量占贸易总数量最低的省份是西藏（27），其数值仅为 0.003%。加工贸易占比前十位的地区依次为天津（3）、广东（20）、上海（10）、江苏（11）、河北（4）、湖北（18）、辽宁（7）、山东（16）、湖南（19）、福建（14）。其比例数值分别为 65.97%、61.84%、46.07%、43.51%、39.57%、34.74%、32.05%、30.5%、25.18%、22.14%。加工贸易占比在后十位的地区包括西藏（27）、青海（30）、宁夏（31）、贵州（25）、山西（5）、新疆（32）、黑龙江（9）、内蒙古（6）、安徽（13）、云南（26）。其占比数值分别为 0.003%、0.06%、0.11%、0.49%、1.08%、3.25%、3.66%、4.26%、4.96%、6.14%。

表 5-20 　　　各地区一般贸易与加工贸易的占贸易总额比率（贸易数量为标准）

地区	贸易总数量	一般贸易总数量	加工贸易总数量	一般贸易总数量占比（%）	加工贸易总数量占比（%）
2	2.17E+11	1.60E+11	2.93E+10	73.60	13.50
3	7.21E+11	2.09E+11	4.75E+11	28.89	65.97
4	3.30E+11	1.94E+11	1.31E+11	58.89	39.57
5	9.38E+11	9.26E+11	1.01E+10	98.77	1.08
6	1.83E+11	1.54E+11	7.80E+09	84.13	4.26
7	6.59E+11	4.21E+11	2.11E+11	63.79	32.05
8	6.00E+10	4.42E+10	6.55E+09	73.61	10.93

续表

地区	贸易总数量	一般贸易总数量	加工贸易总数量	一般贸易总数量占比（％）	加工贸易总数量占比（％）
9	8.21E+10	5.30E+10	3.01E+09	64.54	3.66
10	1.62E+12	5.63E+11	7.46E+11	34.79	46.07
11	2.24E+12	1.16E+12	9.76E+11	51.49	43.51
12	1.42E+12	1.13E+12	1.86E+11	79.87	13.10
13	2.68E+11	2.52E+11	1.33E+10	94.11	4.96
14	8.51E+11	6.46E+11	1.88E+11	75.86	22.14
15	6.05E+10	4.71E+10	1.30E+10	77.90	21.52
16	1.43E+12	9.34E+11	4.34E+11	65.50	30.50
17	2.91E+11	2.70E+11	1.86E+10	92.69	6.41
18	1.98E+11	1.30E+11	6.88E+10	65.25	34.74
19	9.22E+10	6.88E+10	2.32E+10	74.59	25.18
20	5.21E+12	1.64E+12	3.22E+12	31.48	61.84
21	1.60E+11	1.28E+11	1.80E+10	79.94	11.24
22	9.84E+10	8.38E+10	1.45E+10	85.22	14.74
23	3.62E+10	2.91E+10	6.42E+09	80.31	17.69
24	5.21E+11	1.27E+11	6.51E+10	24.28	12.48
25	8.55E+10	8.38E+10	4.17E+08	98.21	0.49
26	7.30E+10	6.05E+10	4.46E+09	82.86	6.14
27	1.98E+09	2.41E+08	8.34E+04	12.17	0.003
28	4.17E+11	3.77E+11	3.08E+10	90.30	7.39
29	2.76E+10	2.16E+10	3.19E+09	78.42	11.58
30	5.84E+09	5.59E+09	3.39E+06	95.71	0.06
31	2.72E+10	2.71E+10	2.99E+07	99.54	0.11
32	1.06E+11	1.05E+11	3.43E+09	99.53	3.25
Total	1.84E+13	1.00E+13	6.92E+12	54.54	37.51

注：（1）通过国研网数据库整理所得；（2）表中地区代码与地区名称的对应如下：北京（2）、天津（3）、河北（4）、山西（5）、内蒙古（6）、辽宁（7）、吉林（8）、黑龙江（9）、上海（10）、江苏（11）、浙江（12）、安徽（13）、福建（14）、江西（15）、山东（16）、河南（17）、湖北（18）、湖南（19）、广东（20）、广西（21）、海南（22）、重庆（23）、四川（24）、贵州（25）、云南（26）、西藏（27）、陕西（28）、甘肃（29）、青海（30）、宁夏（31）、新疆（32）。

表 5-21 反映了以贸易额为衡量标准，各省区市一般贸易与加工贸易的分布情况。首先，整体而言，该表显示 2004～2016 年加工贸易额占总贸易额比值的均值超过了一般贸易额占比的均值，前者数值为 41.42%，后者数值高达 55.13%。深入分析以贸易额为衡量标准，各个地区加工贸易占比的差异可知，地区广东（20）是加工贸易额占比最高的地区，2004～2016 年，其数值均值为 71.91%，而加工贸易占比最低的地区仍旧是西藏（27），其数值为 0.01%。加工贸易占比最高的十个地区依次是广东 20、上海 10、江苏 11、天津 3、山东 16、福建 14、辽宁 7、北京 2、安徽 13，2004～2016 年，其加工贸易占比均值分别为 71.91%、66.79%、66.71%、63.07%、48.65%、46.68%、46.29%、42.86%、

25.31%。其与之相对应，加工贸易占比最低的十个地区分别是西藏27、青海30、新疆32、宁夏31、山西5、重庆23、湖南19、黑龙江9、内蒙古6、山西4，其占比均值分别为0.01%、0.26%、1.72%、2.67%、7.95%、10.13%、10.61%、11.31%、14.87%、14.96%。

表5-21　　　各地区一般贸易与加工贸易的占贸易总额比率（贸易额为标准）

地区	贸易总额	一般贸易总额	加工贸易总额	一般贸易总额占比（%）	加工贸易总额占比（%）
2	4.63E+11	2.09E+11	1.98E+11	45.05	42.86
3	6.13E+11	1.83E+11	3.87E+11	29.80	63.07
4	2.90E+11	2.46E+11	4.34E+10	84.77	14.93
5	1.70E+11	1.53E+11	1.35E+10	89.95	7.95
6	4.88E+10	4.15E+10	7.26E+09	85.13	14.87
7	5.67E+11	2.52E+11	2.63E+11	44.49	46.29
8	5.34E+10	3.32E+10	1.20E+10	62.19	22.42
9	1.29E+11	5.63E+10	1.46E+10	43.69	11.31
10	2.22E+12	7.38E+11	1.48E+12	33.21	66.79
11	3.28E+12	1.09E+12	2.19E+12	33.29	66.71
12	2.11E+12	1.43E+12	5.30E+11	68.02	25.18
13	1.29E+11	9.26E+10	3.26E+10	71.84	25.31
14	8.21E+11	4.21E+11	3.84E+11	51.27	46.68
15	8.26E+10	6.17E+10	1.71E+10	74.75	20.76
16	1.19E+12	6.00E+11	5.80E+11	50.35	48.65
17	1.45E+11	1.08E+11	2.79E+10	74.71	19.20
18	1.26E+11	9.17E+10	2.99E+10	73.09	23.81
19	9.34E+10	8.26E+10	9.92E+09	88.39	10.61
20	5.75E+12	1.50E+12	4.14E+12	26.09	71.91
21	7.42E+10	6.09E+10	1.13E+10	82.02	15.15
22	2.96E+10	2.29E+10	6.13E+09	77.22	20.64
23	6.63E+10	5.88E+10	6.71E+09	88.68	10.13
24	1.15E+11	7.84E+10	2.86E+10	68.12	24.88
25	3.17E+10	2.47E+10	6.30E+09	78.13	19.87
26	5.25E+10	4.12E+10	1.03E+10	78.41	19.51
27	3.44E+09	4.88E+08	2.34E+05	14.20	0.01
28	9.09E+10	7.21E+10	1.87E+10	79.36	20.60
29	2.42E+10	1.97E+10	3.32E+09	81.29	13.71
30	7.30E+09	5.96E+09	1.90E+07	81.43	0.26
31	2.05E+10	1.97E+10	5.46E+08	96.33	2.67
32	1.64E+11	2.66E+10	2.82E+09	16.26	1.72
Total	1.90E+13	7.84E+12	1.05E+13	41.25	55.13

注：（1）通过国研网数据库整理所得；（2）表中地区代码与地区名称的对应如下：北京（2）、天津（3）、河北（4）、山西（5）、内蒙古（6）、辽宁（7）、吉林（8）、黑龙江（9）、上海（10）、江苏（11）、浙江（12）、安徽（13）、福建（14）、江西（15）、山东（16）、河南（17）、湖北（18）、湖南（19）、广东（20）、广西（21）、海南（22）、重庆（23）、四川（24）、贵州（25）、云南（26）、西藏（27）、陕西（28）、甘肃（29）、青海（30）、宁夏（31）、新疆（32）。

本书上述部分从贸易数量及贸易额的角度描述了中国制造业行业一般贸易与加工贸易的分布状况，由上面分析可知，制造业行业加工贸易已逐渐成为中国对外贸易的主要部分，不同制造业行业及各地区加工贸易占比均有较大差异，本书下面将进一步通过实证分析一般贸易制造业与加工贸易制造业本土市场效应的差异，试图验证上文的理论预期，即由于自选择效应，加工贸易企业往往集中于本土市场规模较大、生产率水平较高的地区，本土市场规模的扩大有利于加工贸易的发展，另一方面，加工贸易企业在生产过程中会受到国外技术溢出的影响，从而提高其生产率水平，进而促进整个地区制造业行业生产率水平的提高，扩大对外出口。从这一角度考虑中国制造业行业加工贸易存在本土市场效应。本书将做进一步分析。

表 5 - 22 和表 5 - 23 揭示了中国制造业行业 2004～2016 年本土市场规模对出口影响的实证结果。从表 5 - 22 和 5 - 23 的回归结果可知，无论是从出口数量的角度还是从出口额的角度，中国制造业行业本土市场规模的扩大均有利于出口的增加，即中国制造业行业本土市场效应显著存在，具体而言，从表 5 - 22 回归结果可知，中国制造业行业本土市场规模增加 1%，该行业出口数量增加 0.021 9%。当分别加入控制变量和行业固定效应后，本土市场规模依然对出口具有显著影响，这表明中国制造业行业本土市场效应具有稳健型。进一步分析表 5 - 23 实证结果可知，当制造业行业本土规模增加 1%，该制造业行业出口额增加 0.045 1%。同样，我们在分别加入控制变量及行业固定效应后，本土市场效应仍然显著存在，进一步证明了前述结论，中国制造业行业本土市场效应具有稳健性。另外，衡量市场竞争程度的销售利率对外需的影响显著为负，这说明了销售利润率越低，行业竞争越激烈，企业越有动力和能力进入国外市场扩大出口，这一结论与理论预期相同。对于出口数量和出口额，行业外资比例对行业外需的影响同样与理论与预期一致，显著为正，这说明地区行业外资比例的提高能够提高该地区行业的生产率水平，促使更多的企业进入国外市场。

表 5 - 22　　　中国制造业行业的本土市场效应（外需以出口数量衡量）

变量	OLS		
	$Fdemand_{ijt}$（外需）	$Fdemand_{ijt}$（外需）	$Fdemand_{ijt}$（外需）
$Ddemand_{ijt}$（内需）	0.021 9 ***	0.035 7 ***	0.039 5 ***
	(0.001 9)	(0.002 3)	(0.002 3)
$Competitive_{ijt}$（市场竞争程度）	—	- 39.946 3 ***	- 29.060 4 ***
		(13.867)	(14.124 4)
$Forgein_{ijt}$（外资比例）	—	51.306 8 ***	36.599 2 ***
		(4.328 6)	(4.346 4)

续表

变量	OLS		
	Fdemand$_{ijt}$ （外需）	Fdemand$_{ijt}$ （外需）	Fdemand$_{ijt}$ （外需）
Percapitial$_{ijt}$ （资源禀赋）	—	− 0.025 1 (0.023 9)	− 0.011 5 (0.023 8)
Industry	no	no	yes
Observations	3 100	2 951	2 951

注：（1）***、**、*分别表示在1%、5%、10%的统计水平上显著；（2）Industry 表示控制行业固定效应。

表 5 – 23   中国制造业行业本土市场效应（外需以出口额衡量）

变量	OLS		
	Fdemand$_{ijt}$ （外需）	Fdemand$_{ijt}$ （外需）	Fdemand$_{ijt}$ （外需）
Ddemand$_{ijt}$ （内需）	0.045 1 *** (0.002 2)	0.040 1 *** (0.022)	0.045 5 *** (0.002 3)
Competitive$_{ijt}$ （市场竞争程度）	—	− 38.153 1 *** (13.409 9)	− 31.351 2 ** (13.834 9)
Forgein$_{ijt}$ （外资比例）	—	64.542 1 *** (4.185 9)	50.897 6 *** (4.257 3)
Percapitial$_{ijt}$ （资源禀赋）	—	− 0.054 9 *** (0.023 1)	− 0.02 (0.023 4)
Industry	no	no	yes
Observations	3 100	2 951	2 951

注：（1）***、**、*分别表示在1%、5%、10%的统计水平上显著；（2）Industry 表示控制行业固定效应。

上述部分证明了中国制造业行业本土市场效应显著存在，下面本书将进一步分析不同贸易方式即一般贸易与加工贸易制造业行业的本土市场效应情况。表5-24和表5-25分别从贸易数量与贸易额两种衡量本土市场规模的方式下考察中国加工贸易制造业行业的本土市场效应。回归结果表明，无论是以贸易数量还是以贸易额衡量本土市场规模，加工贸易制造业行业的本土市场效应显著存在。当我们加入控制变量与行业固定效应后，该结论依然成立。这一结论似乎与邓慧慧（2012）结论相反，她认为两头在外的加工贸易受国外需求的影响，对于国内需求的变动不敏感，但是本书认为，地区行业市场需求的增大会导致整体生产率的提高，加工贸易企业多为国外企业的代工，国外企业在选择代工企业时会选择那些生产率较高的企业，这也可以称为加工企业的自选择效应，而生产率高的企业倾向集中高生产率水平的地区，所以制造业行业本土市场规模较大的地区，加工贸易较发达。这一点从我国加工贸易的分布可知，我国加工贸易企业多分布于东部沿海生产率水平较高地区。另一方面，加工贸易企业生产的代工产品达到国外授权企业的要求就必须不断提高产品质量、生产效率等，这样加工贸易企业自身生产率水平得到提升，同时，由于示范效应的存在，其他企业的生产率水平也会提高，最终该地区生产率提高市场规模进一步扩大。因此，制造业行业本土市场规模与加工贸易存在着相互促进的关系，尽管加工贸易两头在外，受国外需求影响较大，加工贸易制造业行业仍然具有显著的本土市场效应。

表 5 - 24　中国制造业行业加工贸易的本土规模效应（外需以出口数量衡量）

变量	OLS		
	$Fdemand_{ijt}$（外需）	$Fdemand_{ijt}$（外需）	$Fdemand_{ijt}$（外需）
$Ddemand_{ijt}$（内需）	0.017 6 ***	0.016 7 ***	0.017 3 ***
	(0.000 6)	(0.000 6)	(0.000 6)
$Competitive_{ijt}$（市场竞争程度）	—	-7.452 1 **	-1.460 9
		(3.672 9)	(3.795 7)
$Forgein_{ijt}$（外资比例）		11.081 4 ***	8.725 8 ***
		(1.146 5)	(1.168)
$Percapitial_{ijt}$（资源禀赋）		-0.003 7	-0.001 4
		(0.006 3)	(0.006 4)
Industry	no	no	yes
Observations	3 100	2 951	2 951

注：（1）***、**、*分别表示在1%、5%、10%的统计水平上显著；（2）Industry 表示控制行业固定效应。

表 5 - 25　　　中国制造业行业加工贸易本土市场效应（外需以出口额衡量）

变量	OLS		
	$Fdemand_{ijt}$（外需）	$Fdemand_{ijt}$（外需）	$Fdemand_{ijt}$（外需）
$Ddemand_{ijt}$（内需）	0.020 4 ***	0.019 4 ***	0.020 7 ***
	(0.000 6)	(0.000 6)	(0.000 6)
$Competitive_{ijt}$（市场竞争程度）	—	-7.972 3 **	-3.400 2
		(3.641 2)	(3.707 6)
$Forgein_{ijt}$（外资比例）		12.996 3 ***	10.931 ***
		(1.136 6)	(1.140 9)
$Percapitial_{ijt}$（资源禀赋）		-0.023 1	-0.005
		(0.006 2)	(0.006 2)
Industry	no	no	yes
Observations	3 100	2 951	2 951

注：（1）***、**、*分别表示在1%、5%、10%的统计水平上显著；（2）Industry 表示控制行业固定效应。

同时，由表 5 - 24 和表 5 - 25 可知，在加工贸易制造业行业中，销售利润率越低，市场竞争程度越高，外需规模越大，地区行业外资比例越高，外需规模越大。下面本书将进一步分析一般贸易的本土市场效应。

中国整体制造业行业与加工贸易制造业行业均存在着本土市场效应，那么一般贸易制造业行业是否存在本土市场效应？其本土市场效应强度与一般贸易制造业行业是否存在差异？表 5 - 26 与表 5 - 27 揭示了中国一般贸易制造业行业的本土市场效应实证结果，该结果显示，无论以贸易数量衡量本土市场规模还是以贸易额衡量本土市场规模，中国一般贸易制造业行业均存在着本土市场效应，本土市场规模的扩大会显著促进外需规模的扩大。进一步对比表5－26与表5－27可知，相比加工贸易制造业行业，一般贸易制造业行业的本土市场效应强度更大，在一般贸易制造业行业中，以贸易数量衡量的本土市场规模增加1%，外需增加0.021 9%，以贸易额衡量的本土市场规模增加1%，外需以贸易额衡量将会增加0.024 6%，出现这一结果的原因在于加工贸易两头在外，本土市场规模对其出口影响属于间接影响，要小于一般贸易制造业行业本土市场规模对出口的影响。在我们加入控制变量和行业固定效应后该结论仍然成立。另外，在一般贸易中，制造业行业市场竞争程度对外需的影响显著为正，而且要大于加工贸易。这是因为加工贸易的企业多为代工企业，受到国外企业的委托进行生产，市场竞争程度对外需的影响较小，甚至不显著。在一般贸易中，制造业行业中外资比例仍然对外需的影响显著为正，行业外资比例的扩大可以使信息更加对称，有利于企业了解国外市场，扩大出口规模。

表5－26　　中国制造业行业一般贸易的本土规模效应（外需以出口数量衡量）

变量	OLS		
	$Fdemand_{ijt}$（外需）	$Fdemand_{ijt}$（外需）	$Fdemand_{ijt}$（外需）
$Ddemand_{ijt}$（内需）	0.021 9 ***	0.018 9 ***	0.022 2 ***
	(0.001 9)	(0.001 9)	(0.002)
$Competitive_{ijt}$（市场竞争程度）	—	− 32.494 2 ***	− 27.599 4 ***
		(11.681 7)	(11.926 7)
$Forgein_{ijt}$（外资比例）	—	40.225 4 ***	27.873 3 **
		(3.646 4)	(3.670 1)
$Percapitial_{ijt}$（资源禀赋）	—	− 0.021 3	− 0.012 9
		(0.020 1)	(0.020 1)
Industry	no	no	yes
Observations	3 100	2 951	2 951

注：（1）***、**、*分别表示在1%、5%、10%的统计水平上显著；（2）Industry表示控制行业固定效应。

表5－27　　中国制造业行业一般贸易的本土规模效应（外需以出口额衡量）

变量	OLS		
	$Fdemand_{ijt}$（外需）	$Fdemand_{ijt}$（外需）	$Fdemand_{ijt}$（外需）
$Ddemand_{ijt}$（内需）	0.024 6 ***	0.020 6 ***	0.024 7 ***
	(0.001 9)	(0.001 9)	(0.002)
$Competitive_{ijt}$（市场竞争程度）	—	− 30.180 7 ***	− 27.951 **
		(11.738 1)	(12.089 7)
$Forgein_{ijt}$（外资比例）	—	51.545 7 ***	39.966 5 ***
		(3.664)	(3.720 2)

变量	OLS		
	Fdemand$_{ijt}$（外需）	Fdemand$_{ijt}$（外需）	Fdemand$_{ijt}$（外需）
Percapitial$_{ijt}$（资源禀赋）	—	−0.031 8 (0.020 2)	−0.014 9 (0.020 4)
Industry	no	no	yes
Observations	3 100	2 951	2 951

注：（1）***、**、*分别表示在 1%、5%、10% 的统计水平上显著；（2）Industry 表示控制行业固定效应。

本书上述部分对比分析了中国制造业行业、一般贸易制造业行业及加工贸易制造业行业本土市场效应的差异，本书发现，三者均存在显著的本土市场效应，但是其本土市场效应的强度有所差异，一般贸易制造业行业本土市场效应强度要大于加工贸易制造业行业的本土市场效应强度，这是因为加工贸易两头在外，本土市场规模对出口的影响是间接的，而一般贸易制造业行业本土市场规模能够直接通过生产率水平影响出口规模，其影响要强于一般贸易制造业行业中，本土市场规模对出口的影响。

5.3　本土市场效应的地区差异性分析

中国幅员辽阔，不同省区市域特征差异显著，尤其表现在要素禀赋方面，一些地区经济发展迅速已成为国际型大都市，其资本丰裕型特征凸显，如北京 2016 年人均 GDP 高达 118 198 元，2016 年，上海人均 GDP 同样高达为 116 562 元，与之对应，一些地区资本匮乏，如贵州 2016 年人均 GDP 仅为 33 246 元，云南人均 GDP 低至 31 093 万元，而甘肃人均 GDP 最低仅为 27 643 元。从人口资源的角度讲，不同地区同样存在着较大差异，如中国的人口大省河南在 2016 年人口已达到 9 532 万人，四川省也达到了 8 262 万人，山东省人口更是高达 10 724 万人，人口较少的省市如海南只有 917 多万人。可见，从资本与劳动力两方面看，中国各地区均存在显著的差异。这种差异同样体现在区域差异上，如我国东部地区经济发展较为迅速，人均 GDP 水平较高。中、西部地区由于经济发展相对滞后，人均 GDP 水平较低。考虑到资本、劳动力水平的巨大差异，本书试图分析不同地区本土市场效应强度的差异。

5.3.1 不同地区——东、中、西部地区本土市场效应对比分

根据以往研究，本书将中国31个省区市划分为东部、中部、西部三个地区。其中，东部地区包括北京、天津、河北、辽宁、上海、江苏、浙江、福建、山东、广东、海南；中部地区包括山西、吉林、黑龙江、安徽、江西、河南、湖北、湖南；西部地区包括四川、贵州、云南、西藏、陕西、甘肃、青海、宁夏、新疆、内蒙古、广西、重庆。依次考察东、中、西三部分本土市场效应强度并加以比较分析。

表5-28揭示了东部地区制造业行业本土市场效应的实证结果，该结果表明，东部地区制造业行业本土市场效应显著，即东部地区制造业行业内需的增加会显著导致外需的增加，并且这一结论具有稳健性，当在回归中加入控制变量及行业固定效应，其结论没有发生变化。表5-28显示，东部地区制造业行业本土市场规模每增加1%，外需会增加0.25%，另外，从回归结果可以得到，东部地区市场行业销售利润率越低，竞争程度越高，出口越多，外需越大。

表5-28 东部地区行业本土市场效应回归

变量	OLS		
	$Fdemand_{ijt}$（外需）	$Fdemand_{ijt}$（外需）	$Fdemand_{ijt}$（外需）
HME_{ijt}（本土市场规模）	0.234 3 ***	0.252 5 ***	0.271 3 ***
	(0.019 5)	(0.019)	(0.018 2)
$Competitive_{ijt}$（市场竞争程度）	—	−1 782.46 ***	−1622.71 ***
		(403.352 5)	(423.802)
$Forgein_{ijt}$（外资比例）	—	932.124 5 ***	498.312 8 ***
		(81.541)	(78.909 2)
$Percapitial_{ijt}$（资源禀赋）	—	−0.338 6	0.134 8 ***
		(0.268 7)	(0.260 1)
Industry	no	no	yes
Observations	1 776	1 766	1 766

注：(1) *** 、** 、* 分别表示在1%、5%、10%的统计水平上显著；(2) Industry 表示控制行业固定效应。

表5-29为中部地区制造业行业本土市场效应的实证结果，该结果表明，中部地区制造业行业本土市场效应同样显著，即内需的增加会显著导致外需的增加，并且这一结论具有稳健性，当在回归中加入控制变量及行业固定效应，其结论没有发生变化。但是相对于东部地区，中、西部地区本土市场效应较弱，表5-29显示，内需增加1%，外需增加不超过0.05%。另外，从回归结果可以看到，中部地区在控制行业固定效应后行业市场竞争程度指标对行业出口额的影响

显著为正，表明中部地区市场销售利润越高，竞争程度越低，出口越高。

表 5 – 29　　　　　　　　　　　　　中部地区本土市场效应回归

变量	OLS		
	Fdemand$_{ijt}$（外需）	Fdemand$_{ijt}$（外需）	Fdemand$_{ijt}$（外需）
HME$_{ijt}$（本土市场规模）	0.027 2 ***	0.030 8 ***	0.025 3 ***
	(0.002 3)	(0.002 5)	(0.002 8)
Competitive$_{ijt}$（市场竞争程度）	—	16.506 1	65.779 2
		(24.319 2)	(26.613 8)
Forgein$_{ijt}$（外资比例）	—	65.033 3 ***	65.533 7 ***
		(7.825 4)	(8.587 6)
Percapitial$_{ijt}$（资源禀赋）	—	− 0.132 1	− 0.183 8
		(0.094 4)	(0.131 5)
Industry	no	no	yes
Observations	1 253	1 247	1 247

注：（1）***、**、*分别表示在 1%、5%、10% 的统计水平上显著；（2）Industry 表示控制行业固定效应。

表 5 – 30 揭示了西部地区制造业行业本土市场效应的实证结果，该结果同样表明，西部地区制造业行业本土市场效应的存在，内需的增加会显著导致外需的增加，与其他地区相同，西部地区这一结论仍然具有稳健性，当在回归中加入控制变量及行业固定效应，其结论没有发生变化。但是进一步对比分析东、中、西部三个地区本土市场效应强弱时，本书发现，西部地区制造业行业本土市场效应强于中部地区但是弱于东部地区，另外，从回归结果可以看到，西部地区市场竞争程度对外需没有显著影响，说明相对于东部地区，中、西部地区还没有形成一个成熟有效的市场。另外，从回归结果可知，无论是东部地区还是中、西部地区，外资比例的提高均能促进该地区出口，扩大外需规模。以上本书分析了东、中、西部地区制造业行业本土市场效应强度的差异，发现东部地区制造业行业强于中、西部地区。其原因是否能用各地区制造业行业结构差异来解释？本书将对此问题做简要分析。

表 5 – 30　　　　　　　　　　　　　西部地区本土市场效应回归

变量	OLS		
	Fdemand$_{ijt}$（外需）	Fdemand$_{ijt}$（外需）	Fdemand$_{ijt}$（外需）
HME$_{ijt}$（本土市场规模）	0.041 3 ***	0.045 6 ***	0.046 9 ***
	(0.003 3)	(0.003 5)	(0.003 7)
Competitive$_{ijt}$（市场竞争程度）	—	0.537 5	3.887 3
		(13.686 4)	(15.098 3)
Forgein$_{ijt}$（外资比例）	—	20.651 8 ***	13.310 2 **
		(6.284 9)	(6.585 8)

续表

变量	OLS		
	Fdemand$_{ijt}$（外需）	Fdemand$_{ijt}$（外需）	Fdemand$_{ijt}$（外需）
Percapitial$_{ijt}$（资源禀赋）	—	−0.235 2 *** (0.070 7)	−0.239 *** (0.087 1)
Industry	no	no	yes
Observations	1 454	1 435	1 435

注：（1）***、**、*分别表示在1%、5%、10%的统计水平上显著；（2）Industry表示控制行业固定效应。

表5－31揭示了2004～2016年中国东部地区制造业行业构成及变化趋势，由该表可知，东部地区高技术制造业行业占比较高，2004～2016年，其均值高达47.06%，而低技术制造业行与中低技术制造业行业占比较低，2004～2016年，中低制造业行业占比均值为9.86%，同期，低技术制造业行业占比均值为15.01%。动态观察东部地区各行业占比情况可知，整体而言，2004～2016年，中高技术行业占比逐渐上升，低技术产业占比逐渐下降。同时，高技术行业占比比较稳定，虽呈现一些波动但幅度较小。由于不同技术水平行业的本土市场效应存在差异，所以这种行业结构的变动将会对地区本土市场效应产生影响。本书下面部分进而分析中、西部地区制造业行业结构的变化。

表5－31   **东部地区不同技术水平产业占比**

年份	高新技术产业占比	中高技术产业占比	中低技术产业占比	低技术产业占比
2004	0.471 2	0.226 7	0.104 5	0.197 4
2005	0.458 1	0.243 4	0.108 8	0.189 6
2006	0.486 8	0.239 1	0.106 8	0.167 2
2007	0.480 5	0.254 8	0.111 1	0.153 4
2008	0.471 7	0.274 6	0.110 9	0.142 5
2009	0.495 1	0.270 1	0.082 2	0.152 4
2010	0.494 7	0.275 9	0.086 2	0.143 1
2011	0.480 6	0.294 3	0.089 3	0.135 6
2012	0.477 9	0.295 2	0.093 3	0.133 5
2013	0.469 3	0.293 3	0.095 9	0.141 3
2014	0.466 1	0.298 9	0.101 6	0.133 2
2015	0.471 3	0.299 1	0.096 5	0.133 0
2016	0.470 6	0.303 8	0.095 1	0.130 3
Total	0.476 4	0.274 5	0.098 6	0.150 1

资料来源：数据由2005～2017年《中国经济统计年鉴》整理所得。

表5－32揭示了2004～2016年中国中部地区制造业行业构成及变化趋势，与东部地区制造业结构不同，中部地区占比最高的制造业行业是中高技术制造业行业，2004～2016年，其占比均值为30.88%，而占比较低的制造业行业是低技术行业，2004～2016年，该行业占比均值仅为19.28%。另外，与东部地区不

同，尽管中部地区高新技术制造业行业的占比较低，但是该行业呈现上升趋势，2004 年，其比例仅为 9.54%，但是 2016 年该比例上升为 50.53%，主要的原因在于东部地区制造业向中、西部地区转移。中高技术制造业行业在中部地区的分布呈现波动趋势，其占比均值大于其他制造业行业。

表 5 - 32　　　　　　　　中部地区不同技术水平产业占比

年份	高新技术产业占比	中高技术产业占比	中低技术产业占比	低技术产业占比
2004	0.095 4	0.255 6	0.347 6	0.301 2
2005	0.432 9	0.182 9	0.216 5	0.167 5
2006	0.119 9	0.280 5	0.370 2	0.229 2
2007	0.122 1	0.344 9	0.341 2	0.191 6
2008	0.100 6	0.382 6	0.331 1	0.185 5
2009	0.176 6	0.416 5	0.164 3	0.242 4
2010	0.176 0	0.423 4	0.194 6	0.205 8
2011	0.232 0	0.392 8	0.186 7	0.188 4
2012	0.402 1	0.292 3	0.131 6	0.173 8
2013	0.438 3	0.281 1	0.116 8	0.163 6
2014	0.450 1	0.266 4	0.147 0	0.156 3
2015	0.502 2	0.245 7	0.094 1	0.157 8
2016	0.505 3	0.250 2	0.101 0	0.143 3
Total	0.288 7	0.308 8	0.210 9	0.192 8

资料来源：数据由 2005～2017 年《中国经济统计年鉴》整理所得。

表 5 - 33 揭示了 2004～2016 年中国西部地区制造业行业构成及变化趋势，与东部地区制造业行业分布类似，西部地区占比最高的制造业行业为高新技术行业，2004～2016 年，其均值仅高达 36.84%，值得注意的是，西部地区高新技术行业发展迅速，2004 年，西部地区高新技术行业占比仅为 13.11%，但是 2016 年该比例高达 67.91%，原因在于西部地区国家扶持力度较强，特别是在西部大开发的背景下，东部地区产业转移至西部。本书以上部分从理论和实证两个方面考察了不同技术水平制造业行业本土市场效应强度的差异，该结论表明，由于不同制造业行业产品差异化不同，因此其本土市场效应强度具有差异，高新技术行业的本土市场效应最强，中高技术制造业行业本土市场效应强度次之，中低技术行业的本土市场效应最弱。

表 5 - 33　　　　　　　　西部地区不同技术水平产业占比

年份	高新技术产业占比	中高技术产业占比	中低技术产业占比	低技术产业占比
2004	0.131 1	0.295 2	0.355 1	0.218 5
2005	0.145 6	0.369 0	0.277 1	0.208 1
2006	0.126 5	0.370 7	0.329 1	0.173 6
2007	0.112 7	0.389 2	0.331 6	0.166 2

年份	高新技术产业占比	中高技术产业占比	中低技术产业占比	低技术产业占比
2008	0.147 7	0.430 9	0.265 9	0.155 3
2009	0.199 6	0.468 7	0.134 6	0.196 8
2010	0.275 9	0.392 7	0.176 5	0.154 6
2011	0.450 1	0.309 8	0.125 6	0.114 4
2012	0.582 5	0.234 7	0.089 3	0.093 3
2013	0.675 8	0.179 2	0.073 0	0.071 8
2014	0.641 4	0.199 2	0.072 3	0.086 8
2015	0.621 4	0.212 4	0.069 8	0.096 2
2016	0.679 1	0.186 8	0.052 2	0.081 9
Total	0.368 4	0.310 5	0.180 9	0.139 8

资料来源：数据由 2005~2017 年《中国经济统计年鉴》整理所得。

本书试图运用上述结果有效地解释东部地区制造业行业本土市场效应强于中、西部地区制造业行业本土市场效应。从表 5-31、表 5-32 和表 5-33 的对比分析中，可以发现，相对于中国中、西部地区，中国东部地区制造业行业中高技术行业以及中高技术行业占比较高，具体而言，东部地区高新技术产业 2004~2016 年占比均值为 47.64%，同期，中高技术制造业行业占比均值为 27.45%。中高制造业行业占比之和为 75.09%，而中、西部地区中中高技术行业的占比分别为 59.75% 和 67.89%。由于中高技术制造业行业本土市场效应强度要大于低技术水平制造业行业本土市场效应强度，所以中高技术制造业行业与低技术制造业行业的分布进一步加强了东部地区制造业行业的本土市场效应。

5.3.2 不同要素禀赋地区——资本丰裕型地区与劳动丰裕型地区本土市场效应对比分析

本书上一部分对比分析了中国东部、中部及西部三大地区本土市场效应，发现东部地区内部制造业行业多为产品差异较大，规模报酬较大，本土市场效应较强的高新技术制造业行业和中高技术制造业行业，所以东部地区本土市场效应较强。根据理论模型，由于要素禀赋的差异，各地区倾向于使用不同的方式扩大生产规模，如资本丰裕型地区由于资本价格较低，倾向于成立新企业出口差异化产品扩大经济规模，但是劳动丰裕型地区则倾向于增加劳动力的投入，扩大原有企业规模，促进更多的老产品出口到国外市场从而使经济规模扩大。不同要素禀赋地区本土市场应该存在着差异，所以本书这一部分将进一步考察不同要素禀赋地区本土市场效应的强弱。

首先本书将 2016 年地区人均 GDP 及人口总数作为衡量资本丰裕型地区和劳动丰裕型地区的标准。其人均 GDP 较高的地区作为资本丰裕型地区，人口总数较多的地区作为劳动丰裕型地区。表 5－34 揭示了 2016 年中国各省区市人口总数及人均 GDP。本书对资本丰裕型地区与劳动丰裕型地区划分具体如下，资本丰裕型地区包括天津、上海、北京、江苏、浙江、内蒙古、辽宁、广东、福建、山东、吉林、重庆、湖北、河北、陕西；劳动丰裕型地区包括贵州、云南、甘肃、西藏、广西、安徽、江西、四川、河南、海南、青海。

表 5－34　　　　　　2016 年各省区市人口总数及人均 GDP

省区市	人口总数（万人）	GDP（亿元）	人均 GDP（元）
甘肃	2 610.00	7 200.37	27 587.62
云南	4 771.00	14 788.42	30 996.48
贵州	3 555.00	11 776.73	33 127.23
西藏	331	1 151.41	34 785.8
山西	3 682.00	13 050.41	35 443.81
广西	4 838.00	18 317.64	37 862.01
安徽	6 196.00	24 407.62	39 392.54
四川	8 262.00	32 934.54	39 862.67
新疆	2 398.00	9 649.70	40 240.62
江西	4 592.00	18 499.00	40 285.28
黑龙江	3 799.00	15 386.09	40 500.37
河南	9 532.00	40 471.79	42 458.86
河北	7 470.00	32 070.45	42 932.33
青海	593	2 572.49	43 380.94
海南	917	4 053.20	44 200.65
湖南	6 822.00	31 551.37	46 249.44
宁夏	675	3 168.59	46 942.07
辽宁	4 378.00	22 246.90	50 815.21
陕西	3 813.00	19 399.59	50 877.5
吉林	2 733.00	14 776.80	54 068.06
湖北	5 885.00	32 665.38	55 506.17
重庆	3 048.00	17 740.59	58 204.04
山东	9 947.00	68 024.49	68 386.94
内蒙古	2 520.00	18 128.10	71 936.9
广东	10 999.00	80 854.91	73 511.15
福建	3 874.00	28 810.58	74 369.08
浙江	5 590.00	47 251.36	84 528.37
江苏	7 999.00	77 388.28	96 747.44
天津	1 562.00	17 885.39	114 503.1
上海	2 420.00	28 178.65	116 440.7
北京	2 173.00	25 669.13	118 127.6

资料来源：通过 2017 年《中国统计年鉴》整理所得。

表 5－35 反映了劳动丰裕型地区制造业行业本土市场效应，其回归结果表

明，本土市场规模的扩大能够显著促进其出口的增加，本土市场规模每增加1%，出口增加0.029 7%。而且本土市场规模对出口的影响具有稳健型，当加入了控制变量和行业固定效应时，本土市场效应依然显著存在。与劳动丰裕型地区一样，资本丰裕型地区制造业行业本土市场效应同样显著。

表 5 - 35　　　　　　　　　　劳动密集型地区制造业行业本土市场效应

变量	OLS		
	Fdemand$_{ijt}$（外需）	Fdemand$_{ijt}$（外需）	Fdemand$_{ijt}$（外需）
Ddemand$_{ijt}$（内需）	0.029 7 ***	0.031 8 ***	0.030 8 ***
	(0.002 2)	(0.002 2)	(0.002 4)
Competitive$_{ijt}$（市场竞争程度）	—	- 3.468 8	8.333
		(12.958 6)	(14.450 4)
Forgein$_{ijt}$（外资比例）	—	41.483 9 ***	40.300 8 ***
		(5.386 5)	(5.820 3)
Percapitial$_{ijt}$（资源禀赋）	—	0.001 9	0.013 9
		(0.012 3)	(0.013 2)
Industry	no	no	yes
Observations	2 092	2 070	2 070

注：（1）***、**、* 分别表示在1%、5%、10%的统计水平上显著；（2）Industry 表示控制行业固定效应。

表 5 - 36 揭示了资本丰裕型地区制造业行业本土市场效应的实证结果，该结果显示，本土市场规模能够显著促进出口规模，当加入控制变量与行业固定效应后，其结果仍然具有稳健性，与劳动丰裕型地区不同的是，资本丰裕型地区本土市场效应更强，资本丰裕型地区本土市场规模每增加1%，出口增加0.236 4%。本书进一步对比分析劳动丰裕型地区与资本丰裕型地区中控制变量对出口影响的差异，由该表可知，资本丰裕型地区市场竞争程度能够显著影响外需，市场竞争程度越强，出口越多。而劳动丰裕型地区市场竞争程度对出口的影响不显著，市场竞争程度的加剧无法促进出口，这在一定程度上表明劳动丰裕型地区市场不够成熟，竞争机制未能完全显现。另外，资本丰裕型地区与劳动丰裕型地区外资比例的提高都能促进出口，并且具有统计上的显著性。表 5 - 35 表明，劳动丰裕型地区要素禀赋对其制造业行业的出口不具有显著影响，但是表 5 - 36 表明，资本丰裕型地区要素禀赋对其制造业行业的出口具有显著影响，这说明资本劳动比越大的行业出口越少，而资本劳动比越小的行业出口越大，在资本丰裕型地区，劳动禀赋仍具有比较优势，而劳动丰裕型地区资源禀赋对外需没有显著影响。

表 5 – 36　　　　　　　　资本密集型地区制造业行业本土市场效应

变量	OLS		
	Fdemand$_{ijt}$（外需）	Fdemand$_{ijt}$（外需）	Fdemand$_{ijt}$（外需）
Ddemand$_{ijt}$（内需）	0.236 4 ***	0.240 9 ***	0.262 6 ***
	(0.016 1)	(0.015 7)	(0.015 4)
Competitive$_{ijt}$（市场竞争程度）	—	– 1 598.686 ***	– 1 563.177 ***
		(323.004 9)	(337.842 9)
Forgein$_{ijt}$（外资比例）	—	797.602 5 ***	580.383 9 ***
		(61.284 4)	(59.457 9)
Percapitial$_{ijt}$（资源禀赋）	—	– 2.045 5 ***	– 1.067 5
		(0.531)	(0.6)
Industry	no	no	yes
Observations	2 391	2 378	2 378

注：（1）***、**、*分别表示在 1%、5%、10% 的统计水平上显著；（2）Industry 表示控制行业固定效应。

5.4　行业差异性与地区差异性的叠加效应分析

本书上述部分分别从行业和地区的角度考察了中国制造业行业本土市场效应。接下来，本书将考察不同要素地区在不同要素密集度制造业行业中本土市场效应的差异。根据理论机制如下：一方面，正如汉森和项（Hanson & Xiang，2004）所分析的那样，集聚会使需求上升，从而提升大国的要素价格。因为在垄断竞争模型中，价格是成本的一个加成定价，大国中所有的部门产品的价格都会更高。更加差异化的产品部门对高价格的敏感性较低，因此，更大国家在差异化部门的本土市场效应更加显著。另一方面，不同的国家有着不同的要素禀赋，各国国内的企业会对集聚行为产生不同的反应，如资本丰裕型国家劳动力资源较少，企业会用更多的资本替代劳动，企业的集聚会进一步促使工人的工资有较高水平的提升。在这样一个两要素的模型里，较大的资本密集型国家通常比较小的劳动密集型国家的工资水平高，这是由于资本密集与集聚因素双重影响所致。所以最终将会导致较大的资本丰裕型国家在产品差异程度较大的部门有较强的本土市场效应，而劳动丰裕型国家在产品差异程度较小的部门有较强的本土市场效应。

遵循以上的分析思路，本书进一步分析不同要素禀赋地区在不同要素密集度制造业行业本土市场效应差异，中国各地区制造业行业本土市场效应是否建立在各地区资源禀赋的基础上？即资本丰裕型地区是否在资本密集型行业的本土市场效应更强,而劳动丰裕型地区在劳动密集型行业的本土市场效应更强。下面,通过一些简单的描述性统计介绍要素禀赋在本土市场效应中的作用,然后通过实证方法论证。

表5-37反映了不同要素密集型制造业行业即资本密集型制造业行业和劳动密集型制造业行业在不同要素禀赋地区即劳动丰裕型地区和资本丰裕型地区的占比份额。由该表可知,无论是资本丰裕型地区还是劳动丰裕型地区,资本密集型制造业行业的占比份额均大于劳动密集型制造业行业的占比份额,如表5-37所示,2004~2016年,劳动丰裕型地区中劳动密集型制造业行业与资本密集型制造业行业比值在53%~60%之间,其均值为57.17%。与劳动丰裕型地区相比,资本丰裕型地区该比值要小一些,2004~2016年,该比值的均值为35.08%。这说明相对于劳动密集型制造业行业,资本密集型制造业行业更倾向集中于资本丰裕型地区,与理论预期相似。

表5-37　　　　不同要素禀赋地区不同要素密集型制造业行业占比份额

年份	劳动丰裕地区劳资比	资本丰裕地区劳资比
2004	0.560 0	0.320 2
2005	0.562 1	0.362 9
2006	0.535 4	0.373 5
2007	0.592 2	0.353 9
2008	0.600 1	0.347 1
2009	0.594 8	0.351 3
2010	0.596 8	0.358 0
2011	0.572 3	0.340 1
2012	0.584 2	0.334 9
2013	0.563 1	0.356 2
2014	0.547 9	0.367 2
2015	0.557 8	0.354 8
2016	0.565 9	0.340 9
Total	0.571 7	0.350 8

资料来源:数据由2005~2017年《中国工业经济统计年鉴》整理所得。

以上简单的统计性描述表明,尽管从绝对值上看,无论资本丰裕型地区还是劳动丰裕型地区,资本密集型制造业行业均占有较大份额,但是从相对值来看,相对于劳动丰裕型地区,资本密集型制造业行业倾向集中于资本丰裕型地区。而相对于资本丰裕型地区,劳动密集型制造业行业更倾向集中于劳动丰裕型地区。本书将通过实证方法进一步分析证明不同要素禀赋地区在不同资源密集行业的本土市场效应存在差异。

表5-38揭示了劳动丰裕型地区中劳动密集型制造业行业本土市场效应的实

证结果，如该表所示，在劳动丰裕型地区，劳动密集型制造业行业本土市场效应显著存在，本土市场规模增加 1%，出口增加 0.044 6%。当加入其他控制变量以及控制行业固定效应后该影响仍然十分显著，这表明该结果具有稳健性。另外，对于其他控制变量而言，行业外资比例的提高对出口规模的扩大同样具有显著的正向影响，制造业行业中外资比例每增加 1%，出口增加 6.921 3%。当控制行业固定效应后，行业市场竞争程度对出口的影响也显著为正。下面，本书将进一步考察劳动丰裕型地区中资本密集型制造业行业的本土市场效应。

表 5 - 38　劳动丰裕型地区中劳动密集型制造业行业本土市场效应的实证结果

变量	OLS		
	$Fdemand_{ijt}$（外需）	$Fdemand_{ijt}$（外需）	$Fdemand_{ijt}$（外需）
$Ddemand_{ijt}$（内需）	0.044 6 ***	0.044 9 ***	0.045 1 ***
	(0.001 7)	(0.001 7)	(0.001 7)
$Competitive_{ijt}$（市场竞争程度）	—	− 1.391 7	25.192 1 ***
		(7.894 5)	(8.177 3)
$Forgein_{ijt}$（外资比例）	—	6.921 3 ***	13.003 4 ***
		(3.111 9)	(3.054 7)
$Percapitial_{ijt}$（资源禀赋）	—	− 0.084 6 ***	− 0.025 6
		(0.025 2)	(0.025 8)
Industry	no	no	yes
Observations	1 014	1 001	1 001

注：（1）***、**、* 分别表示在 1%、5%、10% 的统计水平上显著；（2）Industry 表示控制行业固定效应。

表 5 - 39 揭示了劳动丰裕型地区中资本密集型制造业行业本土市场效应实证结果，该回归结果显示，在劳动丰裕型地区中，资本密集型制造业行业的本土市场效应显著存在，本土市场规模每增加 1%，出口会增加 0.045 8%。当加入其他控制变量与行业固定效应时，这一结果仍未改变，说明其具有稳健性。考察其他控制变量对出口的影响可知，在劳动丰裕型地区中，资本密集型行业的市场竞争程度对其出口没有显著影响，这在一定程度上表明，在劳动丰裕型地区，市场竞争程度的强弱不是对外出口的决定因素，市场机制未能在劳动丰裕型地区充分发挥。另外，劳动丰裕型地区中，资本密集型制造业行业外资比例的提升对该制造业行业的出口具有显著的促进作用，对比表 5 - 38 与表 5 - 39 可知，劳动丰裕型地区中，资本密集型制造业行业的本土市场效应强度大于劳动密集型制造业行业本土市场效应的强度，但是二者本土市场效应强度非常接近，接下来，本书考察资本丰裕型地区中不同要素密集行业本土市场效应的差异。

表 5 - 39　　劳动丰裕型地区中资本密集型制造业行业本土市场效应实证结果

变量	OLS		
	Fdemand$_{ijt}$（外需）	Fdemand$_{ijt}$（外需）	Fdemand$_{ijt}$（外需）
Ddemand$_{ijt}$（内需）	0.045 8 ***	0.051 9 ***	0.053 2 ***
	(0.006)	(0.005 9)	(0.006 4)
Competitive$_{ijt}$（市场竞争程度）	—	-10.302 8	-3.528 5
		(26.531 8)	(30.062 8)
Forgein$_{ijt}$（外资比例）	—	77.018 4 ***	64.640 6 ***
		(10.481 7)	(11.318 9)
Percapitial$_{ijt}$（资源禀赋）	—	-0.141 4	-0.207 9
		(0.130 7)	(0.156 8)
Industry	no	no	yes
Observations	1 506	1 499	1 499

注：（1）　***、**、*分别表示在1%、5%、10%的统计水平上显著；（2）Industry表示控制行业固定效应。

表 5 - 40 揭示了资本丰裕型地区中劳动密集型制造业行业本土市场效应的实证结果，该回归结果显示，资本丰裕型地区中，劳动密集型制造业行业的本土市场效应显著存在，本土市场规模每增加1%，出口增加0.210 1%。当加入其他控制变量与固定效应后，本土市场规模对出口仍然具有显著的促进作用，这表明该结论同样具有稳健型，对比劳动丰裕型地区与资本丰裕型地区劳动密集型制造业行业本土市场效应强度可知，与劳动丰裕型地区相比，资本丰裕型地区劳动密集型制造业行业的本土市场效应强度更大。这一结论与本书理论模型的结论似乎相悖，本书将在后续章节中进一步分析。另外，该实证结果还显示，在资本丰裕型地区，其他控制变量也会对资本丰裕型地区制造业的出口产生显著影响，如本书回归中的市场竞争程度、外资比例以及行业要素禀赋等。具体而言，行业利润率水平越低，行业竞争程度越高，越有利于出口规模的扩大。再比如，随着行业外资比例越高，进入国外市场的出口产品就会越多，出口规模也就越大。最后，行业的要素禀赋同样会影响资本丰裕型地区中劳动密集型制造业行业的出口，本书回归结果指出，劳动密集型制造业行业中劳动力比例越大，出口规模越大，这说明廉价的劳动力依然是我国对外贸易比较优势的来源之一。下面，本书将进一步对比分析资本丰裕型地区中资本密集型制造业行业的本土市场效应情况。

表 5 - 40　　资本丰裕型地区劳动密集型制造业行业本土市场效应实证结果

变量	OLS		
	Fdemand$_{ijt}$（外需）	Fdemand$_{ijt}$（外需）	Fdemand$_{ijt}$（外需）
Ddemand$_{ijt}$（内需）	0.210 1 ***	0.217 9 ***	0.214 3 ***
	(0.007 8)	(0.006 8)	(0.006 9)

续表

变量	OLS		
	Fdemand$_{ijt}$（外需）	Fdemand$_{ijt}$（外需）	Fdemand$_{ijt}$（外需）
Competitive$_{ijt}$（市场竞争程度）	—	− 404. 051 9 ***	− 284. 049 *
		(150. 574 7)	(150. 338 6)
Forgein$_{ijt}$（外资比例）	—	224. 386 7 ***	216. 554 4 ***
		(24. 581 4)	(23. 954)
Percapitial$_{ijt}$（资源禀赋）	—	− 8. 139 5 ***	− 4. 533 2 ***
		(0. 658 2)	(0. 864)
Industry	no	no	yes
Observations	1 145	1 142	1 142

注：（1）***、**、*分别表示在1%、5%、10%的统计水平上显著；（2）Industry 表示控制行业固定效应。

　　表 5 - 41 揭示了资本丰裕型地区中资本密集型制造业行业本土市场效应的回归结果，从该回归结果中我们可以发现，资本丰裕型地区中资本密集型制造业行业的本土市场效应十分显著，其强度大于劳动密集型制造业行业的本土市场效应。本土市场规模每增加 1%，出口增加 0. 354 1%。同样，该结果具有稳健性，当我们加入控制变量与行业固定效应时，本土市场规模依然对出口具有显著的正向影响。另外，其他控制变量也能对出口产生影响，行业利润率的降低，市场竞争程度越高，对外出口规模会越大。行业外资比例的增加也会促进出口扩大外需。在资本丰裕型地区的资本密集型行业中，劳动力仍然是我国的比较优势的来源。

表 5 - 41　资本丰裕型地区中资本密集型制造业行业本土市场效应的回归结果

变量	OLS		
	Fdemand$_{ijt}$（外需）	Fdemand$_{ijt}$（外需）	Fdemand$_{ijt}$（外需）
Ddemand$_{ijt}$（内需）	0. 354 1 ***	0. 348 ***	0. 404 4 ***
	(0. 033 2)	(0. 031 7)	(0. 031 7)
Competitive$_{ijt}$（市场竞争程度）	—	− 3 467. 641 ***	− 2 294. 25 ***
		(753. 834 4)	(786. 676 1)
Forgein$_{ijt}$（外资比例）	—	1 631. 858 ***	1 110. 368 ***
		(136. 903)	(133. 218 9)
Percapitial$_{ijt}$（资源禀赋）	—	− 17. 842 1 ***	− 18. 922 7 ***
		(3. 32)	(4. 159)
Industry	no	no	yes
Observations	1 145	1 142	1 142

注：（1）***、**、*分别表示在1%、5%、10%的统计水平上显著；（2）Industry 表示控制行业固定效应。

　　本部分考察了不同要素禀赋地区在要素密集度不同的制造业行业上本土市场效应的差异。根据理论模型，资本丰裕型地区在资本密集型制造业行业上的本土市场效应较大，而劳动丰裕型地区在劳动密集型制造业行业上的本土市场效较大，本部分的实证结论表明，无论是资本丰裕型地区还是劳动丰裕型地区，资本密集型制造业行业本土市场效应均强于劳动密集型制造业行业的本土市场效应，这一结论似乎与理论预期不符，但进一步分析可知，尽管资本丰裕型地区中资本密集型制造业行业本土市场规模出口的影响大于劳动密集型制造业行业本土市场规模对出口的影响，但是两者的影响系数十分相近，而资本丰裕型地区中资本密集型制造业行业本土市场效应强度要比劳动密集型制造业行业本土市场效应强度大很多，这在一定程度上说明要素禀赋的差异会导致不同行业本土市场效应的差异。本书将通过 DID 方法进一步分析不同要素禀赋地区在要素密集度不同的制造业行业上的本土市场效应差异。

5.5　基于 DID 方法的稳健性分析

以上本书初步证明了资本密集型制造业行业倾向集中于资本丰裕型地区，劳动密集型制造业行业倾向集中于劳动丰裕型地区，但是由于方法的局限性，没有进一步定量证明相对于资本丰裕型地区中劳动密集型制造业行业与资本密集型制造业行业本土市场效应相对强度，劳动丰裕型地区中该相对强度的差异。因此，本书将进一步使用 DID 方法考察不同要素禀赋地区在不同要素密集度制造业行业上的本土市场效应差异。其理论基础在于地区要素的丰裕度会影响要素的价格，不同的要素价格会导致其产品的成本及最终价格产生差异，在这种情况下，物价较高的地区将会生产并出口差异化较大的产品从而使其出口产品对价格的敏感性下降，而物价较低的地区将会出口那些相对较为同质的产品。由上述理论机制可知，本书对中国制造业行业本土市场效应考察以传统贸易理论与新贸易理论为基础。传统贸易理论认为，国家或地区间的贸易动力来源于各自的比较优势，例如相对于劳动丰裕型地区，资本丰裕型地区的资本要素较为丰裕，其价格较低，因此该地区倾向于出口资本密集型产品，进口劳动密集型产品。与之相反，劳动丰裕型地区劳动要素较为丰裕，其价格较低，这些地区倾向于出口劳动密集型产品，进口资本丰裕型产品。传统贸易理论为产业间贸易提供了很好的理论基础，但是该理论有其局限性，发达国家之间、发展中国家间的产业内贸易不能很好地用传统要素禀赋理论解释。为了弥补这一缺陷，新贸易理论出现了，该理论认为，由于规模经济与不完全竞争的存在，即使要素禀赋相同的国家与地区之间也会存在着贸易。随着新贸易理论的发展，克鲁克曼首次提出了本土市场效应理论，该理论认为，在一个存在着贸易成本及规模报酬递增的垄断竞争市场中，一国会出口那些在国内有很大需求的产品。其理论机制在于当某种产品在国内存在较大规模的需求时，该种产品的生产规模将会扩大，由于生产过程中存在着干中学效应以及积聚效应，该种产品的生产率提高，其市场竞争力不断扩大，最终会导致其出口的增加。那么，国家间贸易的基础究竟是要素禀赋理论还是本土市场效应理论呢？戴比斯和温斯坦（Dabis & Weinstein；1999，2003）将本土市场效应模型与要素禀赋模型纳入同一个体系，考察二者在生产与贸易中的作用，他们发现，本土市场效应与要素禀赋均能显著影响OECD国家的生产与贸易。本书认为，国际贸易中要素禀赋理论与本土市场效应理论并不是简单的并列关系，二者之间也会相互影响，如本书理论机制所述。本书试图在本土市场效应的基础上引入要素禀赋，并利用倍差的方法考察中国各地区要素禀赋差异下的本土市场效应。之所以将中国各个省份作为考察对象是基于以下三方面的考虑：第一，中国幅员辽阔，各地区要素差异较为明显，如广东、江苏、浙江、上海、北京等发达地区与河南、四川、安徽等不发达地区在资本要素、劳动要素上具有十分明显的差异，这样有利于本书分析要素禀赋对不同地区在不同行业本土市场效应的影响。第二，中国一些省份的人口、经济总量均与一般国家无异。以这些省份为考察对象从而研究本土市场效应较为合理。第三，虽然各地区自然资源、经济规模均有较大差异，但是同样作为中国的一个组成部分，他们所受的宏观影响较为一致，将这些省份作为考察对象能够避免一些无法观测到的影响因素从而增加结论的可靠性。

5.5.1 计量模型

如本书理论部分所述，在考察中国资本丰裕型地区与劳动丰裕型地区在不同要素密集制造业行业中本土市场效应的差异时，本书借鉴阿尔纳卜·纳亚克的倍差模型，创建倍差计量模型如下：

$$\ln\left(\frac{X_{mj}/X_{mh}}{X_{oj}/X_{oh}}\right) = \alpha + \beta f\left(\frac{Y_j}{Y_h}\right) + \phi(\theta_j - \theta_h) + \varepsilon \tag{5-1}$$

式（5-1）中，X_{mj}表示J国在m行业上的出口额，X_{mh}表示h国在m行业上的出口额，X_{oj}表示J国在o行业上的出口额，X_{oh}表示o国在h行业上的出口额，Y_j表示J国的GDP，Y_h表示H国的GDP，θ_j表示J国影响其行业出口的其他因素，θ_h表示H国影响其行业出口的其他因素。为了考察要素禀赋在不同地区本土市场效应中的作用，本书将分别对比资本丰裕型大国和劳动丰裕型小国在不同要素密集行业中本土市场效应的差异以及劳动丰裕型大国和资本丰裕型小国在不同要素密集行业中本土市场效应的差异。具体以式（5-1）为例，当考察资本丰裕型较大地区与劳动丰裕型较小地区本土市场差异时，J国表示资本丰裕型较大地区，H国表示劳动丰裕型较小地区，m是实验组表示资本密集型产业，o是控制组表示劳动密集型产业。当本书考察劳动丰裕型较大地区与资本丰裕型较小地区本土市场效应差异时，J国表示劳动丰裕型较大地区，H国表示资本丰裕型较小地区，m是实验组表示劳动密集型产业，o是控制组表示资本密集型产业。对于劳动丰裕型地区、资本丰裕型地区、大地区与小地区的定义将在本书第三部分统计性描述中出现。本模型试图考察在控制其他影响行业出口的因素后，增加J国与h国的相对市场规模是否可以使J国行业m与行业o出口相对比例的上升大于H国。如果对于上述两种情况的分析均得到以上结论，那么即可证明要素禀赋对于本土市场效应的影响。

5.5.2　变量说明

（1）核心解释变量。本土市场规模（HME）：本书用中国各省历年GDP数值衡量各省市场规模。

（2）控制变量。

劳动力工资水平（pwage）：一方面，根据新新贸易理论，在一个成熟的市场环境中，企业较高的工资水平代表该企业有较强的人力资本从而具备较高的生产率水平，这样的企业更倾向于出口，并且其出口产品往往具有技术含量较高、质量较好的特征。另一方面，传统理论认为，较高的工资水平代表该地区劳动力缺乏，不利于其产品的出口。本书试图考察工资水平对本土市场效应差异的影响。

生产率水平（productivity）：新新贸易理论认为，企业具有异质性，只有那些生产率水平较高的企业才能克服出口的固定成本进入国外市场，另外一些研究表明，生产率较高的地区倾向于出口高质量的产品，所以本书将考察生产率水平对不同要素禀赋地区本土市场效应的影响。

人均资本（pcapital）：本书运用人均资本量衡量中国各地区的要素禀赋，根据传统要素禀赋理论，资本丰裕型地区由于资本价格较低倾向于出口资本密集型产品，而劳动丰裕型地区倾向于出口劳动密集型产品。本书将考察人均资本对不同地区在不同行业上的本土市场效应的影响。

人均科研投入（PR&D）：大量研究表明，科研费用投入较高的地区其内部科技水平较高，较高的技术水平能够使其产品更具竞争力，更容易被国外消费者接受，其出口额度会越高。本书用各省历年的 R&D 经费除以该省历年 GDP 表示这一指标。

政府行政效率（Goveff）：一般认为，政府的行政效率越高，企业成本越低，企业的产品越具有竞争力，将会有更多的企业服务于国外市场。本书用各省一般公共服务费用除以预算支出得到的比例表示这一指标。由于本书使用的数据期间为 2004～2016 年，《中国统计年鉴》中一般公共服务费在 2006 年之前没有直接被统计出来，所以本书对 2006 年前的数据进行调整，将行政费用、其他部门事业费与勘探费加总得到一般公共服务费。

人均土地面积（pland）：本书利用各省土地面积除以该省的总人数衡量各省人均土地面积，这一指标能在一定程度上解释自然资源在各个省份的分布状况。

5.5.3　统计性描述

本书按 2016 年人均 GDP 数值的大小将中国各省份划分为资本丰裕型地区及劳动丰裕型地区，如附录（1）所示，其中，前者包括广东、江苏、山东、浙江、上海、北京、福建、辽宁、内蒙古、天津、吉林、重庆，后者包括河南、河北、四川、湖南、湖北、安徽、黑龙江、广西、江西、山西、云南、新疆、贵州、甘肃、海南、青海、西藏、陕西、宁夏。本书进一步按各地 GDP 的大小将其划分为资本丰裕型较大地区、劳动丰裕型较小地区、劳动丰裕型较大地区以及资本丰裕型较小地区，具体可见表 5－42。

表 5－42	不同要素禀赋地区的划分
资本丰裕型较大地区	广东、江苏、山东、浙江、上海、北京、福建、辽宁、内蒙古
劳动丰裕型较小地区	河南、河北、四川、湖南、湖北、安徽、黑龙江
劳动丰裕型较大地区	陕西、天津、吉林、重庆
资本丰裕型较小地区	广西、江西、山西、云南、新疆、贵州、甘肃、海南、青海、西藏

本书将中国制造业行业划分为劳动密集型行业与资本密集型行业。前者包括农副食品加工业、食品制造业、饮料制造业、纺织业、造纸业和皮革业，后者包括化学原料制造业、化学纤维业、通用设备制造业、专用设备制造业、交通运输业、电器机械制造业、医药制造业、电子通信业、仪器仪表制造业。

表 5－43 反映了资本丰裕型较大地区与劳动丰裕型较小地区各变量的基本统

计特征，由该数据表格可知，相对于劳动丰裕型较小地区，资本丰裕型较大地区中资本密集型制造业行业与劳动密集型制造业行业出口份额的比值更大，其原因可能有以下两点：第一，要素禀赋理论认为，由于资本丰裕型地区资本要素禀赋价格相对较低，这些地区倾向于发展资本密集型行业，所以其出口产品多为资本密集型产品。第二，本土市场理论认为，较大地区更容易发挥其规模效应，同时，由于资本密集型产品由于其固定成本投资规模较大，规模效应更为明显，所以资本密集型行业更容易在较大市场规模集聚并出口到国外市场。分析核心解释变量可知，资本较大地区 GDP 规模较大。这一现象与本书将要证明的结论相一致，进一步证明将在实证中进行。其他变量，如研发投入在资本丰裕型较大地区的规模要大于劳动丰裕型较小地区的规模，这在一定程度上影响了资本密集型行业在资本丰裕型较大地区中集聚，因为资本密集型产业如电子机械，医疗机械，都需要较大的研发投入，只有这些投入达到一定规模时，这些产业才能聚集。另外，表 5－43 中资本丰裕型较大地区人均工资水平高于劳动丰裕型较小地区也表明资本丰裕型较大地区中人力资本水平相对较高，比较适合高技术水平的产业在此集聚，这在一定程度上解释了资本丰裕型较大地区资本密集型产业与劳动密集型产业出口份额之比大于劳动丰裕型小较小地区。表 5－43 中资本丰裕型较大地区的劳动生产率要显著高于劳动丰裕型较小地区的劳动生产率，这也是资本密集型产业在此聚集的原因。下面，本书将进一步考察劳动丰裕型较大地区与资本丰裕型较小地区各变量的基本统计特征。

表 5－43   资本丰裕型较大地区与劳动丰裕型较小地区各变量基本统计特征

变量	Obs	Mean	Std. Dev.	Min	Max
FdemandKlcapilab	37 643	169. 695 3	1 845. 902	0. 000 01	1 196 608
lgoveff	63 165	0. 146 9	0. 030 2	0. 067 5	0. 221 2
Kgoveff	63 165	0. 134 3	0. 032 9	0. 060 3	0. 187 868
lRD	63 165	262 762. 9	256 648. 1	3 497	1 133 926
KRD	63 165	3 447 825	2 603 762	77 951	1. 07E + 07
ldebt	63 165	3 842. 921	2 908. 726	168. 45	12 347
Kdebt	63 165	22 681. 76	15 796. 69	2278. 48	75 001. 9
ltfp	63 165	1. 469 3	0. 625 6	0. 407 761	3. 127 6
Ktfp	63 165	3. 909 2	1. 692 9	1. 133 497	8. 177 2
lpwage	63 165	24 698. 15	9 421. 204	10 397	49 898
Kpwage	63 165	32 644. 01	14 135. 09	11 279	75 591
lasset	63 165	0. 939 5	0. 525 3	0. 221 6	2. 526 6
Kasset	63 165	1. 854 8	0. 829 5	0. 536 3	4. 176 6
lland	63 165	0. 068 2	0. 125 6	0. 003 7	0. 448 1
Kland	63 165	0. 007 0	0. 014 7	0. 000 2	0. 049 4

资料来源：数据由作者整理所得。

　　由表 5 - 44 数据可知，相对于资本丰裕型较小地区，劳动丰裕型较大地区中劳动密集型产业的出口份额与资本密集型产业的出口份额之比更大。这与汉森（2004）的结论相反，他认为较大市场规模的地区应该出口差异化较大的资本密集型产品，因为在较大地区中有更多的企业聚集于此，单一的生产要素劳动的价格将会因为其供需关系趋于上升，这时产品的价格会随之上升，出口产品中只有差异化较大的产品才能较少受到价格上升的影响，因此，较大地区应该出口差异化较大的产品。这一结论与传统的本土市场效应理论的结论一致。本书中，劳动丰裕性较大地区倾向于出口劳动密集型产品，这是因为本土市场效应受到了要素禀赋的影响。本书将在实证部分进一步证明，随着市场规模的增大，劳动丰裕性地区中劳动密集型产业的本土市场效应更强。由表 5 - 44 中其他变量的对比可知，劳动丰裕性较大地区政府效率要低于资本丰裕型较小地区的政府效率。同样，资本丰裕性较小地区在人均资本、人均工资等方面要大于劳动丰裕型地区，资本丰裕型地区的人均土地面积要小于劳动丰裕型地区。本书下面将通过实证方法考察不同要素禀赋地区在不同要素密集度行业中本土市场效应的差异。

表 5 - 44　　劳动丰裕型较大地区与资本丰裕型较小地区各变量基本统计特征

变量	Obs	Mean	Std. Dev.	Min	Max
FdemandLklabcapi	17 592	27. 231 6	152. 879 5	0. 000 02	5 452. 946
GDPL	19 695	11 926. 94	5 379. 642	4 812. 68	26 931. 03
GDPk	19 695	6 145. 116	2 736. 949	2 665. 38	12 512. 3
Lgoveff	19 695	0. 145 8	0. 023 9	0. 091 7	0. 190 1
kgoveff	19 695	0. 123 1	0. 028 3	0. 065 5	0. 180 9
LRD	19 695	1 239 410	725 353. 7	353 502	3 230 129
kRD	19 695	1 053 080	687 579. 1	236 525	2 977 580
Ldebt	19 695	9 796. 052	4 556. 529	3 724. 6	22 514. 23
kdebt	19 695	7 514. 368	4 376. 098	3 115. 51	19 227. 1
Ltfp	19 695	1. 811 4	0. 701 2	0. 772 7	3. 409 8
ktfp	19 695	2. 796 3	1. 822 6	0. 783 3	8. 344 8
Lpwage	19 695	22 576. 73	7 859. 875	10 581	39 352
kpwage	19 695	26 968	11 113. 95	11 081	55 658
Lasset	19 695	1. 054 3	0. 589 1	0. 309 4	2. 263 5
kasset	19 695	1. 804 8	1. 186 0	0. 409 8	5. 215 9
Lland	19 695	0. 004 4	0. 003 2	0. 001 7	0. 011 9
kland	19 695	0. 004 0	0. 002 2	0. 000 8	0. 006 9

　　资料来源：数据由作者整理所得。

5.5.4　实证分析及结论

　　以往对本土市场效应理论的研究多集中在单要素理论框架中，所以这些研究的结论多为是否存在本土市场效应，哪些行业存在本土市场效应，但是现有文献鲜有研究不同要素禀赋地区本土市场效应的差异。本书考虑不同要素禀赋会导致地区选择不同的生产方式，最终会影响其出口模式，所以本书将在本部分中使用实证模型考察不同要素禀赋地区的本土市场效应。

表 5 - 45 表示资本丰裕型地区的本土市场效应，由表中数据结果可知，随着 GDP 水平的上升，资本丰裕型地区中资本密集型产业出口份额与劳动密集型产业的出口份额之比上升，这表明，资本丰裕型地区资本密集型产业的本土市场效应要强于劳动密集型产业的本土市场效应，这一结论与上述推测一致，即由于各地要素禀赋具有差异，要素的相对价格不同，资本密集型地区资本要素价格相对较低，所以资本密集型地区倾向于密集使用资本要素，最终导致资本密集型地区产品价格上升，又由于较大规模地区有较多企业在此聚集，会进一步推高要素价格使劳动与资本要素达到新的均衡，产品价格也会随着进一步提升，而只有差异化程度较高的产品对价格的敏感性较低，资本密集型产品的差异化程度较高，所以资本丰裕性较大地区倾向于出口资本密集型产品。另外，对于其他控制变量，人均土地面积的上升会导致资本丰裕型地区内资本密集型产业出口份额与劳动密集型产业出口份额之比下降，这说明土地资源更有利于劳动密集型产业的发展，这与实际情况相吻合，一般认为，劳动密集型产业多为资源消耗型产业。人均资本的上升会促使资本丰裕型较大地区内资本密集型行业出口的相对份额上升，这进一步表明，要素禀赋对于资本丰裕性地区本土市场效应的影响。人均工资水平代表了地区人力资本状况，较高的人均工资水平能够使资本丰裕型地区资本密集型行业出口的相对份额上升，表明资本密集行业对人力资本要求要强于劳动密集型行业，随着地区人力资本的上升，该地区会出口更多份额的资本密集型产品。表 5 - 45 中，政府效率用一般服务公共费用/预算支出表示，这一比例越低政府效率越高。政府效率对资本丰裕型地区资本密集行业出口的相对份额影响为正，表明政府效率的提升可以促进资本密集行业出口份额的上升。地区劳动生产率水平对地区资本密集型性行业出口的相对份额显著为负，这说明生产率水平越高，越不利于地区发展资本密集型产业，其出口份额也会下降。这与一般结论不一致，因为资本密集型产业多为技术密性型产业，生产力水平的提升应该会促进资本密集型产业出口份额的上升，这也许是因为我国存在众多加工企业，这些企业多分布于资本密集型产业，所以劳动生产率对于其影响不同。

表 5 – 45　　　　　　　　　　资本丰裕型地区本土市场效应的考察

变量	lnFdemandKlcapilab	lnFdemandKlcapilab	lnFdemandKlcapilab	lnFdemandKlcapilab
lnGDPKl	0.764 7 *** (2.53E – 02)	0.761 3 *** (2.52E – 02)	0.404 8 *** (5.56E – 02)	0.391 2 *** (5.56E – 02)
lnlandKl	—	—	– 0.351 9 *** (1.67E – 02)	– 0.368 4 *** (1.69E – 02)
lnassetKl	—	—	0.216 6 *** (4.98E – 02)	0.397 *** (0.059 3)
lnpwageKl	—	—	1.637 1 *** (1.09E – 01)	1.894 8 *** (0.116 3)
lnRDKl	—	—	0.271 *** (0.036 2)	0.271 4 *** (0.036 2)
lngoveffKl	—	—	– 0.307 5 *** (1.11E – 01)	– 0.100 2 *** (0.016 7)
lndebtKl	—	—	– 0.246 9 *** (3.17E – 02)	– 0.254 8 *** (0.031 6)
lntfp	—	—	– 0.667 8 *** (7.44E – 02)	– 0.880 1 *** (0.081 3)
Time	no	yes	yes	yes
Observation	37 712	37 712	37 712	37 712

注：（1）括号里的是标准误；（2）***、** 和 * 分别为 1%、5% 和 10% 的显著性水平。Time 代表时间固定效应。

表 5 – 46 表示劳动丰裕型地区的本土市场效应，由表中数据可知，随着 GDP 水平的上升，劳动丰裕型地区中劳动密集型产业出口份额与资本密集型产业的出口份额之比上升，这表明劳动丰裕型地区中劳动密集型产业的本土市场效应要强于资本密集型产业的本土市场效应，这一结论与理论模型中的推测一致，即由于各地要素禀赋具有差异，要素的相对价格不同，劳动密集型地区劳动要素价格相对较低，所以劳动密集型地区倾向于密集使用劳动要素，与资本密集型地区不同，劳动密集型地区不会因为劳动的密集使用致产品价格上升，又因为差异化程度较低的产品对价格的敏感性较高，劳动密集型产品的差异化程度较低，所以劳动丰裕性较大地区倾向于出口劳动密集型产品。另外，对于其他控制变量，人均土地面积的上升会导致劳动丰裕型地区内劳动密集型产业出口份额与资本密集型产业出口份额之比上升，这说明土地资源更有利于劳动密集型产业的发展，这与实际情况相吻合，一般认为，劳动密集型产业多为资源消耗型产业。人均资本的上升会促使资本丰裕型较大地区内劳动密集型行业出口的相对份额上升，这表明资本要素在劳动裕型地区较为稀缺，该要素在资本丰裕型地区的聚集将会使本土市场效应增强。人均工资水平代表了地区人力资本状况，较高的人均工资水平能

够使资本丰裕型地区资本密集型行业出口的相对份额上升，表明资本密集行业对人力资本要求要强于劳动密集型行业，随着地区人力资本的上升，该地区会出口更多份额的资本密集型产品，其劳动密集型出口份额会下降。表5-46中，政府效率用一般服务公共费用/预算支出表示，这一比例越低，政府效率越高。政府效率对劳动丰裕型地区劳动密集行业出口的相对份额影响为正，表明政府效率的提升可以促进劳动密集型制造业行业出口份额的上升。地区劳动生产率水平对地区资本密集型性行业出口的相对份额显著为正，这说明生产率水平越高，越有利于地区发展劳动密集型产业，其出口份额也会上升。与以上结论相同，这可能是由于我国存在着大量的加工贸易。

表5-46　　　　　　　　劳动丰裕型地区本土市场效应的考察

变量	lnFdemandLklabcapi	lnFdemandLklabcapi	lnFdemandLk labcapi	lnFdemandLklabcapi
lnGDPLk	0.444 5 *** (8.69E-02)	0.207 2 *** (9.01E-02)	0.905 3 *** (1.26E-01)	0.554 1 *** (1.37E-01)
lnlandLk	—	—	0.154 1 *** (5.24E-02)	0.069 5 *** (5.62E-02)
lnassetLk	—	—	1.235 4 *** (1.75E-01)	1.437 4 *** (0.179 5)
lnpwageLk	—	—	-3.192 6 *** (3.35E-01)	-3.601 *** (0.360 4)
lnRDLk	—	—	-0.771 9 *** (0.067 5)	-0.524 3 *** (0.082 4)
lngoveffLk	—	—	-0.653 1 *** (2.23E-01)	-0.775 4 *** (0.2546)
lndebtKl	—	—	-0.093 5 *** (1.09E-01)	-0.486 3 *** (0.127 6)
lntfpLk	—	—	0.317 8 *** (1.17E-01)	0.127 1 *** (0.12)
Time	no	yes	yes	yes
Observation	17 592	17 592	17 592	17 592

注：（1）括号里的是标准误；（2）***、** 和 * 分别为1%、5%和10%的显著性水平。Time代表时间固定效应。

本书通过倍差的方法考察了中国各省区市在不同制造业行业中的本土市场效应差异，与以往本土市场效应的研究不同，本书发现，并非所有地区在行业本土市场效用都相同，资本丰裕型地区在资本密集型行业中具有较强的本土市场效应，而劳动丰裕型地区在劳动密集型产业中具有较强的本土市场效应，这一结论与理论模型相吻合，除此之外，不同的地区特征也会导致地区在不同行业的本土市场效应的差异。研发投入水平、人均工资水平、政府效率水平、人均资本水平对资本密集型较大地区中资本密集型行业出口份额的扩大较为有利，而政府效率水平、人均资本水平、劳动生产率水平对劳动丰裕型较大地区中劳动密集型行业出口份额的扩大较为有利。

第 6 章

中国制造业本土市场效应的
二元边际来源分析

　　以往对于本土市场效应的研究均假设存在唯一生产要素劳动或者存在两种生产要素，生产单位产品的两种要素以固定比例投入，在这样的假设下企业规模不存在差异。出口的增长完全依赖于扩展的边际。纳亚克（2011）在研究不同要素国家出口的二元边际时有一个重要的假设即成立新的企业需要更多的资本，原有企业的扩张则需要更多的劳动力。基于此假设，纳亚克运用国家间行业的贸易数据考察了不同要素禀赋地区二元边际的差异，他们研究结论表明资本丰裕型国家和劳动密集型国家出口的扩张依赖于不同的方式即扩张的边际和集约的边际。纳亚克认为，资本丰裕型国家由于其资本要素较为丰裕、价格较低，所以向于此类国家倾向于通过密集使用资本即成立新的企业扩大生产规模。而劳动丰裕型国家由于其劳动力要素较为丰裕、价格较低，所以劳动丰裕型国家倾向于通过密集使用劳动即增加新的员工扩大生产规模。上述研究表明不同要素丰裕型国家扩大产出的方式存在差异，所以其出口增长的方式也有所不同，资本丰裕型地区出口的扩张主要依靠于扩展的边际即成立新的企业。而劳动丰裕型地区出口的扩张主要依赖于集约的边际即扩大原有企业的规模。本书将会进一步考察中国制造业行业的本土市场效应的扩展方式，即本土市场规模的扩大导致出口的增加更多的是依赖于出口的扩张边际还是出口的集约的边际，并且考察中国各个地区出口的二元边际是否存在着差异，资本丰裕型省份制造业行业的本土市场效应是否更加依赖于出口的扩张边际而劳动丰裕性省份制造业行业本土市场效应是否更加依赖于出口的集约边际。

6.1　不同要素禀赋地区制造业行业二元边际的决定因素分析

　　与本书上述部分相同，本部分仍以地区人均 GDP 作为不同要素禀赋地区划分的标准，并以地区 GDP 衡量地区经济规模然后选取人均 GDP 高经济规模大的地区作为资本丰裕型地区，选取人均 GDP 低、经济规模较的地区作为劳动密集型地区。本书选取典型的资本密集丰裕型地区（包括广东、江苏、浙江、上海、北京、福建），典型的劳动丰裕型地区（包括安徽、湖北、河南、江西）。第四章图 4 - 1 反映了 1999～2008 年不同要素禀赋地区本土市场效应的来源即扩展的边际和集约的边际对外需的影响。由该图可知，1999～2008 年，各年资本丰裕型地区制造业行业扩展的边际大于集约的边际，而在劳动丰裕型地区，制造业行业集约的边际大于扩展的边际，无论是使用新出口企业数还是用新出口企业出口额作为扩展边际，这一结论，都是成立的。该结论与本书理论部分相吻合，表明资本丰裕型地区因其比较优势倾向于成立新企业扩大产出，而劳动丰裕型地区由于劳动力成本较低，倾向于采用劳动密集型技术扩大产出。本部分将进一步用实证的方法考察这一结论，即不同要素禀赋的地区外需扩展的方式存在着差异，劳动丰裕型地区依赖于通过集约的边际扩大出口规模，而资本丰裕型地区出口规模的扩大主要依赖于扩展的边际。

　　表 6 - 1 分析了出口二元边际的影响因素，实证结果显示，内需变化 1%，集约的边际变化 0.949 6%，而以新出口企业衡量的扩展边际变化为 0.524 6，以新出口企业出口额衡量的扩展边际的变化为 0.811，可见，中国制造业行业本地市场规模的扩大对于集约的边际影响更大，当加入其他控制变量之后这一结论仍然成立。同时，中国制造业行业集约边际大于扩展边际的结论也与其他众多学者的研究相似。如钱学峰（2010）通过对 CEPII BACI 1995～2005 年 HS6 位数国际贸易数据库的分析发现，无论在多边层次还是在双边层次上，中国制造业出口增长主要是依赖于集约的边际，扩展的边际能够促进出口但是占据的比重较小。根据理论部分，地区出口二元边际会受到地区资源禀赋的影响，资本丰裕型地区倾向于依靠新企业的成立，新产品出口规模是劳动丰裕型地区外需增长的主要方式。中国作为劳动丰裕型国家更多地依赖于集约的边际与理论相吻合。另外，回归结果表明，外资比例对中国制造业行业的扩展边际和集约边际均有正向影响，这表明制造行业外资比例的增加会使国内企业更好地掌握国外市场的信息，减少中外

市场信息的不对称性，从而使已出口企业出口更多产品，未出口企业进入国外市场成为新出口企业。人均工资水平对中国制造业出口的扩展边际有显著负向影响，而对出口的集约边际没有显著影响。这一结论表明，行业人均工资越高，行业人力资本水平越高，较高的人力资本是企业新产品存在的必要条件，正如研发是扩展边际的主要动力。而集约的边际即老企业、老产品对人力资本的依赖要小于扩展的边际即新企业、新产品，所以人均工资对集约的边际影响不显著。回归结果显示，劳动生产率对出口的二元边际均有显著的负向影响。这一结论表明，劳动生产率越低，老企业、老产品，新企业、新产品的出口均会增加。这可能是由于中国存在众多加工企业所致。另外，资源禀赋系数为负，表明中国的比较优势仍旧是劳动力资源，低廉的劳动价格会使中国产品价格更低，在国际市场上更具有竞争力，所以出口的扩展边际与集约的边际均有增长。下面，为了进一步考察这一结论，本书将中国31个省区市划分为资本丰裕型地区和劳动丰裕型地区，继而分析不同资源禀赋地区出口二元边际的特点。

表 6 - 1　　　　　　　　　　集约边际与扩展边际的决定因素

变量	Int_{ijt}（集约边际）	Int_{ijt}（集约边际）	$Ext1_{ijt}$（扩展边际）	$Ext1_{ijt}$（扩展边际）	$Ext2_{ijt}$（扩展边际）	$Ext2_{ijt}$（扩展边际）
$Ddemand_{ijt}$（内需）	0.949 6 ***	0.908 7 ***	0.524 6 ***	0.557 2 ***	0.811 ***	0.815 4 ***
	(0.017 8)	(0.019 2)	(0.011 6)	(0.011 8)		(0.021 1)
$Competitive_{ijt}$（市场竞争程度）		0.820 7 **		0.412 6 ***		1.239 4 ***
		(0.428 5)		(0.147 1)		(0.261 4)
$Forgein_{ijt}$（外资比例）		1.628 9 ***		1.445 2 ***		2.141 ***
		(0.135 1)		(0.081 2)		(0.144 3)
$Percapitial_{ijt}$（资源禀赋）		- 0.002 5 ***		- 0.004 ***		- 0.002 9 ***
		(0.000 1)		(0.000 3)		(0.000 5)
$Pwage_{ijt}$		0.005 4		- 0.017 8 ***		- 0.011 6 ***
		(0.003 4)		(0.002 4)		(0.004 4)
$Productivity_{ijt}$（劳动生产率）		- 0.002 5 ***		- 0.001 1 ***		- 0.001 3 ***
		(0.000 1)		(0.000 1)		(0.000 2)
Observations	3 480	3 479	4 198	4 194	4 198	4 194

注：***、**、*分别表示在1%、5%、10%的统计水平上显著。

表6-2考察了劳动丰裕型地区二元边际的决定因素，由回归结果可知，劳动丰裕型地区中本土市场规模对集约边际的影响大于扩展边际，内需增加1%，集约边际增加0.723 1%，以新出口企业衡量的扩展的边际增加0.529 9%，以新出口企业出口额为衡量标准的扩展边际增加了0.317 1%。这一结论与理论模型中的结论是一致的，劳动丰裕型地区劳动力资源丰富，内需的增加更多地依赖于新企业的成立，因此集约的边际成为出口扩张的主要来源。另外，当本书考察内需对出口二元边际影响加入控制变量后，这一结论仍然成立。正如纳亚克

（2011）的研究结论，他认为劳动丰裕型国家由于其劳动力的比较优势，倾向于通过密集使用劳动扩大生产及增加新的员工。因此，劳动丰裕型地区出口的扩张主要依赖于集约的边际即扩大原有企业的规模。另外，在劳动丰裕型地区，行业外资比例对集约边际和扩展边际均有显著的正向影响。

表 6 - 2　　　　　　　　　　劳动丰裕型地区二元边际的决定因素

变量	Int_{ijt}（集约边际）	Int_{ijt}（集约边际）	$Ext1_{ijt}$（扩展边际）	$Ext1_{ijt}$（扩展边际）	$Ext2_{ijt}$（扩展边际）	$Ext2_{ijt}$（扩展边际）
$Ddemand_{ijt}$（内需）	0.723 1 ***	0.691 3 ***	0.529 9 ***	0.366 4 ***	0.317 1 ***	0.544 5 ***
	(0.028 8)	(0.032 1)	(0.031)	(0.015 8)	(0.015)	(0.034 1)
$Competitive_{ijt}$（市场竞争程度）	—	1.972 ***	—	0.366 9 ***	—	1.352 ***
		(0.542)		(0.142 1)		(0.305 6)
$Forgein_{ijt}$（外资比例）	—	0.510 5 **	—	0.448 5 **	—	0.456 5 *
		(0.236 5)		(0.123 1)		(0.264 7)
$Percapitial_{ijt}$（资源禀赋）	—	0.000 3	—	− 0.001 7 ***	—	0.000 5
		(0.000 7)		(0.000 4)		(0.000 8)
$Pwage_{ijt}$	—	0.005 7	—	− 0.021 7 ***	—	− 0.008 7 ***
		(0.006)		(0.003 4)		(0.007 3)
$Productivity_{ijt}$（劳动生产率）	—	− 0.000 1	—	− 0.000 3 **	—	− 0.000 4
		(0.000 1)		(0.000 1)		(0.000 3)
Observations	1 392	1 391	1 720	1 718	1 720	1 718

注：*** 、 ** 、 * 分别表示在 1%、5%、10% 的统计水平上显著。

表 6 - 3 分析了资本丰裕型地区二元边际的影响因素，在资本丰裕型地区，内需的扩大主要通过扩展边际对外需产生影响，正如回归结果所示，内需增加 1%，集约的边际增加了 0.884 1%，以新出口企业出口额为衡量标准的扩展边际增加了 0.999 5%，以新出口企业衡量的扩展边际增加了 0.856%。表 6 - 3 回归结果显示，与劳动密集型地区相比，资本丰裕型地区更多地依赖于扩展的边际，这与理论模型的结论相似。理论模型认为，资本丰裕型国家由于其资本的比较优势，倾向于通过密集使用资本扩大生产即成立新的公司，因此，资本丰裕型地区出口的扩张主要依靠于扩展的边际即成立新的企业。而劳动丰裕型地区出口的扩张主要依赖于集约的边际即扩大原有企业的规模。表 6 - 3 回归结果显示，当实证模型中加入控制变量后，资本丰裕型地区外需的扩张仍然依赖于扩展的边际。在资本丰裕型地区，行业中劳动力禀赋比例越高，出口的扩张边际与集约边际值越高。这表明低廉劳动力仍然是资本丰裕型地区的比较优势。劳动生产率对二元边际的影响为负，表明生产率水平越低，扩展的边际与集约的边际的出口越大。这不符合企业异质性贸易模型的理论预期。根据企业异质性贸易模型，只有那些生产率水平高的企业出口的可能性才越大。如果出口国企业的生产率水平较低，能够出口的种类和数量就不会太多。但我们对中国的计量分析却显现出了截然相

反的结论。本书结论与李春顶（2010）的研究结论相似，他指出存在生产率悖论，中国制造业行业中企业生产率越低的企业越倾向于出口。

表 6 – 3　　　　　　　　　资本丰裕型地区二元边际的决定因素

变量	Int_{ijt}（集约边际）	Int_{ijt}（集约边际）	$Ext1_{ijt}$（扩展边际）	$Ext1_{ijt}$（扩展边际）	$Ext2_{ijt}$（扩展边际）	$Ext2_{ijt}$（扩展边际）
$Ddemand_{ijt}$（内需）	0.884 1 ***	0.866 8 ***	0.856 ***	0.818 2 ***	0.999 5 ***	0.998 2 ***
	(0.023 4)	(0.024 3)	(0.016 9)	(0.016 3)		(0.026 8)
$Competitive_{ijt}$（市场竞争程度）	—	– 0.602	—	0.481 7	—	0.585 5
		(0.687 2)		(0.308 2)		(0.506 7)
$Forgein_{ijt}$（外资比例）	—	1.564 3 ***	—	1.659 ***	—	2.384 9 ***
		(0.176 1)		(0.109 4)		(0.179 9)
$Percapitial_{ijt}$（资源禀赋）	—	– 0.005 ***	—	– 0.006 3 ***	—	– 0.006 5 ***
		(0.000 7)		(0.000 4)		(0.000 7)
$Pwage_{ijt}$	—	0.009 5 **	—	– 0.019 3 ***	—	– 0.016 2 ***
		(0.004 2)		(0.003 2)		(0.005 3)
$Productivity_{ijt}$（劳动生产率）	—	– 0.001 ***	—	– 0.001 4 ***	—	– 0.001 8 ***
		(0.000 1)		(0.000 1)		(0.000 2)
Observations	2 088	2 088	2 478	2 476	2 478	2 476

注：*** 、** 、* 分别表示在 1% 、5% 、10% 的统计水平上显著。

6.2　本土市场效应的二元边际来源分析

以上本书通过最小二乘法考察了不同要素禀赋地区二元边际的差异，得到的结论初步证实了本书的理论预期，如资本丰裕型地主要沿着扩展边际扩大对外出口，即资本丰裕型地区本土市场主要来源于扩展的边际，劳动丰裕型地区主要沿着集约边际促进出口规模，即劳动丰裕型地区本土市场效应主要来源于集约的边际。本书将基于上文对本土市场效应的考察结果并结合 DID 方法进一步考察不同要素地区本土市场效应的来源。以往在考虑制造业规模报酬两要素模型时，假设固定成本与可变成本具有相同的成本函数，所以即使国家或地区间的要素价格不相等，企业的规模是相同的，所以一个行业的扩张一定是由于该行业企业数量的增长（即只有扩展的边际会产生本土市场效应）。本书考虑到企业的规模会因为各国或地区要素价格的差异而有所不同，本书上述部分考察了不同要素禀赋地区的本土市场效应存在的差异，资本丰裕型地区中资本密集型制造业行业本土市场效应较强，而劳动丰裕型地区中劳动密集型制造业行业本土市场效应较强。本部分本书将会考察扩展边际与集约边际在不同要素禀赋地区本土效应中的作用。随着新新贸易理论的发展，已有众多学者对于二元边际研究进行了深入的研究，如本书文献综述部分所展现的那样，但是究竟一个国家出口的二元边际即集约的边际与扩展的边际是由什么决定的呢？国家或地区出口的二元边际是否与其国家特征有关呢？对于这些话题现有研究似乎鲜有涉及，但大量实证研究表明，发达国家更倾向于以扩展的边际的方式扩大其对外贸易，而发展中国家则更倾向于以集约的边际扩大其对外贸易，这些研究结论是否意味着一国或地区出口的二元边际依赖于其要素禀赋呢？考虑到发达国家往往是资本丰裕型国家，而发展中国家往往是劳动丰裕型国家，本书试图从要素禀赋的角度考察一国对外贸易扩张的路径，本书认为，一国或地区对外贸易的路径是与其要素丰裕度密集相关的，如资本丰裕型国家往往资本要素的价格较低，而劳动要素的价格相对较高，所以资本丰裕型国家在扩大其经济规模时往往倾向于选择密集使用资本的生产方式与生产技术，具体到微观企业，资本丰裕型国家往往倾向于以设立新企业的方式扩大其经济规模，这是因为设立新企业需要支付固定成本，而固定成本往往是资本密集使用的成本，所以企业的设立需要更多的资本。相对而言，劳动丰裕型国家劳动要素相对丰裕，其价格相对较低，所以劳动丰裕型国家会选择以劳动密集使用的方式扩大其经济规模，同样具体到微观企业，增加劳动力数量扩大原有企业规模将是劳动丰裕型国家扩大其经济规模的主要方式。由于资本丰裕型国家与劳动丰裕型国家不同的经济扩张路径，其对外贸易的增长方式也会存在差异，如发达国家倾向于以扩展的边际即增加新出口企业的数量扩大对外贸易规模，而发展中国家则倾向于扩大集约的边际即增加原有企业的出口规模增加其对外贸易规模。另外，本书基于这样的理论逻辑验证中国各个地区贸易的增长方式。众所周知，中国幅员辽阔，各个地区规模及要素禀赋均有较大差异，其内部经济发展战略不尽相同，其各自选择的对外贸易方式是否存在着差异？本书将考察不同规模、不同要素地区出口扩张的方式，并利用倍差的方法对其进行量化。

6.2.1　计量模型

与上一部分考察不同要素禀赋市场本土市场效应相一致，本部分依然借鉴阿尔纳卜·纳亚克的倍差模型，考察二元边际在不同要素禀赋地区本土市场效应中的作用，创建倍差计量模型如下：

$$\ln\left(\frac{EM_{mj}/EM_{mh}}{EM_{oj}/EM_{oh}}\right) = \alpha + \beta f\left(\frac{Y_j}{Y_h}\right) + \phi(\theta_j - \theta_h) + \varepsilon \qquad (6-1)$$

式（6-1）中，EM_{mj} 表示 J 国在 m 行业上的扩展边际，EM_{mh} 表示 h 国在 m 行业上的扩展边际，EM_{oj} 表示 J 国在 o 行业上的扩展边际，EM_{oh} 表示 o 国在 h 行业上的扩展边际，Y_j表示 J 国的 GDP，Y_h表示 H 国的 GDP，θ_j表示 J 国影响其行业出口的其他因素，θ_h表示 H 国影响其行业出口的其他因素。与上一部分本土市场效应的考察一致，本书在考察二元边际在不同地区本土市场效应中的作用时将分别对比资本丰裕型大国和劳动丰裕型小国在不同要素密集行业中本土市场效应来源即二元边际的差异以及劳动丰裕型大国和资本丰裕型小国在不同要素密集行业中本土市场效应来源的差异。具体以式（6 - 1）为例，当考察资本丰裕型较大地区与劳动丰裕型较小地区制造业本土市场效应来源差异时，J 国表示资本丰裕型较大地区，H 国表示劳动丰裕型较小地区，m 是实验组表示资本密集型制造业行业，o 是控制组表示劳动密集型制造业行业。当本书考察劳动丰裕型较大地区与资本丰裕型较小地区制造业行业本土市场效应来源即二元边际差异时，J 国表示劳动丰裕型较大地区，H 国表示资本丰裕型较小地区，m 是实验组表示劳动密集型制造业行业，o 是控制组表示资本密集型制造业行业。对于劳动丰裕型地区、资本丰裕型地区、大地区与小地区的定义将在本书第三部分统计性描述中出现。本模型试图考察在控制其他影响行业出口的因素后，增加 J 国与 h 国的相对市场规模是否可以使 J 国行业 m 与行业 o 扩展边际相对比例的上升大于 H 国。如果对于上述两种情况的分析均得到以上结论，那么即可表明二元边际对于不同地区本土市场效应的影响。

6.2.2　变量说明

（1）被解释变量。本书在计算地区制造业行业扩展边际（extensive）时使用了 1999～2007 年中国工业企业数据库，其具体计算方法如下：如果本年出口而前一年不出口，本书这样的企业设定为新出口企业。本书将某一年新出口企业的数量作为扩展边际（extensive1）的一种衡量方法。本书将某一年新出口企业的出口额作为扩展边际（extensive2）的另外一种衡量方法。

（2）核心解释变量。

本土市场规模（HME）：本书用中国各省历年 GDP 数值衡量各省市场规模。

（3）控制变量。

劳动力工资水平（pwage）：一方面，根据新新贸易理论，在一个成熟的市场环境中，企业较高的工资水平代表该企业有较强的人力资本从而具备较高的生产率水平，这样的企业更倾向于出口，并且其出口产品往往具有技术含量较高、差异性较大等的特征，而地区的人力资本越强，其内部企业的人力资本平均水平越高，所以较高工资水平的地区会倾向于通过扩大产品出口的扩展边际达到对外贸易扩张的目的。另一方面，传统理论认为，较高的工资水平代表该地区劳动力缺乏，不利于其同质性产品的出口。本书试图考察地区工资水平对不同要素禀赋地区本土市场效应来源即二元边际差异的影响。

生产率水平（productivity）：根据新新贸易理论，企业具有较强异质性，只有那些生产率水平较高的企业才能克服出口的固定成本进入国外市场，而生产率较高的地区其内部企业平均生产率较高，将会有更多的企业进入国外市场。因此，地区生产率水平越高，其对外贸易的扩张越依赖于扩展的边际。

人均资本（pcapital）：本书运用人均资本量衡量中国各地区的要素禀赋，本书认为，资本丰裕型地区倾向于通过设立新企业以扩展边际的方式扩大对外贸易，而劳动丰裕型地区倾向于通过扩大原有企业规模以集约边际的方式扩大对外贸易规模。本书将考察人均资本对不同地区本土市场来源即扩展边际的影响。

人均科研投入（PR&D）：众多研究表明，科研费用投入较高的地区其内部科技水平较高，较高的技术水平能够使其产品更具竞争力，更容易被国外消费者接受，其出口额度会越高，因此，将有更多的企业进入国外市场。本书用各省历年的 R&D 经费除以该省历年 GDP 表示这一指标。

政府行政效率（Goveff）：本书认为，政府的行政效率越高，企业的生产成本越低，企业的产品在国际市场上越具有竞争力，将会有更多的企业跨越出口的"门槛"服务于国外市场。换言之，地区政府的行政效率越高，地区行业出口的扩展边际越大。本书用各省一般公共服务费用除以预算支出得到的比例表示这一指标。由于本书使用的数据期间为 1999～2007 年，《中国统计年鉴》中一般公共服务费在 2006 年之前没有直接被统计出来，所以本书对 2006 年前的数据进行调整，将行政费用、其他部门事业费与勘探费加总得到一般公共服务费。

人均土地面积（Pland）：本书利用各省土地面积除以该省的总人数衡量各省人均土地面积，这一指标能在一定程度上解释自然资源在各个省份的分布状况。

基础设施（rail）：本书认为，基础设施对地区二元边际的影响主要有以下两个方面：一方面，基础设施可以降低企业出口的固定成本，使更多的企业服务于国外市场，换言之，地区良好的基础设施可以增强地区出口的扩展边际。另一方面，基础设施能够减少企业出口的固定成本，因为便利的交通能够使企业及时调整库存水平，减少企业的采购成本，从而使企业出口更多的产品。这表明基础设施能够影响地区出口的集约边际。本书使用地区铁路网密集度衡量地区的基础设施情况。具体计算为各地区各年度铁路里程比上地区面积。

金融支持（debt）：钱尼（Chaney，2005）认为，微观企业存在着出口的信贷约束，流动性较强的企业易于克服出口的固定成本进入国外市场。本书认为，地区金融发展水平不但能够影响企业的出口决策而且会影响地区贸易结构，金融发展水平较高的企业能够为企业提供更多的融资渠道或者降低企业的融资成本，面对不同的融资约束，企业会选择不同的生产技术，因而不同金融发展水平的地区其出口结构会存在差异。本书将用地区人均贷款额度表示地区不同的金融发展水平。

6.2.3　数据说明及描述性统计

本书在计算地区行业扩展边际时使用了 1999～2007 年国家统计局对全部国有和规模以上（主营业务收入超过 500 万元）非国有企业的工业统计报表数据库，该数据库由中国国家统计局通过每年的工业企业调查收集而成。依据研究目的，本书仅选择了 29 个制造业行业的企业数据。

由于中国工业统计报表数据库中一些样本存在一些错漏和统计口径上的误差，使用这些样本数据会使结论出现偏差，所以本书在选取企业样本时对一些样本进行了剔除：①企业总产值、企业全部职工、中间投入固定资产净值平均余额为负；②企业工业增加值（即企业总产值 + 本年应缴增值税 - 中间品投入）为负。经过上述处理，总共得到 1 690 302 个观测样本，其中，出口企业数量为 4 385 66 个，非出口企业的数量为 1 251 736 个，出口企业占总企业数量的 25.94%。各控制变量的选取来自于 1999～2007 年《中国统计年鉴》《中国科技统计年鉴》与《中国金融统计年鉴》。具体可见表 6 - 4 。

表 6 -4　　　　　　　　　　各变量的统计性描述

变量	Obs	Mean	Std. Dev.	Min	Max
lnextensive1	2 279	1.917 9	1.447 8	0	6.900 7
lnextensive2	2 279	11.111 6	2.489 6	0	17.568 4
lnintensive	1 838	11.542 5	2.398 3	2.302 5	18.095 8
lnDexport	2 246	12.139 0	2.473 9	0	18.437 6
lnGDP	2 606	8.667 3	0.674 9	7.244 9	10.164 5
lnTelephone	2 578	3.743 9	0.639 1	2.163 3	5.014 6
lnrail	2 606	5.086 2	0.467 4	4.105 6	6.100 3
lnroad	2 606	8.405 7	0.747 3	6.344 3	10.107 9
lnFDI	2 606	- 2.755 4	1.246 4	- 4.676 3	0.219 5
lnwage	2 606	9.541 5	0.421 3	8.841 8	10.713 8
lnproductivity	2 60 6	0.254 5	0.581 2	- 0.728 1	1.776 1
lnRD	2 606	4.609 4	1.004 4	2.646 1	7.306 4

续表

变量	Obs	Mean	Std. Dev.	Min	Max
lnstudent	2 606	4.547 1	0.555 4	3.319 8	5.564 5
lndebt	2 606	9.378 1	0.698 2	8.272 3	11.408 8
lngoveff	2 606	−2.265 5	0.376 5	−3.319 8	−1.608 9
lncapital	2 606	−0.655 2	0.727 9	−2.023 9	0.770 3

资料来源：经作者统计整理所得。

　　本书上一章节验证了不同要素禀赋地区本土市场效应的差异，其原因在于资本丰裕型地区产品的生产成本较高，由于差异性较大的资本密集型产品对价格的敏感性较低，所以资本丰裕型地区在差异化较大的资本密集型产品上具有较强的本土市场效应，而劳动丰裕型地区则在差异程度较小的劳动密集型产品上具有较强的本土市场效应。前面部分从理论角度说明了不同要素禀赋地区本土市场效应来源即二元边际的差异，接下来，本书试图用实证的方法证明差异的存在。

　　首先本书从上述 29 个制造业行业中挑选出 11 个制造业作为资本密集型行业，这些行业分别为农副食品加工业、食品制造业业、饮料制造业、纺织业、造纸及纸制品业、印刷业、文教体育用品制造业以及皮革业。然后再挑选 12 个制造业行业作资本密集型行业，这些行业分别为化学原料制造业、化学纤维业、橡胶制品业、塑料制品业、通用设备制造业、专用设备制造业、专用设备制造业、交通运输业、电器机械业、医药业、电子通信业和仪器仪表业。

　　对于不同要素禀赋地区及不同规模地区的划分，本书仍旧使用以往的方法，按 2016 年人均 GDP 数值的大小将中国各省份划分为资本丰裕型地区及劳动丰裕型地区，其中，前者包括广东、江苏、山东、浙江、上海、北京、福建、辽宁、内蒙古、天津、吉林、重庆，后者包括河南、河北、四川、湖南、湖北、安徽、黑龙江、广西、江西、山西、云南、新疆、贵州、甘肃、海南、青海、西藏、陕西、宁夏。本书进一步按各地 GDP 的大小将其划分为资本丰裕型较大地区、劳动丰裕型较小地区、劳动丰裕型较大地区以及资本丰裕型较小地区。具体可见表 6−5。

表 6−5　　　　　　　　　　　不同要素禀赋地区的划分

资本丰裕型较大地区	广东、江苏、山东、浙江、上海、北京、福建、辽宁、内蒙古
劳动丰裕型较小地区	河南、河北、四川、湖南、湖北、安徽、黑龙江
劳动丰裕型较大地区	陕西、天津、吉林、重庆
资本丰裕型较小地区	广西、江西、山西、云南、新疆、贵州、甘肃、海南、青海、西藏

6.2.4　实证分析及结论

　　本书按照第二部分的计量模型考察不同要素禀赋地区本土市场效应来源即二

元边际的差异，实证结果如表 6 - 6 所示。

表 6 - 6　　　　资本丰裕型较大地区与劳动丰裕型较小地区二元边际的差异

变量	lnextensiveKllabcapi	lnextensive2Kllabcapi	lnextensive1Kllabcapi	lnextensive2Kllabcapi
lnGDPKl	0.444 5 *** (7.69E - 02)	0.307 2 *** (1.00E - 01)	1.325 6 ** (6.23E - 01)	0.866 3 *** (2.45E - 01)
lnFDIKl	—	—	0.26 ** (1.13E - 01)	0.130 3 * (5.40E - 02)
lnwageKl	—	—	0.731 5 * (4.41E - 01)	3.307 4 *** (0.716)
lnproductivityKl	—	—	0.021 *** (4.30E - 03)	0.006 4 *** (0.001 8)
lnRDKl	—	—	0.691 8 * (0.393 6)	0.709 8 ** (0.187 4)
lnstudentKl	—	—	0.243 5 * (1.23E - 01)	0.860 7 *** (0.321 8)
lndebtKl	—	—	1.844 2 * (1.07E + 00)	0.513 1 * (0.381 4)
lngoveffKl	—	—	0.472 3 ** (6.23E - 01)	0.102 * (0.08)
lnrailKl	—	—	1.06 *** (3.20E - 01)	0.498 3 *** (0.125 1)
Time	yes	yes	yes	yes
Observation	2 001	2 090	2 001	2 090

注：（1）括号里的是标准误；（2）***、**和*分别为1%、5%和10%的显著性水平。Time 代表 2 分位行业的时间固定效应。

如实证结果表 6 - 6 所示，与劳动丰裕性较小地区相比，资本丰裕型较大地区资本密集型行业的本土市场效应主要来自于扩展的边际，这一实证结论与理论预期相符，由于在资本丰裕型地区中资本较为丰裕，其价格相对较低，这些地区会通过密集使用资本的方式扩大生产规模即通过建立更多的企业扩大生产规模，由于企业存在异质性，其出口的产品差异较大，所以资本丰裕型地区倾向于通过扩展边际扩大出口规模。传统的引力模型认为，出口的固定成本将会影响出口额，本书用中国各地区的铁路网密度考察贸易成本对贸易方式即二元边际的影响，本书发现，地区铁路网密度会扩大地区出口的扩展边际，这是因为地区铁路网密度越高，企业出口的固定成本越低，更多的企业能够克服出口的固定成本进入国外市场从而扩大出口的扩展边际。地区生产率水平的提高能够提高该地区资本密集行业出口的扩展边际，这是因为以下两点：第一，生产率水平的提高能够使企业更容易跨越出口的"门槛"进入国外市场，于是更多的企业将会进入国外市场。第二，生产率水平的提高使企业能够制造出更多类型、差异更大的产品。所以生产率水平的提高能够增大资本密集型产品出口的扩展边际。另外，研发对地区资本密集型行业出口的扩展边际影响为正，表明地区研发投入越大，资本密集行业出口的扩展边际越大，这是因为高研发水平的地区往往生产率水平较高，较高的生产率水平的企业更容易跨越出口的"门槛"进入国外市场，又因为较高的研发水平将会促进企业产品的多元化与差异化，所以研发水平的提高会促使该地区扩展边际增大。FDI 的进入同样会降低企业出口的固定成本，如企业对国外市场及产品信息搜索的成本，建立国外销售渠道的成本等，所以 FDI 的引进将会扩大地区出口的扩展边际。工资水平对地区出口的扩展边际影响为正，表明较高工资水平发挥着效率工资的作用，有利于人力资本的提升，可以使企业更容易克服出口的固定成本进入国外市场。地区政府效率与金融发展水平均能提高地区出口的扩展边际，政府行政效率的提高能够降低企业出口的固定成本，而金融水平的发展能够使企业获得更多的融资，克服出口的固定成本，两者均有利于企业进入国外市场，扩大地区出口的扩展边际。

　　表 6 - 7 对比分析了劳动丰裕型较大地区与资本丰裕型较小地区本土市场效应来源——二元边际的差异，结果表明，相对于资本丰裕性地区，劳动丰裕型地区中劳动密集型行业受扩展边际的影响并不明显，这一结论与理论预期一致，因为劳动丰裕型地区中劳动较为丰裕，其价格相对较低，这些地区会通过密集使用劳动的方式扩大生产规模即通过扩大原有企业规模达到扩大地区对外贸易的目的，但是由于此类生产规模的扩张不会导致其出口产品差异增大，所以劳动丰裕型地区倾向于通过集约的边际扩大出口规模。对于其他控制变量而言，本书同样考虑了出口的固定成本对出口扩展边际的影响，本书发现，地区铁路网密度会扩大地区出口的扩展边际，这是因为地区铁路网密度越高，其内部企业的出口的固定成本越低，更多的企业能够克服出口的固定成本进入国外市场从而扩大出口的扩展边际。地区生产率水平的提高能够提高该地区内劳动密集行业出口的扩展边际但是影响较弱，可能是由于以下原因：虽然生产率水平的提高能够使企业更容易跨越出口的"门槛"进入国外市场，于是更多的企业将会进入国外市场，从而使扩展边际增大，但是由于劳动丰裕型国家更倾向于生产同质产品，这种生产率水平更多地表现为降低的生产成本，并未像资本丰裕型国家中企业那样制造出类型更多、差异化程度更高的产品。所以生产率水平的提高能够增大劳动密集型产品出口的扩展边际，但是对其影响较弱。另外，研发对地区劳动密集型行业出口的扩展边际影响为正，表明地区研发投入越大，劳动密集行业出口的扩展边际越大，这是因为高研发水平的地区往往生产率水平较高，较高的生产率水平的企

业更容易跨越出口的"门槛"进入国外市场，又因为较高的研发水平将会促进企业产品的多元化与差异化，所以研发水平的提高会促使该地区扩展边际增大。FDI 的进入同样会降低企业出口的固定成本，如企业对国外市场及产品信息搜索的成本，建立国外销售渠道的成本等，所以 FDI 的引进将会扩大地区出口的扩展边际。工资水平对地区出口的扩展边际影响为负，表明虽然较高工资水平发挥着效率工资的作用，有利于人力资本的提升，可以使企业更容易克服出口的固定成本进入国外市场，但是劳动丰裕型国家中资本较为匮乏，工资水平的提升不利于国家对外出口，对扩展边际具有抑制作用。地区政府效率与金融发展水平均能提高地区出口的扩展边际，政府行政效率的提高能够降低企业出口的固定成本，而金融水平的发展能够使企业获得更多的融资，克服出口的固定成本，两者均有利于企业进入国外市场，扩大地区出口的扩展边际。

表 6 - 7　　　劳动丰裕型较大地区与资本丰裕型较小地区出口二元边际的差异

变量	lnextensive1Lklabcapi	lnextensive2Lklabcapi	lnextensive1Lklabcapi	lnextensive2Lklabcapi
lnGDPLk	0.144 5	0.072 *	0.956	0.016 3
	(8.69E-01)	(4.01E-02)	(1.31E+00)	(4.50E-01)
lnFDILk	—	—	2.353 2 ***	0.489 8 *
			(9.13E-01)	(2.47E-01)
lnwageLk	—	—	-14.81 *	-1.437 4 **
			(1.02E+01)	(0.479 5)
lnproductivityLk	—	—	0.087	0.004 *
			(4.35E-02)	(0.003)
lnRDLk	—	—	2.538 3	1.223 6 **
			(2.886 5)	(0.524)
lnstudentLk	—	—	3.022 5 ***	1.268 8 *
			(1.22E+00)	(0.7)
lndebtLk	—	—	9.617 2 *	4.139 3 ***
			(5.61E+00)	(1.489 4)
lngoveffLk	—	—	-2.157 72 **	-1.151 2 ***
			(1.03E+00)	(0.3419)
lnrailLk	—	—	8.051 9 **	4.612 6 ***
			(3.87E+00)	(1.013 2)
Time	yes	yes	yes	yes
Observation	264	464	264	464

注：（1）括号里的是标准误；（2）***、** 和 * 分别为 1%、5% 和 10% 的显著性水平。Time 代表 2 分位行业的时间固定效应。

本书通过考察 1999 ~ 2007 年中国工业企业数据得出以下结论：由于在资本丰裕型地区中资本较为丰裕，其价格相对较低，这些地区会通过密集使用资本的方式扩大生产规模即通过建立更多的企业扩大生产规模，由于企业存在异质性，其出口的产品差异较大，所以资本丰裕型地区倾向于通过扩展边际扩大出口规模。劳动丰裕型地区中劳动较为丰裕，其价格相对较低，这些地区会通过密集使用劳动的方式扩大生产规模即通过扩大原有企业规模扩大地区对外贸易，此类规模的扩张不会导致其出口的产品差异增大，所以劳动丰裕型地区倾向于通过集约的边际扩大出口规模。

6.3　基于企业微观视角的稳健性检验

本书上述部分考察了中国制造业行业出口的二元边际以及不同要素禀赋地区制造业行业出口二元边际的差异，其结果表明，中国制造业行业主要沿着集约的边际扩大对外出口，资本丰裕型地区倾向于通过扩展边际的方式扩大出口规模，而劳动丰裕型地区倾向于通过集约边际的方式扩大出口规模。以上研究均从宏观角度考察制造业行业出口的二元边际，为了更全面深入分析这一问题，本书以下部分将从企业微观角度考察本土市场规模对企业出口决策的影响即本土市场规模对出口集约边际与扩展边际的影响。并通过考察企业本土市场规模与地区市场规模对企业出口决策的影响考察中国制造业行业二元边际及不同要素禀赋地区二元边际的差异。

6.3.1　地区本地市场规模对企业出口二元边际影响的分析

本书上述部分以宏观视角考察了中国制造业本土市场效应的来源，接下来，本书将会通过微观企业的出口决策考察我国制造业本土市场效应的来源。以梅里兹（Meliz，2003）为代表的新新贸易理论认为企业具有异质性，生产率水平较高的企业才能克服出口的固定成本服务于国外市场。随后，众多学者在该理论的基础上对其进行了扩展，并将贸易的增长方式划分为集约的边际和扩展的边际，前者是指一国或地区在已出口产品上贸易额的增长，后者则是指新产品、新企业出口到新市场贸易额的增长。通过对比不同国家的增长方式，一些学者发现，发展中国家倾向于以集约的方式增长，而发达国家则倾向于以扩展的方式扩大其贸易额。如赫梅尔斯和克列诺（Hummels & Klenow，2005）、纳亚克（2011）通过对国家间的贸易流量和工业数据的考察，发现资本丰裕型国家和劳动丰裕型国家产出增长的特征表现出很大的差异。前者的增长主要依赖于市场上新出口企业数量的增加（扩展的边际），后者的增长主要依赖于已存在企业产出的增长（集约的边际）。陈勇兵（2012）基于企业异质性贸易理论框架，利用中国海关数据从企业层面将中国出口增长分解为扩展边际（出口企业数量）与集约边际（单位企业的平均出口额），描述了中国企业出口动态和二元边际结构，结果发现，2000～2005 年，尽管扩展边际的波动幅度远大于集约边际，中国出口的增长仍大部分是由持续出口企业的贸易额扩大实现的。那么究竟是什么导致了这种差异呢？纳亚克认为，相对于边际成本，固定成本的克服需要更多的资本，不同要素禀赋的国家或地区会选择不同的生产技术以使其生产成本最小化，具体来说，资本丰裕型地区会倾向投入更多的资本、建立更多的企业、生产更多种类的产品扩大生产与出口规模，而劳动丰裕型地区则会投入更多的劳动力、扩大企业的生产规模、生产更多同质性产品扩大生产与出口规模。另外，以本土市场效应理论为核心的新贸易理论认为，在一个存在着贸易成本及规模报酬递增的垄断竞争市场中，一国会出口那些在国内有很大需求的产品。结合传统的要素禀赋理论、新贸易理论与新新贸易理论，本书试图考察要素禀赋在中国地区本土市场规模对企业出口行为即扩展的边际和集约的边际的影响中所起到的作用，地区本土市场规模的增加是否会因为其要素禀赋的差异而对企业增长方式——二元边际产生不同的影响？本书将通过考察对比中国资本丰裕型地区与劳动丰裕型地区在本土市场规模对企业出口行为影响中的差异揭示这一答案。

6.3.1.1 计量模型

本书的考察对象微观为企业的出口行为。如大量文献所提及的那样，此类研究存在着一个难点即出口企业样本占总样本量的份额较少，大部分企业的销售范围限于国内。如果将非出口企业包含于回归样本中或者将其简单删除，会导致选择性偏误。存在这一问题的原因在于只有当零贸易状况的发生是随机的，剔除这些非出口企业样本才不会导致偏差。但是事实情况表明，那些位于规模较大、基础设施较为完善市场中的企业更倾向于出口，相反，处于较小市场中的企业更有可能选择不出口，所以企业的出口决策并非随机事件，不能将那些非出口企业排出自总体样本之外，否则在进一步回归分析中所采用的样本就是一个自我选择样本。针对样本选择偏误问题，赫克曼（Heckman，1979）提出的两阶段选择模型可以很好地解决这一问题。本书将采用该模型将企业的出口行为划分为两个阶段：第一阶段考察企业出口与否，第二阶段考察企业出口数量会受到哪些因素的影响。其具体表达形式为：

$$\Pr(\exp ort_i = 1) = \phi(\gamma_1 HME_i + Z_i\gamma_2) \qquad (6-2)$$

$$\exp int_i = \alpha_1 HME_i + D_i\alpha_2 + \alpha_3\lambda_i + \varepsilon_i \qquad (6-3)$$

上述两式中，当 $\exp int_i > 0$ 时，$\exp ort_i = 1$；当 $\exp int_i = 0$，$\exp ort_i = 0$。式（6-2）是 Heckman 两阶段回归法中第一阶段企业出口决策的回归，其中，HME_i 表示企业 i 所在地区的市场需求规模，Z_i 表示影响企业 i 出口决策的其他控制变量，γ_1 与 γ_2 均为回归系数。式（6-3）表示修正的 Heckman 两阶段回归模型的第二阶段企业出口数量模型。该式中，λ_i 即逆米尔斯比用于解决样本中的选择性偏差问题。Heckman 两阶段回归模型首先利用第一阶段的回归求解出 λ_i，然后将其添加到式（6-3）即企业出口数量模型中，从而保证了估计结果具有无偏的性质。

另外，本书选择以下变量作为控制变量：

企业人均工资（$wage_{it}$）。劳动力质量对于企业的出口行为具有显著影响，但对于劳动力质量的衡量缺乏良好指标，这里本书借用艾特肯等（Aitken et al.，1997）衡量劳动力的指标——企业的人均工资。该指标可以用企业本年应付工资总额与企业全部职工的比值来表示。

企业的规模（$size_{it}$）。企业规模代表企业以前的绩效，规模越大表明企业以前的绩效越好，企业出口的可能性就越大。本书认为，企业规模除了能代表企业以往的绩效，也能在一定程度上反映企业的规模经济及其成本变化。所以本书将会以企业的员工总数来衡量企业的规模对出口的影响。

企业的外资比重（$foreign_{it}$）。一般认为，具有外资背景的企业倾向于出口，可能的原因在于这些企业拥有更多的国外信息、更加良好的销售渠道。本书使用外商资本金与实收资本的比值来衡量这一指标。

全要素生产率（$lntfp_{it-1}$）。大量关于出口决定的文献均认为全要素生产率对出口行为的影响十分显著，特别是梅里兹（2003）用理论模型证明了生产率高的企业才会选择出口，因此生产率提升有利于出口的增加，所以本书在考虑企业出口决策时也加入这一变量。本书考虑到各省的物价指数不同，首先将每个企业的工业增加值和固定资产净值年平均余额按照各个地区的 PPI、FCI 进行平减，然后再根据索洛余值的计算方法计算出全要素生产率。

企业前期的出口状态（Exp_{it-1}）。康（Kang，2011）的研究表明，企业前期的出口状态对本期的出口行为具有十分显著的影响。本书在考虑企业出口决定时，会考虑到前期的出口状态，从而考察企业财务状况是否真正通过克服企业的进入成本而对出口行为产生影响。如果企业前期出口，这一变量的取值为1，如果企业不出口，这一变量的取值为0。

6.3.1.2 资料来源及描述性统计

本书的资料来源于1999～2007年国家统计局对全部国有和规模以上（主营业务收入超过500万元）非国有企业的工业统计报表数据库，该数据库由中国国家统计局通过每年的工业企业调查收集而成。每个企业样本包括了100多个财务指标。本书选取企业的流动资产、企业的流动负债、企业的总资产、企业的营业收入、企业本年应付工资总额、企业全部职工、企业的外商资本金、企业的实收资本、企业的工业增加值、固定资产净值年平均余额等数据指标。依据研究目的，本书仅选择了29个制造业行业的企业数据。

另外，由于中国工业统计报表数据库中一些样本存在一些错漏和统计口径上的误差，使用这些样本数据会使结论出现偏差，所以本书在选取企业样本时对一些样本进行了剔除：①企业总产值、企业全部职工、中间投入固定资产净值平均余额为负；②企业工业增加值（即企业总产值＋本年应缴增值税－中间品投入）为负。

为了考察出口企业与非出口企业个体特征的差异，表6－8对全部样本出口企业和非出口企业的个体特征进行了一个简单统计性描述，1999～2007年，共有1 690 302个样本观测值，其中，出口样本观测值为438 566，占总样本量的25.94%。在这些观测样本之中，我们不难发现，出口企业与非出口企业的个体特征存在着较大差异：出口企业的全要素生产率小于非出口企业的生产率，这一点与一般理论似乎有些矛盾，其原因可能在于，由于我国目前大多数出口企业属于出口加工型产业，加工贸易往往具有技术水平低、劳动密集、利润微薄等特征，所以那些竞争力较强、利润水平较高的企业在国内已经能取得较高的回报，它们并不会倾向于出口，这一点与李春顶（2010）的研究结论一致。

表6－8　　　　　　　　　　出口企业与非出口企业的企业特征

变量	非出口	出口	差异
企业数量	1 251 736	438 566	813 170
$Lntfp_{it}$	1.366 2	1.343 7	0.022 5 ***
$Foreign_{it}$	0.040 6	0.198 5	− 0.157 9 ***
$lnsize_{it}$	4.423 3	5.194 7	− 0.771 4 ***
$lnwage_{it}$	2.487 6	2.652 7	− 0.165 1 ***

注：*** 、** 、* 分别表示在1%、5%、10%的统计水平上显著。

6.3.1.3 实证回归分析

本书采用1999～2007年中国工业企业数据库考察本土市场规模对中国企业

出口决策及企业出口数量的影响。表 6 − 9 为初步回归结果。

表 6 − 9　　　　　　　　　　　　全部地区初步回归结果

变量	全部地区			
	Export Decision（1）	Export Intensity（2）	Export Decision（1）	Export Intensity（2）
Exp_1	0.160 6 ***	—	0.156 4 ***	—
	(0.000 7)		(0.000 7)	
HME	1.41e − 10 ***	2.18e − 05 ***	1.73e − 10 ***	1.66e − 05 ***
	(1.03E − 12)	(7.94E − 07)	(1.19E − 12)	(9.16E − 07)
HME2	− 3.51e − 20 ***	− 3.84e − 15 ***	− 3.93e − 20 ***	− 3.13e − 15 ***
	(2.74E − 22)	(2.11E − 16)	(3.01E − 22)	(2.32E − 16)
Pwage	2.45e − 05 ***	4.562 7	3.05e − 05 ***	3.597 6
	(3.68E − 06)	(2.858 6)	(3.68E − 06)	(2.859 3)
Size	5.32e − 05 ***	94.8491 ***	5.3e − 05 ***	94.923 ***
	(3.08E − 07)	(0.2395)	(3.08E − 07)	(0.239 56)
Foreign	0.370 7 ***	64 127.21 ***	0.371 7 ***	64 072.72 ***
	(0.001 2)	(986.292 4)	(0.001 2)	(986.323 7)
Tfp	− 1.58e − 06 ***	5.207 6 ***	− 1.38e − 06 ***	5.174 1 ***
	(2.45E − 07)	(0.190 1)	(2.44E − 07)	(0.190 1)
Time	no	no	yes	yes
Industry	yes	yes	yes	yes
Observation	1 656 171	1 656 171	1 656 171	1 656 171

注：（1）括号里的是标准误；（2）***、**和*分别为1%、5%和10%的显著性水平。Time 和 Industry 分别代表 2 分位行业固定效应和时间固定效应。

表 6 − 9 的回归结果表明，地区本土市场规模的扩大对中国企业出口决策以及出口数量均起到显著的正向影响。本土市场规模的二次方系数为负，表明初始阶段本土市场规模的扩大会促进企业的出口，但是当本土市场规模进一步扩大到一定程度后，其对企业出口决策及出口数量均有不利影响。这是由于初始阶段本土市场规模的扩大会通过示范效应与竞争效应提升企业生产率水平从而提升产品的国际竞争力进入国外市场。但是，当市场规模过于庞大时，竞争开始变得无效率，企业生产率水平下降，企业难以再通过本土市场规模的扩大实现服务国外市场的目的。企业规模对企业的出口决策与出口数量均有正向影响。这表明企业内部规模的扩大也会通过提升其生产率水平进入国外市场。外资比例上升也会促进企业的出口决策及出口数量，因为外资比例的上升会使企业出口的固定成本与可变成本减小，从而促进企业的出口行为。另外，值得一提的是，生产率水平对企业出口决策与出口数量的不同影响。表 6 − 9 表明，企业生产率水平的上升会促进企业的出口数量，但是对出口决策起到了显著的负向影响。这一结论与新新贸易理论中企业的生产率越高企业越倾向于出口不相符，其原因在于，中国存在着大量的加工企业，这些企业出口的固定成本很低，甚至比销往国内市场的成本更

低，所以即使生产率水平不高，它们也会将产品出口到国外。所以并非生产率高的企业才出口。但是在出口企业中，生产率水平仍旧决定着企业产品的竞争力，生产率水平越高，产品竞争力越强，企业在国外市场的份额越多。表 6 – 9 回归结果还表明，工资水平的上升对企业出口决策起到显著的正向影响，但是较高的工资水平对企业的出口数量没有显著影响。这一结论与预期不相符，一般认为，企业中较高的工资水平代表企业拥有较高水平的人力资源，所以工资水平较高的企业生产率水平会较高，这样的企业更容易达到出口的"门槛"生产率成为出口企业，由于其较高的生产率水平，其在国外市场的份额也应较大。表 6 – 9 的回归结果相反，是否是因为样本选择性偏误所造成的，本书将在后面用 Heckman 两阶段法对此进行进一步验证。

由以上分析可知，本土市场规模对企业出口决策即扩展的边际和企业出口数量即集约的边际均存在正向影响，那么本土市场规模对哪种边际的影响更大呢？本土市场规模对出口贸易的影响主要通过集约边际的影响还是扩展边际的影响呢？为此，本书将做进一步考察，我们将本土市场规模估计系数进行标准化处理。依据公式：a1' = a1 × s（HME）/s（dummy）；a2' = a2 × s（HME）/s（expint）。其中，a1 表示第一阶段本土市场规模对企业出口决策的影响系数，a2 表示第二阶段本土市场规模对企业出口数量的影响系数。s（.）代表该变量的标准差，a1' 与 a2' 分别表示进行标准化处理后的估计系数。本书通过比较 a1' 与 a2' 的大小考察本土市场规模主要是通过扩展的边际还是集约的边际影响出口贸易。计算结果如表 6 – 10 所示。

表 6 – 10　　　　　　　　　本土市场规模估计系数的标准化比较

变量	industry	industry-time
a1'	0. 344 2	0. 422 3
a2'	0. 074	0. 056 4

表 6 – 10 中，industry 与 industry-time 分别表示控制了行业固定效应与同时控制了行业固定效应与时间固定效应时本土市场规模的估计系数。由表 6 – 10 可知，a1' > a2'，表明无论是控制行业固定效应还是同时控制行业固定与时间固定效应，本土市场规模对出口扩展边际的影响都大于集约边际的影响。这说明本土市场规模的扩大能够促进贸易的增长，而且这种增长很大程度上源于扩展的边际即出口企业数量的增加。

进一步，根据理论模型所述，表 6 – 9 的估计很有可能存在着样本的选择性偏误，为了使本书结果更具稳健型，本书将使用 Heckman 两阶段回归法对其进行验证，回归结果如表 6 – 11 所示。

表 6 – 11　　　　　　基于 Heckman 两阶段回归方法的回归结果

变量	Export Decision（1）	Export Intensity（2）	Export Decision（1）	Export Intensity（2）
Exp_1	0.524 6 ***	—	0.512 2 ***	—
	(0.002 5)		(0.002 5)	
HME	5.89e – 10 ***	1.199e – 04 ***	7.25e – 10 ***	1.201e – 04 ***
	(4.04E – 12)	(3.66E – 06)	(4.75E – 12)	(4.47E – 06)
HME2	– 1.45e – 19 ***	– 2.53e – 14 ***	– 1.63e – 19 ***	– 2.57e – 14 ***
	(1.08E – 21)	(9.60E – 16)	(1.20E – 21)	(1.10E – 15)
Pwage	8.04e – 05 ***	64.300 9 ***	9.28e – 05 ***	59.285 4 ***
	(1.14E – 05)	(15.571 1)	(1.11E – 05)	(15.584 2)
Size	3.73e – 04 ***	129.846 9 ***	3.705e – 04 ***	129.587 6 ***
	(1.71E – 06)	(0.610 4)	(1.71E – 06)	(0.612 1)
Foreign	1.099 3 ***	179 060 ***	1.107 ***	176 442.4 ***
	(0.004 5)	(3 713.082)	(0.004 5)	(3 767.634)
Tfp	– 2.81e – 06 ***	15.386 6 ***	– 1.84e – 06 ***	15.582 8 ***
	(1.07E – 06)	(0.686 4)	(1.06E – 06)	(0.685 4)
Time	yes	yes	yes	yes
Industry	no	no	yes	yes
ρ	485 874 ***	485 874 ***	485 874 ***	485 874 ***
Observation	1 656 170	1 656 170	1 656 170	1 656 170
Censored obs	1 222 400	1 222 400	1 222 400	1 222 400
Uncensored obs	433 770	433 770	433 770	433 770

注：（1）括号里的是标准误；（2）***、** 和 * 分别为 1%、5% 和 10% 的显著性水平。Time 和 Industry 分别代表 2 分位行业固定效应和时间固定效应。

表 6 – 11 显示了 Heckman 两阶段回归方法下本土市场规模对出口贸易影响的回归结果，与最小二乘法不同，Heckman 两阶段回归法纠正了样本选择性偏误，所以回归结果与最小二乘法的回归结果有所差异。表 6 – 11 中，企业前期的出口状态对企业的出口行为仍然具有显著的正向影响。本土市场规模的扩大依然可以从企业的出口决策与企业的出口数量两方面促进企业的出口行为。本土市场规模二次项的估计系数为负，表明本土市场规模能在一定范围内对企业出口行为具有促进作用，当本土市场规模的扩大超过这一范围，本土市场规模将不利于企业的出口行为。与表 6 – 9 回归结果一样，企业规模与企业外资比例的提升均能促进企业的出口行为。生产率水平的提升能够促进企业出口的数量，但是不利于企业的出口决策。与表 6 – 11 回归结果不同，Heckman 两阶段回归法下，企业工资水平的提升不但能够促进企业的出口决策，同时能够提升企业的出口数量。下面本书将进一步分析，Heckman 两阶段法下，本土市场规模对出口的影响主要是通过扩展的边际还是集约的边际。按照以上方法，将本土市场规模的估计系数进行标准化处理后得到表 6 – 12。

表 6 - 12　　　　　Heckman 方法下本土市场规模估计系数的标准化比较

变量	industry	industry-time
a1'	1. 432 8	1. 769 9
a2'	0. 407 5	0. 408 2

由表 6 - 12 可知，Heckman 两阶段回归方法下本土市场规模能够促进出口，而且与最小二乘回归方法下的结论一致，这种影响主要通过扩展的边际实现。对比表 6 - 9 与表 6 - 11 可知，相比最小二乘法，Heckman 两阶段方法下本土市场规模对企业出口决策与出口数量均较大。这可能是由于最小二乘法样本选择偏误所导致的。

6.3.1.4　不同要素禀赋地区二元边际的研究

本书将根据 2011 年人均 GDP 将中国 31 个省区市划分为资本丰裕型地区和劳动丰裕型地区，前者包括广东、江苏、山东、浙江、上海、北京、福建、辽宁、内蒙古、天津、吉林、重庆，后者包括河南、河北、四川、湖南、湖北、安徽、黑龙江、广西、江西、山西、云南、新疆、贵州、甘肃、海南、青海、西藏、陕西、宁夏。对比资本丰裕型地区与劳动丰裕型地区本土市场效应对企业出口行为的影响如表 6 - 13 所示。

表 6 - 13　　　　　　　不同地区本土市场规模对二元边际的影响

变量	Export Decision（1）	Export Intensity（2）	Export Decision（3）	Export Intensity（4）
Exp_ 1	0. 170 4 *** (0. 001 3)	—	0. 141 7 *** (0. 000 8)	—
HME	2. 23e − 10 *** (4. 70E − 12)	2. 43e − 06 *** (8. 00E − 07)	1. 52e − 10 *** (1. 57E − 12)	1. 65e − 05 *** (3. 16E − 16)
HME2	− 8. 44e − 20 *** (2. 67E − 21)	− 1. 34e − 15 *** (4. 55E − 16)	− 3. 7e − 20 *** (3. 80E − 22)	− 3. 71e − 15 *** (3. 16E − 16)
Pwage	3. 55E − 06 (3. 92E − 06)	1. 128 (0. 669 5)	6. 09e − 05 *** (6. 08E − 06)	− 35. 987 1 *** (5. 088 5)
Size	4. 53e − 05 *** (3. 99E − 07)	18. 716 9 *** (0. 068)	5. 75e − 05 *** (4. 10E − 07)	137. 042 6 *** (0. 342 9)
Foreign	0. 345 3 *** (3. 50E − 03)	20 842. 11 *** (608. 929 4)	0. 363 9 *** (0. 001 4)	61 350. 05 *** (1 185. 556)
Tfp	− 4. 85e − 07 *** (2. 69E − 07)	0. 183 4 *** (0. 045 9)	− 2. 79e − 06 *** (3. 93E − 07)	10. 645 4 *** (0. 329 1)
Time	yes	yes	yes	yes
Industry	yes	yes	yes	yes
Observation	454 155	454 155	1 202 016	1 202 016

注：（1）括号里的是标准误；（2） *** 、 ** 和 * 分别为 1%、5% 和 10% 的显著性水平。Time 和 Industry 分别代表 2 分位行业固定效应和时间固定效应。

　　表 6 - 13 中，回归（1）和回归（3）分别代表劳动丰裕型地区与资本丰裕型地区本土市场规模对企业扩展边际的影响。回归（2）和回归（4）分别代表劳动丰裕型地区与资本丰裕型地区本土市场规模对企业集约边际的影响。由回归（1）和回归（3）可知，无论是资本丰裕型地区还是劳动丰裕型地区，本土市场规模的扩大均有利于促进企业的扩展边际。同样，回归（2）和回归（4）则表明，在所有地区，企业集约边际会随着本土市场规模的扩大而增加。以下，本书会通过本土市场规模的标准化系数比较不同地区本土市场规模对企业出口二元边际影响的差异。表 6 - 13 中，本土市场规模平方对出口二元边际的影响为负，表明无论在劳动丰裕型地区还是资本丰裕型地区，本土市场规模均在一定范围内对出口的二元边际起到促进作用，当本土市场规模超过这一范围，其影响变为负。另外，回归 6 - 13 还表明，企业规模和企业外资比例的提升均有利于企业出口的二元边际。企业生产率水平有利于扩大企业出口的集约边际，但是对企业出口的扩展边际的影响为负。这可能是由于中国存在着大量的加工企业，这些企业出口的固定成本很低，甚至比销往国内市场的成本更低，所以即使生产率水平不高，它们也会将产品出口到国外。所以并非生产率高的企业才出口。但是在出口企业中，生产率水平仍旧决定着企业产品的竞争力，生产率水平越高，产品竞争力越强，企业在国外市场的份额越多。非出口企业服务于国外市场必须克服出口的固定成本，而出口企业则可避免这部分成本，所以表 6 - 13 中，前期出口状态对企业扩展的边际的影响显著为正。值得说明的一点是，工资水平对企业出口二元边际的影响在资本丰裕型地区与劳动丰裕型地区间存在着较大差异。在劳动丰裕型地区，工资水平对企业出口的二元边际影响均不显著，然而在资本丰裕型地区，工资水平对企业扩展的边际影响显著为正，而对企业集约的边际影响显著为负。首先，在劳动丰裕型地区，成熟的竞争机制还没有形成，工资水平不能代表人力资本水平，所以工资对企业出口的二元边际没有显著的影响。在资本丰裕型地区，竞争机制已较为成熟，工资水平在一定程度上代表人力资本水平，因此较高的工资水平有助于提升企业的竞争力，跨越出口的"门槛"服务于国外市场。但是，工资水平进一步提高，就会大幅度增加成本，不利于企业出口数量的增加。

　　由以上分析可知，无论劳动丰裕型地区还是资本丰裕型地区，本土市场规模对企业出口的扩展边际和集约边际均存在正向影响，那么不同地区本土市场规模对企业出口的二元边际的影响是否具有差异呢？为此，本书将做进一步考察，我们将本土市场规模估计系数进行标准化处理。依据公式：a1' = a1 × s（HME）/s （dummy）；a2' = a2 × s（HME）/s（expint）。其中，a1 表示第一阶段本土市场规模对企业出口的扩展边际的影响系数，a2 表示第二阶段本土市场规模对企业出口的集约边际的影响系数，s（.）代表该变量的标准差，a1' 与 a2' 分别表示进行标准化处理后的估计系数。本书通过比较不同地区 a1' 与 a2' 的大小，考察不同地区本土市场规模对企业出口二元边际影响的差异。计算结果如表 6 - 14 所示。

表 6 - 14　　　　　　　不同地区本土市场规模估计系数的标准化比较

变量	capital	labor
a1'	0. 790 3	0. 263 9
a2'	0. 05	0. 017

表 6 - 14 中，capital 和 labor 分别代表资本丰裕型地区和劳动丰裕型地区，表 6 - 14 的标准化系数表明，相对于劳动丰裕型地区，资本丰裕型地区中地区本土市场规模对企业出口的二元边际均大于集约的边际。

最小二乘回归由于存在着样本选择性偏误，所以本书将使用 Heckman 两阶段回归方法对不同资源禀赋地区本土市场规模对企业出口二元边际的差异做进一步考察。回归结果如表 6 - 15 所示。

表 6 - 15　　　　　　　基于 Heckman 两阶段回归方法的回归结果

变量	Export Decision（1）	Export Intensity（2）	Export Decision（3）	Export Intensity（4）
Exp_ 1	0. 693 2 ***	—	0. 438 5 ***	—
	(0. 006 8)		(0. 002 7)	
HME	1. 29e - 10 ***	3. 55e - 05 ***	5. 98e - 09 ***	9. 56e - 05 ***
	(2. 96E - 12)	(7. 86E - 06)	(5. 72E - 12)	(5. 09E - 06)
HME2	- 5. 23e - 19 ***	- 1. 23e - 14 ***	- 1. 45e - 19 ***	- 2. 23e - 14 ***
	(1. 70E - 20)	(4. 55E - 15)	(1. 38E - 21)	(1. 23E - 15)
Pwage	2. 43E - 05	- 180. 267 7	1. 929e - 04 ***	65. 492 6 ***
	(1. 68E - 05)	(35. 605 1)	(1. 79E - 05)	(16. 501 1)
Size	2. 424e - 04 ***	25. 010 2 ***	5. 241e - 04 ***	172. 808 1 ***
	(2. 43E - 06)	(0. 287 8)	(2. 49E - 06)	(0. 764 5)
Foreign	1. 238 2 ***	25 291. 56 ***	1. 063 7 ***	179 922. 4 ***
	(1. 59E - 02)	(3 233. 814)	(0. 004 7)	(4 114. 046)
Tfp	- 4. 78e - 05 ***	71. 724 7 ***	- 2. 25e - 06 ***	15. 098 2 ***
	(1. 18E - 05)	(2. 825 3)	(1. 19E - 06)	(0. 728 8)
Time	yes	yes	yes	yes
Industry	yes	yes	yes	yes
ρ	317 532 ***	—	347 632 ***	—
Observation	454 154	454 154	1 202 016	1 202 016
Censored obs	399 991	399 991	822 409	822 409
Uncensored obs	54 163	54 163	379 607	369 607

注：（1）括号里的是标准误；（2）*** 、** 和 * 分别为 1% 、5% 和 10% 的显著性水平。Time 和 Industry 分别代表 2 分位行业固定效应和时间固定效应。

表 6 - 15 显示了 Heckman 两阶段回归方法下不同要素禀赋地区本土市场规模对企业出口二元边际的影响，与最小二乘法不同，Heckman 两阶段回归法在一定程度上纠正了样本的选择性偏误。如表 6 - 15 中所示，所有地区企业前期的出口状态对企业的出口的扩展边际仍然具有显著的正向影响。本土市场规模的扩大依然可以增加企业的出口的扩展边际与集约边际。本土市场规模二次项的估计系数为负，表明本土市场规模能在一定范围内对企业出口的二元边际具有促进作用，当本土市场规模的扩大超过这一范围，本土市场规模将不利于企业的出口行为。与表 6 - 13 回归结果一样，企业规模与企业外资比例的提升均能促进企业的出口行为。生产率水平的提升能够促进企业出口的数量，但是不利于企业的出口决策。Heckman 两阶段回归法下，劳动丰裕型地区企业工资水平的提升对企业出口的二元边际没有显著影响。但是资本丰裕型地区，工资水平的提升能够促进企业出口的扩展边际，不利于企业出口的集约边际。下面本书将进一步分析，Heckman 两阶段法下，不同地区本土市场规模对企业出口二元边际影响的差异。按照以上方法将本土市场规模的估计系数进行标准化处理后得到表 6 - 16。

表 6 - 16　Heckman 回归法下不同地区本土市场规模估计系数的标准化比较

变量	capital	labor
a1'	14. 431	0. 152 7
a2'	0. 290 1	0. 248 8

由表 6 - 16 可知，与最小二乘法不同，Heckman 两阶段回归方法下，资本丰裕型地区本土市场规模对企业出口的扩展边际的影响要大于其对企业出口的集约边际的影响。但是在劳动丰裕型地区，本土市场规模对企业出口集约边际的影响要大于其对企业出口扩展边际的影响，这是由于最小二乘法样本选择偏误所导致的。

6.3.1.5　结论

本书运用 1999 ~ 2007 年中国工业企业数据库，利用 Heckman 两阶段回归模型考察了中国制造业本土市场规模对企业出口二元边际的影响及不同资源禀赋地区本土市场规模对中国企业出口二元边际影响的差异。研究结果表明，本土市场规模对中国企业的出口决策与出口数量均有显著的正向影响，从标准化系数来看，本土市场规模的扩大对企业出口决策的影响更大，这说明本土市场规模对中国贸易的增长更多体现为扩展的边际而非集约的边际。另外，分析不同要素禀赋地区本土市场规模对出口二元边际影响时，发现所有地区本土市场规模对中国企业出口的集约边际与扩展边际均有显著的正向影响，进一步，从标准化系数来看，资本丰裕型地区本土市场规模对企业出口扩展边际的影响要大于其对企业出口集约边际的影响，然而，在劳动丰裕型地区，本土市场规模对企业出口集约边际的影响要大于其对企业出口扩展边际的影响。另外，我们还发现，由于我国存在大量加工贸易企业，生产率对企业出口决策没有显著的正向影响，但是生产率水平对企业出口数量具有显著的正向影响。

6.3.2 企业本地市场规模对企业出口二元边际的影响分析

克鲁格曼（1980）首次提出本土市场效应理论，该理论认为，在一个存在着贸易成本及规模报酬递增的垄断竞争市场中，一国会出口那些在国内有很大需求的产品。其理论机制在于当某种产品在国内存在较大规模的需求时，该种产品的生产规模将会扩大，由于生产过程中存在着干中学效应以及积聚效应，该种产品的生产率提高，其市场竞争力不断扩大，最终会导致其出口的增加。克鲁格曼以及随后的一些学者对本土市场效应理论的研究大多以行业、地区等宏观视角为出发点，鲜有文献以微观企业为基础，考察企业国内需求的增加是否会导致出口的增加。本书以此为切入点研究企业视角下的本土市场效应。另外，以新新贸易理论为基础的二元边际的提出为我们进一步研究贸易结构提供了很好的基础，所以本书将在本土市场效应的基础上，用 Heckman 两阶段回归的方法考察企业本土市场规模对其出口决策及出口数量的影响。

6.3.2.1 计量模型

本书的考察对象微观为企业的出口行为。如大量文献所提及的那样，此类研究存在着一个难点即出口企业样本占总样本量的份额较少，大部分企业的销售范围限于国内。如果将非出口企业包含于回归样本中或者将其简单删除，会导致选择性偏误。存在这一问题的原因在于只有当零贸易状况的发生是随机的，剔除这些非出口企业样本才不会导致偏差。但是事实情况表明，那些位于规模较大、基础设施较为完善市场中的企业更倾向于出口，相反，处于较小市场中的企业更有可能选择不出口，所以企业的出口决策并非随机事件，不能将那些非出口企业排出自总体样本之外，否则在进一步回归分析中所采用的样本就是一个自我选择样本。

针对样本选择偏误问题，赫克曼（1979）提出的两阶段选折模型可以很好地解决这一问题。本书将采用该模型将企业的出口行为划分为两个阶段：第一阶段考察企业出口与否，第二阶段考察企业出口数量会受到哪些因素的影响。其具体表达形式为：

$$\Pr(\exp ort_i = 1) = \phi(\gamma_1 HME_i + Z_i\gamma_2) \qquad (6-4)$$

$$\exp int_i = \alpha_1 HME_i + D_i\alpha_2 + \alpha_3\lambda_i + \varepsilon_i \qquad (6-5)$$

上述两式中，当 $\exp int_i > 0$ 时，$\exp ort_i = 1$；当 $\exp int_i = 0$，$\exp ort_i = 0$。式（6-4）是 Heckman 两阶段回归法中第一阶段企业出口决策的回归，其中，HME_i 表示企业 i 所在地区的市场需求规模，Z_i 表示影响企业 i 出口决策的其他控制变量，γ_1 与 γ_2 均为回归系数。式（6-5）表示修正的 Heckman 两阶段回归模型的第二阶段企业出口数量模型。该式中，λ_i 即逆米尔斯比用于解决样本中的选择性偏差问题。Heckman 两阶段回归模型首先利用第一阶段的回归求解出 λ_i，然后将其添加到式（6-5）即企业出口数量模型中，从而保证了估计结果具有无偏的性质。

另外，本书选择以下变量作为控制变量：

企业人均工资（$wage_{it}$）。劳动力质量对于企业的出口行为具有显著影响，但对于劳动力质量的衡量缺乏良好指标，这里本书借用艾特肯等（1997）衡量劳动力的指标——企业的人均工资。该指标可以用企业本年应付工资总额与企业全部职工的比值来表示。

企业的规模（$size_{it}$）。企业规模代表企业以前的绩效，规模越大表明企业以前的绩效越好，企业出口的可能性就越大。本书认为，企业规模除了能代表企业以往的绩效，也能在一定程度上反映企业的规模经济及其成本变化。所以本书将会以企业的员工总数来衡量企业的规模对出口的影响。

企业的外资比重（$foreign_{it}$）。一般认为，具有外资背景的企业倾向于出口，可能的原因在于这些企业拥有更多的国外信息、更加良好的销售渠道。本书使用外商资本金与实收资本的比值来衡量这一指标。

全要素生产率（$lntfp_{it-1}$）。大量关于出口决定的文献均认为全要素生产率对出口行为的影响十分显著，特别是梅里兹（2003）用理论模型证明了生产率高的企业才会选择出口，因此生产率提升有利于出口的增加，所以本书在考虑企业出口决策时也加入这一变量。本书考虑到各省的物价指数不同，首先将每个企业的工业增加值和固定资产净值年平均余额按照各个地区的 PPI、FCI 进行平减，然后再根据索洛余值的计算方法计算出全要素生产率。

企业前期的出口状态（Exp_{it-1}）。康（2011）的研究表明，企业前期的出口状态对本期的出口行为具有十分显著的影响。本书在考虑企业出口决定时，会考虑到前期的出口状态，从而考察企业财务状况是否真正通过克服企业的进入成本而对出口行为产生影响。如果企业前期出口，这一变量的取值为1，如果企业不出口，这一变量的取值为0。

6.3.2.2 资料来源及描述性统计

本书的资料来源于1999~2007年国家统计局对全部国有和规模以上（主营业务收入超过500万元）非国有企业的工业统计报表数据库，该数据库由中国国家统计局通过每年的工业企业调查收集而成。每个企业样本包括了100多个财务指标。本书选取企业的流动资产、企业的流动负债、企业的总资产、企业的营业收入、企业本年应付工资总额、企业全部职工、企业的外商资本金、企业的实收资本、企业的工业增加值、固定资产净值年平均余额等数据指标。依据研究目的，本书仅选择了29个制造业行业的企业数据。

另外，由于中国工业统计报表数据库中一些样本存在一些错漏和统计口径上的误差，使用这些样本数据会使结论出现偏差，所以本书在选取企业样本时对一些样本进行了剔除：①企业总产值、企业全部职工、中间投入固定资产净值平均余额为负；②企业工业增加值（即企业总产值＋本年应缴增值税－中间品投入）为负。

为了考察出口企业与非出口企业个体特征的差异，表6-17对全部样本出口企业和非出口企业的个体特征进行了一个简单统计性描述，1999~2007年，共有1 690 302个样本观测值，其中，出口样本观测值为438 566，占总样本量的25.94%。在这些观测样本之中，我们不难发现，出口企业与非出口企业的个体特征存在着较大差异：出口企业的全要素生产率小于非出口企业的生产率，这一点与一般理论似乎有些矛盾，其原因可能在于，由于我国目前大多数出口企业属于出口加工型产业，加工贸易往往具有技术水平低、劳动密集、利润微薄等特征，所以那些竞争力较强、利润水平较高的企业在国内已经能取得较高的回报，它们并不会倾向于出口，这一点与李春顶（2010）的研究结论一致。

表6-17　　　　　　　　　出口企业与非出口企业的企业特征

变量	非出口	出口	差异
企业数量	1 251 736	438 566	813 170
$Lntfp_{it}$	1.366 2	1.343 7	0.022 5 ***
$Foreign_{it}$	0.040 6	0.198 5	−0.157 9 ***
$lnsize_{it}$	4.423 3	5.194 7	−0.771 4 ***
$lnwage_{it}$	2.487 6	2.652 7	−0.165 1 ***

注：*** 、** 、* 分别表示在1%、5%、10%的统计水平上显著。

6.3.2.3 实证分析及结论

本土市场效应理论认为，当一国或地区的国内需求增大时，其外需也会增加，其原理在于一地区内需的增加会导致该地区生产规模的扩大，而企业的集聚会由于企业间的学习效应、竞争效应进一步提高该地区企业的生产效率使其产品具有更强的竞争力从而出口到国外市场，本书上一部分从这个角度证明了本土市场效应的存在，但是现有文献从企业的角度考察对于一个企业而言是否存在本土市场效应？即企业内部需求的增加是否会导致其生产率提高进而促进其出口？表6－18 考察了这一问题。

表 6－18　　　　　　　　　　　企业本土市场效应的检验

变量	Export-GLS	Export-GLS	Export-OLS	Export-OLS
Ddemand	0.023 4 ***	0.022 3 ***	0.013 6 ***	0.013 3 ***
	(6.00E－04)	(6.00E－04)	(6.00E－04)	(6.00E－04)
Ddemand2	－6.49e－10 ***	－6.42e－10 ***	－1.97e－10 ***	－1.96e－10 ***
	(7.98E－12)	(7.97E－12)	(7.78E－12)	(7.78E－12)
Pwage	2.23E＋00	1.099 3	3.633 7	0.936 5
	(2.27E＋00)	(2.274)	(2.86E＋00)	(2.859 5)
Size	118.155 4 ***	118.702 ***	92.716 3 ***	93.181 7 ***
	(3.33E－01)	(0.333)	(2.87E－01)	(0.287 6)
Foreign	43 959.5 ***	44 223 ***	64 831.7 ***	61 759.7 ***
	(1.09E＋03)	(1 092.078)	(985.188 5)	(1 000.154)
Tfp	2.378 3 ***	2.366 4 ***	5.004 4 ***	5.053 9 ***
	(1.62E－01)	(0.162 1)	(1.90E－01)	(0.190 2)
Time	yes	yes	yes	yes
Industry	yes	yes	yes	yes
Region	no	yes	no	yes
Observation	1 656 092	1 656 092	1 656 092	1 656 092

注：（1）括号里的是标准误；（2）***、** 和 * 分别为1%、5% 和10% 的显著性水平。Time 和 Industry 分别代表2 分位行业固定效应和时间固定效应。

　　由表6－18 可知，企业内部需求对其外部需求的影响显著为正，该结果表明，中国制造业企业是存在本土市场效应的，正如上文所述，由于干中学效应，企业面对内部需求越大，其生产率越高，产品出口量越大。不同的回归方法如随机效应回归、最小二乘法以及控制不同的固定效应均能得到相同的回归结果，进一步表明该结论具有较强的稳健性。另外，内需的二次项系数为负，表明在一定范围内企业内部需求对外部需求具有促进作用，但是当超过这一范围，内部需求的增大反而会减小外部需求，这是因为当企业内部需求足够大时，企业无须服务国外市场就能将其生产的产品销售出去，而且当生产规模大到一定程度时，企业内部的资源难以得到优化配置，规模效应的优势将会失去，最终内部需求将对外部需求起到替代的作用。进一步对回归表6－18 分析可知，企业工资水平对外部需求没有显著影响，这表明目前国内劳动市场并不成熟，工资水平难以反映人力资本状况，所以不存在效率工资促进企业出口的现象。表6－18 的回归结果还表明，企业规模及外资比例的上升均对企业的出口起到促进作用，这些结论与预期是相符的。外资比例的提高能够为企业带来更多的销售渠道，使信息不对称的程度降低从而降低企业出口的固定成本，促使企业将更多的产品出口到国外市场。最后，劳动生产率对企业的出口有促进作用，这一点扩展了梅里兹所得到的结论，梅里兹认为，生产率水平较高的企业才能克服出口的固定成本出口，而本书认为，企业的生产率水平不但能够影响企业的出口决定，而且能够促进企业出口的数量。以上，本书从企业层面考察了本土市场效用的存在，其结论表明，企业内部需求的扩大会导致外需的增加。那么这种联动机制的来源在哪里呢？考虑到企业的出口行为包括企业的出口决策及企业出口的数量两方面内容，本书将进一步使用 Heckman 两阶段方法考察企业内部需求的扩张对企业出口决策及出口数量的影响，见表6-19。

表6-19　　　　Heckman 两阶段法下企业内需对其出口二元边际的影响

变量	Export Decision（1）	Export Intensity（2）	Export Decision（1）	Export Intensity（2）
Exp_1	0.815 5 *** (0.002 5)	—	0.695 1 *** (0.002 5)	—
Ddemand	1.29e-08 *** (2.96E-09)	0.091 2 *** (1.50E-03)	8.2e-09 *** (2.99E-09)	0.091 9 *** (1.50E-03)
Ddemand2	-8.04e-16 *** (3.53E-17)	-7.62e-10 *** (1.87E-11)	-8.52e-16 *** (3.53E-17)	-7.77e-10 *** (1.88E-11)
Pwage	0.000 092 6 *** (1.06E-05)	2.228 4 (15.586 7)	6.4e-05 *** (1.08E-05)	-8.562 9 (15.627 8)
Size	1.83e-04 *** (1.91E-06)	64.488 2 *** (0.519 7)	2.073e-04 *** (1.20E-06)	71.282 5 *** (0.534)
Foreign	1.160 4 *** (4.50E-03)	103 298 *** (3 284.707)	1.171 5 *** (0.004 6)	123 872.9 *** (3 609.924)
Tfp	2.27e-06 *** (8.81E-07)	18.657 3 *** (0.658 8)	3.59e-06 *** (8.50E-07)	18.792 8 *** (0.659 1)
Time	yes	yes	yes	yes
Industry	yes	yes	yes	yes
Region	no	no	yes	yes
ρ	335 874 ***	335 874 ***	367 632 ***	367 632 ***
Observation	454 154	454 154	1 202 016	1 202 016
Censored obs	399 991	399 991	822 409	822 409
Uncensored obs	54 163	54 163	379 607	369 607

注：（1）括号里的是标准误；（2）***、**和*分别为1%、5%和10%的显著性水平。Time 和 Industry 分别代表2分位行业固定效应和时间固定效应。

为了规避样本的选择性偏误，本书利用 Heckman 两阶段的回归方法考察了企业本土需求规模对企业出口决定及企业出口数量的影响。回归结果表明，企业本土需求规模对企业出口决策及企业出口数量均有显著的正向影响。换言之，本土市场规模的扩大将会提高未出口企业成为出口企业的概率，同时，随着本土需求规模的扩大，出口企业将出口更多的产品。所以企业本土市需求将从扩展的边际（企业出口决策）与集约的边际（企业出口规模）两方面影响企业的出口行为。另外，企业前期的出口状态对于其本期的出口决策也具有显著的正向影响，正如前文所述，企业前期出口表明企业本期已在一定程度上克服了出口的固定成本，此类企业更加倾向于出口。表6-19中，企业的工资水平对企业的出口决策起到显著的正向影响，但是对企业的出口数量没有显著影响，这表明较高的人力资本有助于企业克服出口的固定成本，服务国外市场，但是当企业进入国外市场后，工资水平的进一步上涨不利于人力资本的进一步提升反而会增加成本。生产率水平对企业出口的扩展边际与集约边际均起到显著的正向影响，这一点符合新新贸易理论中单个企业的生产率决定理论。在考虑企业的本土需求规模对其出口及其出口结构的影响后，本书将进一步通过标准系数就本土需求规模对其出口两方面的影响程度做进一步考察。标准化系数的计算公式如下：a1' = a1 × s（HME）/s（dummy）；a2' = a2 × s（HME）/s（expint）。其中，a1 表示第一阶段企业本土需求规模对企业出口的扩展边际的影响系数，a2 表示第二阶段本土需求规模对企业出口的集约边际的影响系数，s（.）代表该变量的标准差，a1'与 a2' 分别表示进行标准化处理后的估计系数。其计算结果如表6-20所示。

表6-20 本土市场规模估计系数的标准化比较

变量	Time-industry	Time-industry-region
a1'	0.018 5	0.011 7
a2'	0.182 1	0.183 5

表6-20中，time-industry 表示控制了时间、行业固定效应后本土市场规模的标准化估计系数，time-industry-region 表示控制了时间、行业、地区固定效应后本土市场规模的标准化估计系数，由以上两种不同的回归方法均能得到 a1' < a2' 的结果，表明企业本土需求规模的扩大对于企业出口数量的影响要强于企业出口决策的影响。

6.3.2.4 结论

以往对于本土市场效应理论的研究多从宏观、中观视角入手，运用微观数据考察本土内部需求对其外部需求影响文献较少，本书运用1999～2007年中国工业企业数据库考察了企业的本土市场效应，发现企业内部需求的扩大会导致外部需求的增加，进一步分析发现，企业内部需求对外部需求影响主要通过两个方面：第一，企业内需的增加会提高其出口的概率；第二，企业内部需求的增加会增加企业的出口量。对相关系数进行标准化处理后，本书发现，内部需求主要是通过企业的出口数量即企业出口的集约边际影响企业的出口行为。另外，生产率水平、外资比例、企业规模均能从企业的集约边际与企业的扩展边际两方面影响企业的出口行为，企业的工资水平能够促进企业的出口决策但是对企业的出口数量没有影响。

第7章

结论与政策建议

本书通过对中国对外贸易现状的分析以及中国经济结构的国际化比较发现，中国经济过度依赖国外市场，国内需求严重不足等问题。然后提出其解决途径——本土市场效应，即通过加强本土消费规模进而实现对外贸易的扩张。继而本书以本土市场效应理论的发展脉络梳理了该理论研究的相关文献，以此为基础，本书构建了理论基础及相关模型，并对模型中影响本土市场效应的几个关键变量做了详细的分析。紧接着，本书全面考察了中国制造业对外贸易现状并试图从中发现可能存在的本土市场效应现象，然后本书以理论模型为导向并用实证的方法考察了中国制造业行业以及各地区不同特征行业的本土市场效应和本土市场效应的来源——出口的二元边际。通过以上分析，本书得到下述结论并以此为基础提出相关政策建议及未来研究方向。

7.1　本书结论

第一，本书通过理论与实证相结合的方法证明中国制造业行业存在本土市场效应即本土市场规模的扩大有利于对外出口规模的扩大，中国内需与外需具有联动效应，这一点与国内学者邱斌（2010）的研究结论相同，因此，本土市场效应有助于我国新型比较优势的培育，为当下"调结构稳增长"的经济目标提供新的视角。

第二，本书认为不同特征制造业行业的本土市场效应存在差异，以技术水平划分，高技术行业本土市场效应最强，中低技术制造业行业本土市场效应最弱；以要素密集度划分，资本密集型制造业行业本土市场效应最强，劳动密集型制造业行业本土市场效应次之，资源密集型制造业行业本土市场效应最弱。这些结论与汉森和项（2004）等学者的研究结论相似，他们指出，产品的差异化程度、规模效应会导致本土市场效应的差异，产品差异化程度越高，规模效应越大的制造业行业，本土市场效应越明显。按照贸易方式划分，一般贸易制造业行业本土市场效应较强，加工贸易制造业行业本土市场效应较弱。这一结论与邱斌（2010）结论相似，邱斌指出，加工贸易制造业行业由于两头在外，受自身生产规模的影响较小，其本土市场效应要小于一般贸易制造业行业。

第三，本书认为不同要素禀赋地区制造业行业本土市场效应具有差异，资本丰裕型地区制造业行业本土市场效应较强，劳动丰裕型地区制造业行业本土市场效应较弱。本书理论部分与实证部分均表明，资本丰裕型地区倾向于生产差异化产品，因此其本土市场较为明显，而劳动丰裕型地区倾向于生产差异化较小的产品，其本土市场效应较弱。

第四，本书认为不同要素禀赋地区在不同特征制造业行业上的本土市场效应具有差异，资本丰裕型地区在资本密集型制造业行业上的本土市场效应较强，劳动丰裕型地区在劳动密集型制造业本土市场效应较强，其机制在于一方面，集聚会使需求上升，从而提升大国的要素价格。因为在垄断竞争模型中，价格是成本的一个加成定价，大国中所有的部门产品的价格都会更高。更加差异化的产品部门对高价格的敏感性较低，因此，更大国家在差异化部门的本土市场效应更加显著。另一方面，不同的国家有着不同的要素禀赋，各国国内的企业会对集聚行为产生不同的反应，如资本丰裕型国家劳动力资源较少，企业会用更多的资本替代劳动，企业的集聚会进一步促使工人的工资有较高水平的提升。在这样一个两要素的模型里，较大的资本密集型国家通常比较小的劳动密集型国家的工资水平高，这是由于资本密集与集聚因素双重影响所致。所以最终将会导致较大的资本丰裕型国家在产品差异程度较大的部门有较强的本土市场效应，而资本丰裕型国家在产品差异程度较小的部门有较强的本土市场效应。

第五，本书考察了中国制造业行业本土市场效应的二元边际来源，其结论表明，中国现阶段仍是发展中国家，相较于资本要素，劳动力要素较为丰裕，中国制造业主要沿着集约的边际扩大对外出口规模。钱学锋、熊平（2011）的研究同样表明，中国制造业行业对外出口规模的扩张主要沿着集约的边际。

第六，本书考察了不同要素禀赋地区本土市场效应的二元边际来源，其结果表明，资本丰裕型地区倾向于沿着扩展的边际扩大对外出口，劳动丰裕型地区倾向于沿着集约的边际扩大外出口。这一点与国外学者纳亚克（2011）的研究结论相同，纳亚克的研究结果表明，资本丰裕型国家倾向于沿着扩展的边际扩大对外出口，劳动丰裕型国家倾向于沿着集约的边际扩大外出口。其理论机制如下：固定成本与可变成本对资本及劳动力的需求有所不同，固定资本成本需要更较多资本要素、较少的劳动要素，而可变成本需要较多的劳动要素、较少的资本要素。新企业的创立需要资本与劳动要素。因此，资本丰裕型地区由于资本较为丰裕，倾向于创立更多的企业扩大对外出口，而劳动丰裕型地区倾向于扩大原有企业规模扩大对外出口，最终，资本丰裕型地区倾向于沿着扩展的边际扩大对外出口，劳动丰裕型地区倾向于沿着集约的边际扩大外出口。

7.2 相关政策建议

第一，不同特征制造业行业发展区别对待，最大限度发挥中国本土市场效应。

本书结论表明，不同特征制造业行业的本土市场效应存在差异，以技术水平划分，高技术行业本土市场效应最强，中低技术制造业行业本土市场效应最弱；以要素密集度划分，资本密集型制造业行业本土市场效应最强，劳动密集型制造业行业本土市场效应次之，资源密集型制造业行业本土市场效应最弱；按照贸易方式划分，一般贸易制造业行业本土市场效应较强，加工贸易制造业行业本土市场效应较弱。基于此，本书建议我国在实施扩大内需相关政策时可以适当采取一些行业倾斜政策，主要政策如下：

加强对中高技术制造业行业以及资本密集型制造业行业政策引导，一方面，有利于我国对外贸易规模的扩大，另一方面，能够促进我国行业结构升级，有效提高出口的核心竞争力，进而改善我国出口"量大但利薄"的不利局面，最终达到提升我国在从事国际贸易分工时获取更多利益份额的目的。由于各地区资源有限，本土市场规模的扩大，不利于其对外贸易的扩张，所以我国在发展资源密集型行业时一方面应当注重集约式发展，避免资源的浪费。另一方面应该发展新能源，减少对传统资源的依赖。

第二，利用不同要素禀赋地区制造业行业本土市场效应具有差异的特点，区别引导各地制造业行业的发展，使中国制造业整体本土市场效应得到强化。

由于资本丰裕型地区制造业行业本土市场效应较强，劳动丰裕型地区本土市场效应较弱。目前，我国应重点发展大都市以及都市圈从而使制造业行业在资本丰裕型地区聚集，扩大规模效应，使本土市场效应得到强化。实际上在改革开放和市场进程的四十年中，我国三大都市圈已先后崛起，成为中国国民经济发展的领头羊，它们分别是珠三角、长三角以及渤海 5 地区三大都市圈。这些都市圈均有一个共同的特征，围绕着一些资本丰裕型地区散落。如珠三角以广州、深圳等一些发达地区为中心，长三角则依赖江苏、上海、浙江等发达地区，环渤海中存在着北京、天津等资本丰裕型地区。这样的分布可以充分利用都市圈内丰裕的资本要素，实现规模效应，最终提升地区经济增长。

第三，因地制宜，引导不同特征制造业行业在不同要素禀赋地区的发展。

由于不同要素禀赋地区在不同特征制造业行业上的本土市场效应具有差异，资本丰裕型地区在资本密集型制造业行业上的本土市场效应较强，劳动丰裕型地区在劳动密集型制造业本土市场效应较强，以往要素禀赋理论提出各地区应该根据本地区要素禀赋特点发挥比较优势，建立不同特征的制造业行业，本书从新贸易理论的角度进一步证明了根据要素禀赋特征发展制造业行业结论的合理性。现阶段，我国地区发展应提出不同目标，如资本丰裕型地区发展资本密集型制造业行业，劳动丰裕型地区发展劳动密集型制造业行业。另外，值得注意的是，从动态的角度来看，制造业行业的发展并非一成不变的，地区经济环境发生改变也会使制造业行业的分布发生改变。随着一些劳动丰裕型地区经济状况的改善，资本积累到一定程度，此时劳动丰裕型地区不再单纯发展劳动密集型制造业行业，这些地区可以逐渐建立起资本密集型制造业行业体系，最终实现劳动密集型行业向资本密集型行业的转变。

第四，优化贸易结构，促使中国对外贸易增长由集约边际向扩展边际转变。

由于中国现阶段仍是发展中国家，劳动力资源较为丰裕，中国制造业主要沿着集约的边际扩大对外出口规模。以集约边际的方式扩大对外出口规模可能会导致出口收入的波动以及贸易条件的恶化，这也从某种程度上解释了为什么中国在对外贸易不断增长，出口规模不断扩大的同时中国对外贸易的条件却不断在恶化。更为重要的是，在解释现有贸易条件恶化的同时，这一结论为我们提供了改善对外贸易的途径，中国对外出口规模的扩大必须由集约的贸易边际迅速转向扩展的贸易边际。那么如何扩大扩展的贸易边际呢？由实证部分可知，一国扩展贸易边际增大是由于该国资本要素的积累，所以我国一方面应进一步加大外资的引入，使资本规模得到迅速提升，另一方面应该提高金融机构的效率，最终使成立新的企业成为经济规模扩大的主要方式，这样就可以通过新的企业以及新的产品种类进入到出口市场，达到使出口收入的稳定、遏制贸易条件恶化的目的，甚至最终能够促进中国制造业生产率水平的提升。

第五，引导资金、技术进入劳动丰裕型地区，使其对外贸易的增长方式转向扩展的边际。

本书认为，固定成本与可变成本对资本及劳动力的需求有所不同，固定资本成本需要更较多资本要素、较少的劳动要素、而可变成本需要较多的劳动要素、较少的资本要素。新企业的创立需要资本与劳动要素。因此，资本丰裕型地区由于资本较为丰裕倾向于创立更多的企业扩大对外出口，而劳动丰裕型地区倾向于扩大原有企业规模扩大对外出口，最终，资本丰裕型地区倾向于沿着扩展的边际扩大对外出口，劳动丰裕型地区倾向于沿着集约的边际扩大外出口。这一结论为贸易不同的增长方式提供了新的视角，即要素禀赋差异导致贸易增长方式的差异，以上所述贸易扩展的贸易边际能够遏制贸易规模扩大带来的贸易波动及贸易条件的恶化，所以劳动丰裕型地区应该积极引入外资及其资本丰裕型地区的资金，使本地区内制造业结构逐渐发生转变，当然，这一过程的转变需要较长时间，在转变未完成前，劳动丰裕型地区应该根据其要素禀赋继续发展劳动密集型制造业行业，实现本土市场效应的最大化。

第六，发展国内市场，促进内需规模的扩大，进而发挥中国制造业本土市场效应具体举措如下：

（1）借鉴国际经验，令技术进步、产品升级均以国内消费需求为最终目标，供需协调发展。20 世纪 50 年代中期到 60 年代，日本出现了以家电普及为代表的消费革命，以及"旧三大件"包括黑白电视机、洗衣机和冰箱向"新三大件"即彩色电视机、空调与轿车的升级换代，均与人民的生活息息相关。日本的这项举措取得了成功，消费革命有效促进了生产，与之对应，生产水平的提高又进一步促进了消费的增长，供给与需求形成了协调发展的趋势。这一点也说明只有以居民需求为目标的技术进步和产品升级才能够真正有效使内需扩大，日本抓住国民需求，适当引导消费，使其国内消费需求得到快速的提升。反观中国，幅员辽阔，市场潜力巨大，如果能够抓住消费者偏好，产品与技术的升级都能迎合消费者，中国内需必将大幅度提升。中国消费者组团到国外消费，这说明中国民众并非缺乏购买力，消费者并非没有消费欲望，只是国内缺乏消费者满意的商品。所以本书提出以消费需求为目标的技术进步与产品升级。

（2）响应党的十八大三中全会号召，推动对内对外开放相互促进、引进来和走出去更好结合。党的十八大三中全会指出，我国应适应全球化新形势，推动对内对外开放相互促进、引进来和走出去更好结合，促进国际国内要素有序自由流动、资源高效配置、市场深度融合，加快培育参与和引领国际经济合作竞争新优势，以开放促改革。这一举措能够有效地实现国内规模经济的同时减小贸易壁垒，充分发挥本土市场效应。另外，我国要放宽投资准入，加快自由贸易区建设，扩大内陆沿边开放，如上海综合保税区的建立，都将有利于我国本土市场效应的发挥。

（3）增加居民收入，提升消费能力。一方面，调整收入分配格局，当前，我国收入分配领域存在的主要问题是居民收入在国民收入初次分配中所占比重严重偏低，劳动作为生产要素在初次分配中所占的比重严重偏低，这已成为我国投资率居高不下、难以启动居民消费的重要症结所在。扩大居民消费是扩大内需的重点，根本举措是提高居民收入在国民收入分配中的比重和劳动报酬在初次分配中的比重。从微观角度看，我国不同消费群体面临的消费困境不同，对于低收入者来说，他们的消费边际倾向高但缺乏真实购买力，对于高收入者来说，他们的消费购买能力较强但消费倾向偏低。因此，在保持投资适度增长和着力增强消费对经济增长的拉动作用的前提就是加大力度调整国民收入分配结构。另一方面，增加城镇居民收入，近年来，我国经济总量保持了持续快速增长，但是城乡居民收入的平均增长速度缓慢，不但低于国民经济的增长速度，而且远远低于政府和企业收入的增长速度，所以扩大居民消费需求，必须大力增加城乡居民的收入。

（4）推动"双11""舌尖上的中国"等消费热点，扩大消费需求，提高消费质量。消费热点是市场经济条件下，某种商品和服务在一定时期内为大多数消费者认同，成为占据主导地位的消费客体的一种经济现象。在经济繁荣时期，消费热点会自发形成，而在经济不振或者是亟待提升消费需求的时期，消费热点就必须依靠政策引导，从而刺激和带动经济复苏。消费热点可以刺激市场需求的持续增长，从而促进生产规模的扩大、消费质量的优化、消费结构的升级。近年来，我国各地方积极培育消费热点，汽车消费、假日消费、婚庆消费、休闲消费、旅游消费等服务经济成为新的消费经济增长点。最近，中央电视台推出的舌尖上的中国带来了电商大战，这一现象可以给予新的思考。舌尖上的中国为我们展示了各地的美食，同时也激发了人们对美食消费的欲望，电商抓住有利时机，进行宣传诱导消费者进行消费，这就是消费热点的典型体现。另外，淘宝网推出的"双11"网购活动受到了消费者的热捧，消费量大幅增加，国家领导人也对其大加赞赏，这说明消费热点在我国消费中的重要作用，但从总体来看，我国消费热点对消费的整体带动作用力度不大，培育消费热点仍将是扩大我国内需的重要途径。

（5）健全社会保障体系，改善消费预期。按照经济学理论，消费者对经济状况和未来收支的预期将直接影响当前的消费水平。在全球经济环境趋紧的情况下，居民对未来生活如果不能够持有良好的预期，扩大消费需求的动力将难以激发。目前，我国社会保障体系尚不完善、保障水平相当有限、社会保障功能不足对城镇居民消费产生了很大影响，居民收入很大部分已从消费基金转为了保障性储蓄。因此，促进居民消费的重点在于恢复居民的消费信心，在一定程度上取决于社会保障体系的完善程度。

7.3 进一步的研究方向

克鲁格曼和埃尔普曼和克鲁格曼提出的本土市场效应理论，由于其理论与现实意义重大，众多国外学者在其理论模型的基础上进行扩展，集中于以下几点：第一，消费者偏好假设；第二，市场结构假设；第三，是否存在一个无交易成本的同质性行业假设；第四，生产要素构成假设；第五，是否是多国模型假设。本书将要素禀赋因素考虑其中，认为不同要素禀赋地区在不同特征制造业行业上的本土市场效应具有差异，并进一步考察了本土市场效应的二元边际来源。从一个较新的视角考察了本土市场效应及其动力。由于一些限制，本书的研究仍然存在着进一扩展的可能，如数据上的完善。本书在研究中国制造业本土市场效应时使用了大量微观企业数据，这些数据包含大量样本信息，能够很好地反映微观企业的经营状况从而使本书结论更具可靠性，但是同样由于数据量较大，收集数据十分不易，本书所使用的微观数据年限较短且数据更新仅到 2007 年，时效性具有一定程度上缺失。因此，在随后的研究中需要不断更新数据，从而使本书的研究得到进一步深入。数据上的缺陷还表现为考察期的区间，不同时间段，我国数据统计口径存在差异，这导致我们很难在一个较长的时间内考察中国制造业本土市场效应以及其二元边际来源，其结论的科学性与准确性有待进一步验证。此外，方法上的完善。本书试图考察不同要素禀赋地区不同特征行业本土市场效应的差异，在此不同行业特征应该包括四点内容：行业贸易的障碍、行业的运输成本、行业产品的差异化程度、行业的规模效应。但由于缺乏对行业贸易障碍及行业运输成本的衡量指标，本书对该问题的考察中只涉及行业的后两种特征如行业的产品。本书认为，在以后的行业的划分、行业特征的考察中应该进一步深化。另外，资本丰裕型地区与劳动丰裕型地区如何界定？资本密集型产品与劳动密集型产品的划分都能对本书的研究产生重要影响，因此，本书的另一个可能的扩展途径是使用更多的衡量体系更科学地考察地区要素禀赋差异、行业要素密集度以及技术水平的差异。国际贸易中的三大理论，传统的比较优势贸易理论、新贸易理论与新新贸易理论从不同的角度考察了贸易的动因，不存在优劣之分，因此在以后的研究中应该适当地将三者结合，更为全面地考察贸易，使其结论更加可靠。在研究领域方面，本书的进一步研究仍然具有较大的拓展空间，如在世界范围内考察不同要素禀赋地区在不同特征制造业行业上本土市场效应的差异，资本丰裕型国家是否在资本密集型制造业行业中拥有较强的本土市场效应，劳动丰裕型地区是否在劳动密集型制造业行业中具有较强的本土市场效应，可以在更广的范围内验证该结论的可靠性。另外，对于国家贸易间的研究能够很好地解决数据的时间跨度的问题，使用较长时期内的数据、较大范围的样本能够使研究的结论更具可靠性。

参考文献

［1］曹亮．贸易成本、多产品出口企业与出口增长的二元边际［J］．宏观经济管理，2017（1）：42－52.

［2］陈丰龙、徐康宁．本土市场规模与中国制造业全要素生产率［J］．中国工业经济，2012（5）.

［3］陈磊、宋丽丽．金融发展与制造业出口的二元边际——基于新新贸易理论的实证分析［J］．南开经济研究，2011（4）.

［4］陈启斐、王晶晶．多边框架下的中国制造业本土市场效应测算［J］．南方经济，2013（2）.

［5］陈启斐、李平华．扩大内需会抑制出口吗？——来自长三角的数据［J］．财贸研究，2013（3）.

［6］陈启斐．扩大内需与出口贸易：基于中国省级数据的分析［J］．中国经济问题，2013（4）.

［7］陈雯．劳动力成本与企业出口二元边际［J］．数量经济技术经济研究［J］．2016（9）：22－39.

［8］陈勇兵．贸易成本、企业出口动态与出口增长的二元边际——基于中国出口企业微观数据：2000—2005［J］．经济学季刊，2012（4）.

［9］陈勇兵、王翠竹、赵贝贝．中国企业出口动态：事实与解释［J］．产业经济研究，2012（5）.

［10］陈阵、隋岩．贸易成本如何影响中国出口增长的二元边际——多产品企业视角的实证分析［J］．世界经济研究，2013（10）.

［11］丁平、张二震．国内需求与国际贸易：一个综述［J］．国际贸易问题，2013（2）.

［12］范爱军、刘馨遥．中国机电产品出口增长的二元边际［J］．世界经济研究，2012（5）.

［13］高越、王学真、任永磊．中国出口增长三元边际的动态变化［J］．云南财经大学学报，2013（6）.

［14］黄玖立．对外贸易、区域间贸易与地区专业化［J］．南方经济，2011（6）.

［15］黄玖立，徐旻鸿．境内运输成本与中国的地区出口模式［J］．世界经济，2012（1）．

［16］黄先海、周俊子．中国出口广化中的地理广化、产品广化及其结构优化［J］．管理世界，2011（10）．

［17］叫婷婷、赵永亮．我国出口企业集聚与贸易二元扩张［J］．产业经济研究，2013（1）．

［18］康智勇．中国企业自主创新存在本土市场效应吗？［J］．科学学研究，2012（7）．

［19］康智勇．中国本土企业研发对企业出口行为的影响："集约边际"抑或"扩展边际"［J］．世界经济研究，2013（10）．

［20］刘莉、王瑞、邓强．金砖五国农矿产品出口增长方式比较分析——基于贸易边际的视角［J］．国际贸易问题，2013（9）．

［21］刘青海、张志超、蔡伟贤．本土市场效应、空间政策和就业增长——基于新经济地理学的角度［J］．财经科学，2009（6）．

［22］李淑贞．中国电子信息产品出口二元边际与决定因素［J］．国际商务，2013（3）．

［23］李新、曹婷．企业出口动态、二元边际与出口增长：来自中国的证据［J］．国际贸易问题，2013（8）．

［24］马涛、刘仕国．产品内分工下中国进口结构与增长的二元边际——基于引力模型的动态面板数据分析［J］．南开经济研究，2010（4）．

［25］邱斌、尹威．中国制造业出口是否存在本土市场效应［J］．世界经济，2010（7）．

［26］钱学锋、梁琦．本地市场效应：理论和经验研究的新近进展［J］．经济学（季刊），2007．

［27］钱学锋．企业异质性、贸易成本与中国出口增长的二元边际［J］．管理世界，2008（9）．

［28］钱学锋、熊平．中国出口增长的二元边际及其因素决定［J］．经济研究，2010（1）．

［29］钱学锋、陆丽娟、黄云湖、陈勇兵．中国的贸易条件真的持续恶化了吗？——基于种类变化的再估计［J］．管理世界，2010（7）．

［30］施炳展．中国出口增长的三元边际．经济学（季刊），2010（4）．

［31］施炳展．中美贸易失衡的三元边际——基于广度、价格与数量的分解

［J］．世界经济研究，2011（1）．

［32］盛丹，包群，王永进．基础设施如何影响国际贸易？基于企业数据的经验证据［J］．世界经济，2011（1）．

［33］孙蕾蕾．中国制造业对外贸易本土市场效应实证研究［D］．浙江：浙江大学，2008．

［34］孙丽江．中国对外贸易的本土市场效应研究［D］．上海：复旦大学，2011．

［35］盛森．中国本土市场效应与贸易条件变动的实证分析［D］，浙江大学硕士学位论文，2009．

［36］邵顺龙．我国出口增长二元边际分解［J］．经济与管理，2013（10）．

［37］万璐、王颖．贸易增长二元边际的演化与检验：一个文献综述［J］．国际经贸探索，2012（5）．

［38］王岚、盛斌．中国对美制成品出口竞争优势：本土市场效应与比较优势——基于倍差引力模型的经验分析［J］．世界经济文汇，2013（2）．

［39］王奇珍．技术创新对出口增长二元边际的影响——基于微观企业的实证分析［J］．国际贸易问题，2016（4）：62－71．

［40］王永培．内需规模、集聚效应与出口二元边际——来自我国267个地级市制造业企业的微观证据［J］．国际商务，2016（2）：18－28．

［41］徐康宁、冯伟．基于本土市场规模的内生化产业升级：技术创新的第三条道路［J］．中国工业经济，2010（11）．

［42］易靖韬、乌云其其克．中国贸易扩张的二元边际结构及其影响因素研究［J］．国际贸易问题，2013（10）．

［43］姚洋、章林峰．中国本土企业出口竞争优势与技术变迁分析［J］．世界经济，2008（3）：5－13．

［44］张帆、潘佐红．本土市场效应及其对中国省间生产和贸易的影响［J］．经济学季刊，2006（1）：307－328．

［45］张帆、潘佐红．内需创造外贸对本国经济发展的影响——以中美的本土市场效应为例［J］．重庆邮电学院学报，2006（3）．

［46］张国胜．本土市场规模与产业升级：一个理论构建式研究［J］．产业经济研究，2011（4）．

［47］张国胜、胡建军．产业升级中的本土市场规模效应［J］．财经科学，2012（2）．

［48］张杰、郑文平、束兰根. 融资约束如何影响中国企业出口的二元边际？［J］. 世界经济文汇，2013（4）.

［49］张鹏辉、李若兰. 中国制造业出口贸易的本土市场效应研究［J］. 财贸研究，2013（5）.

［50］张胜满. 融入产品内国际分工体系如何影响企业出口的二元边际［J］. 财经论丛，2016（1）：3－10.

［51］朱希伟、金祥荣、罗德明. 国内市场分割与中国的出口贸易扩张［J］. 经济研究，2005（12）.

［52］张亚斌、冯迪、张杨. 需求规模是诱发本地市场效应的唯一因素吗？［J］. 中国软科学，2012（11）.

［53］宗毅君. 本地市场效应与出口增长二元边际——基于中国 1996～2009 年制造行业面板数据的实证研究［J］. 浙江社会科学，2011（11）.

［54］宗毅君. 出口二元边际对竞争优势的影响——基于中美 1992～2009 年微观贸易数据的实证研究［J］. 国际经贸探索，2012（1）.

［55］Alvarez, R. and Crespi, G., "Exporter Performance and Promotion Instruments: Chilean Empirical Evidence," Estudios de Economia 2000, 27（2）: 225－241.

［56］Amiti, Mary, Freund, Caroline. "The anatomy of China's export growth", The World Bank, Policy Research Working Paper Series: 4628, 2008.

［57］Anderson, James E., and Eric van Wincoop. "Gravity with Gravitas: A Solution to the Border Puzzle", American Economic Review, 2003, 93: 170－192.

［58］Anderson, J. E. and E. Van Wincoop, "Trade Costs," Journal of Economic literature, 2004, 42（3）: 691－751.

［59］Arkolakis, C., S. Demidova, P. J. Klenow and A. Rodríguez-Clare, "Endogenous Variety and the Gains from Trade," American Economic Review, 2008, 98: 444－450.

［60］Arkolakis, Costas and Marc-Andreas Muendler. "The Extensive Margin of Exporting Goods: A Firm-level Analysis", University of California, San Diego, mimeo, 2010.

［61］Aw, B. Y., S. Chung and M. J. Roberts, "Productivity and Turnover in the Export Market: Micro-level Evidence from the Republic of Korea and Taiwan（China）," The World Bank Economic Review, 2000, 14（1）: 65.

[62] Baldwin, R., "Heteroeneous Firms and Trade: Testable and Untestable Properties of the Melitz Model," NBER Working Papers No. 11471, 2005.

[63] Baldwin, John, and Wulong Gu. "The Impact of Trade on Plant Scale, Production-Run Length, and Diversiication", in Producer Dynamics: New Evidence from Micro Data, ed. Timothy Dunne, J. Bradford Jensen, and Mark J. Roberts, 133 – 63, Chicago: University of Chicago Press, 2009.

[64] Bensassi, S., L. MÆrquez-Ramos and I. Martínez-Zarzoso, "Economic Integration and the Two Margins of Trade: the Impact of the Barcelona Process on North African Countries' Exports," MPRA Paper, 2010.

[65] Bellone, F., P. Musso, L. Nesta, and S. Schiavo, "Financial Constraints and Firm Export Behaviour," The World Economy, 2010, 33 (3): 347 – 373.

[66] Bergin and Lin "Exchange Rate Regimes and the Extensive Margin of Trade" NBER Working Paper No. 14126, 2008.

[67] Berman, N., and J. Hericourt, "Financial Factors and the Margins of Trade: Evidence from Cross-Country Firm-Level Data," Journal of Development Economics 2010, 93: 206 – 217.

[68] Bernard, Andrew B., J. Bradford Jensen, Stephen. J. Redding and Peter K. Schott. "Firms in International Trade", Journal of Economic Perspective, 2007, 21: 105 – 130.

[69] Bernard, Andrew B., Stephen J. Redding and Peter K. Schott. "Multiproduct Firms and Trade Liberalization", NBER Working Paper No. 12782. Revised version: January 2009.

[70] BERNARD, A. B., JENSEN, J. B., REDDING, S. J., & SCHOTT, P. K. The margins of US trade. American Economic Review, 2009, 99 (2), 487 – 493.

[71] Bernard, Andrew B., Stephen J. Redding and Peter K. Schott. "Multiple-Product Firms and Product Switching", American Economic Review, 2010, 100 (1): 70 – 97.

[72] Besedes and Prusa "The role of extensive and intensive margins and export growth" Journal of Development Economics, 2011, 96 (2): 371 – 379.

[73] Broda, Christian and David Weinstein. "Product Creation and Destruction: Evidence and Price Implications," American Economic Review, 2010, 100 (3):

691 – 723.

[74] Chaney, T. "Liquidity Constrained Exporters", Mimeo, University of Chicago, 2005.

[75] Chaney, T. "Distorted Gravity: The Intensive and Extensive Margins of International Trade", American Economic Review, 2008, 98 (4): 1707 – 1721.

[76] Christian Volpe Martincus "Is export promotion effective in developing countries? Firm-level evidence on the intensive and the extensive margins of exports" Journal of International Economics, 2008, 76 (1): 89 – 106.

[77] Colacelli et al. "Intensive and Extensive Margins of Exports and Real. Exchange Rates" http://www. princeton. edu/ ~ ies/Spring10/ColacelliPaper. pdf, 2010.

[78] Coughlin and Wall. "Ethnic networks and trade: Intensive vs. extensive margins" MPRA paper 30758, 2010.

[79] Crozet and Koening. "Structural gravity equations with intensive and extensive margins" Canadian Journal of Economics, 2010, 43 (1): 41 – 62.

[80] Dixit, Avinash K. , and Joseph E. Stiglitz. "Monopolistic Competition and Optimum Product Diversity", American Economic Review, 1977, 67: 297 – 308.

[81] DUTT, P. , MIHOV, I. , & Van ZANDT, T. Does WTO Matter for the Extensive and the Intensive Margins of Trade? CEPR Discussion Papers, no. 8293, 2011: 1 – 34.

[82] Eaton, J. , and A. Tamura. "Bilateralism and Regionalism in Japanese and U. S. Trade and Direct Foreign Investment Patterns", Journal of the Japanese and International Economies, 1994, 8 (4): 478 – 510.

[83] Eaton, Jonathan, and Samuel Kortum. "Technology, Geography, and Trade", Econometrica, 2002, 70 (5): 1741 – 1779.

[84] Eaton, Jonathan, Marcela Eslava, Maurice Kugler, and James Tybout. "The Margin of Entry into Export Markets: Evidence from Colombia", NBER Working paper No. 13531, 2007.

[85] Eckel, Carsten and J. Peter Neary. "Multi-Product Firms and Flexible Manufacturing in the Global Economy", Review of Economic Studies, 2010, 77 (1): 188 – 217.

[86] Eichengreen, B. , and D. A. Irwin. "The Role of History in Bilateral

Trade Flows", in J. A. Frankel (ed.), the Regionalization of the World Economy, Chicago: University of Chicago Press, 1997.

[87] Evenett, Simon J., and Anthony J. Venables. "Export Growth in Developing Countries: Market Entry and Bilateral Trade Flows," mimeo, London School of Economics, 2002.

[88] Feentra, Robert C. "Trade Adjustment Assistance and Parento Gains from Trade", Journal of International Economics, 1994, 36: 201 – 222.

[89] Feenstra, Robert C. and Hong Ma. "Optimal Choice of Product Scope for Verdier (eds.), The Organization of Firms in a Global Economy, Harvard Un Multiproduct Firms under Monopolistic Competition", in Helpman, Elhanan, Dalia Marin and Thierryiversity Press, Cambridge MA, 2008.

[90] Feenstra Robert C, Zhiyuan Li, Miaojie Yu, "Exports and Credit Constraints Under Incomplete Information: Theory and Evidence from China" NBER Working Papers 16940, 2011.

[91] Felbermayr, Gabriel J., and Wilhelm Kohler, "Exploring the Intensive and Extensive Margins of World Trade," Review of World Economics, 2006, 142: 642 – 674.

[92] Flam and Nordström Euro Effects on the Intensive and Extensive Margins of Trade CESifo Working Paper Series No. 1881, 2006.

[93] Frensch "Trade Liberalization and Import Margins" Emerging Markets Finance and Trade, 2010, 46: 4 – 22.

[94] Funke, MIchael, and Ralf Ruhwedel. "Product Variety and Economic Growth: Empirical Evidence from the OECD Countries", IMF Staff Papers, 2001a, 48: 225 – 242.

[95] Funke, MIchael, and Ralf Ruhwedel. "Export Variety and Export Performance: Empirical Evidence from East Asia", Journal of Asian Economics, 2001b, 12: 493 – 505.

[96] Funke, MIchael, and Ralf Ruhwedel. "Export Variety and Export Performance: Empirical Evidence for the OECD Countries", Weltwirtschaftliches Archiv, 2002, 138: 97 – 114.

[97] Goldberg, Penny, Amit Khandelwal, Nina Pavcnik and Petia Topalova, "Multi-product Firms and Product Turnover in the Developing World: Evidence from

India", NBER Working Paper No. 14127, 2008.

[98] Goldberg, Penny, Amit Khandelwal, Nina Pavcnik and Petia Topalova. "Imported Intermediate Inputs and Domestic Product Growth: Evidence from India", Quartery Journal of Economics, 2010, 125 (4): 1727 – 1767.

[99] Helpman, Elhanan; Marc Melitz and Yona Rubinstein. "Trading Partners and Trading Volumes", Working Paper, 2004.

[100] Helpman, Elhanan; Marc Melitz and Yona Rubinstein. "Estimating Trade Flows: Trading Partners and Trading Volumes," Quarterly Journal of Economics, 2008, 123 (2): 441 – 487.

[101] Hummels, David, and Peter J. Klenow. "The Variety and Quality of a Nation's Exports", American Economic Review, 2005, 95 (3): 704 – 723.

[102] Krugman, Paul R. "Increasing Returns, Monopolistic Competition, and International Trade", Journal of International Economics, 1979, 9: 469 – 479.

[103] Krugman, Paul R. "Scale Economics, Product Differentiation, and the Pattern of Trade", American Economic Review, 1980, 70: 950 – 959.

[104] Manova, K. and Z. Zhang. "China's Exporters and Importers: Firms, Products and Trade Partners", NBER Working Paper No. 15249, 2009.

[105] Manova, K "Credit Constraints, Heterogeneous Firms, and International Trade" Review of Economic Studies, 2013, 80 (2): 711 – 744.

[106] Mayer, Thierry and Gianmarco I. P. Ottaviano. "The Happy Few: The Internationalisation of European Firms", Bruegel Blueprint 3, 2007.

[107] Mayer, Thierry, Melitz, Marc J., Gianmarco I. P. Ottaviano. "Market size, Competition, and the Product Mix of Exporters", CEPR Discussion Papers No. 8349, 2011.

[108] Melitz, M. "The Impact of Trade on Aggregate Industry Productivity and Intra-industry Reallocations", Econometrica, 2003, 71 (6): 1695 – 1725.

[109] Minetti. "Credit Constraints and Firm Export: Microeconomic Evidence from Italy", Journal of International Economics, 2011: 109 – 125.

[110] Pushan Dutt Ilian Mihov Timothy Van Zand. The Effect of WTO on the Extensive and the Intensive Margins of Trade Journal of International Economics, 2013, 91 (2): 204 – 219.

[111] Molina et al. "The DR-CAFTA and the Extensive Margin: A Firm-level

Analysis", The World Bank, 2010.

[112] Ruhl, Kim. "Solving the Elasticity Puzzle in International Economics", University of Minnesota, Mimeo, 2003.

[113] Spence, A. Michael. "Product Selection, Fixed Costs, and Monopolistic Competition", Review of Economic Studies, 1976, 43: 217 – 235.

[114] Tibor Besede, Thomas J. Prusa. "The role of extensive and intensive margins and export growth", Journal of Development Economics, 2011, 96 (2): 371 – 379.

[115] TURKCAN, K. , Investigating the Role of Extensive Margin, Intensive Margin, Price and Quantity Components on Turkey's Export Growth during 1998 – 2011. MPRA Paper, no. 53292, 2014: 1 – 72.

[116] Wei-Chih Cheny. "The Extensive and Intensive Margins of Exports: The Role of Innovation" The World Economy, 2008, 36 (5): 607 – 635.

[117] Y Gao. Decomposing China's Export Growth into Extensive Margin, Export Quality and Quantity Effects. China Economic Review, 2014, 29 (2), 19 – 26.

附录

传统本土市场效应理论模型与
本书本土市场效应理论模型比较

大多数文献在使用 D-S 模型时假设该模型中存在两种生产要素，一种生产函数即 CD 生产函数，其形式如下：

$$C_i = (c_i q_i + F_i) w^{\alpha_i} r^{1-\alpha_i}$$

在这个成本函数中，固定成本与边际成本使用相同比例 $\dfrac{\alpha_i}{1-\alpha_i}$ 的劳动与资本，这一假设使一般均衡简化，因为劳动和资本在每一个制造业行业中总是以一个固定比例收益形式存在。但是这一假设明显与现实不符。式（3-17）中的成本结构解决了这一问题，与此同时，该式能很好地解决一般均衡问题。

下面比较了同质生产函数与非同质生产函数两种模型下，各自的均衡结果，包括均衡价格、企业数量以及企业的规模。

$$p_i = \frac{\sigma_i (w^{\alpha_i} r^{1-\alpha_i})}{\sigma_i - 1} \; ; \; n_i = \frac{b_i Y}{F_i \sigma_i}\left(\frac{1}{w^{\alpha_i} r^{1-\alpha_i}}\right) \; ; \; q_i^s = (\sigma_i - 1)\frac{F_i}{c_i} \quad \text{（传统模型）}$$

$$p_i = \frac{\sigma_i}{\sigma_i - 1} w \; ; \; n_i = \frac{b_i Y}{F_i \sigma_i}\left(\frac{1}{r}\right) \; ; \; q_i^s = (\sigma_i - 1)\frac{F_i}{c_i}\frac{r}{w} \quad \text{（本书模型）}$$

在传统的模型中，所有国家间的企业规模是相同的，而且是外生的。在本书模型中，企业规模是内生的，它由一个国家中两种生产要素的价格比决定。进一步对传统模型进行求解发现在一个行业中地区 N 的份额为：$v_i =$

$$\frac{Y}{W}\left[\frac{-\tilde{p}_i^{\sigma_i} \tau_i^{1-\sigma_i}\left(\dfrac{Y^*}{Y} + 1\right) + 1 + \dfrac{Y^*}{Y}\tau_i^{2-2\sigma_i}}{-\left(\tilde{p}_i^{\sigma_i} + \dfrac{1}{\tilde{p}_i^{\sigma_i}}\right)\tau_i^{1-\sigma_i} + \tau_i^{2-2\sigma_i} + 1}\right]$$，使用这一条件，地区 N 存在本土市场效

应的条件 $v_i > \dfrac{Y}{Y + Y^*}$ 可以简化为下式：

$$\int_0^1 b_i \left(\frac{Y}{x \tilde{p}_i^{\sigma_i} - 1} - \frac{Y^* \tilde{p}_i^{\sigma_i}}{x - \tilde{p}_i^{\sigma_i}} \right) \mathrm{d}i = 0 \, ; \, \tilde{p}_i = \tilde{w}^{\alpha_i} \tilde{r}^{1 - \alpha_i}$$

因此，我们可以写出地区 N 与地区 S 各自存在本土市场效应的条件，如下：

$$Y > \tilde{w}^{2\sigma_i \sigma_i} \tilde{r}^{2\sigma_i(1 - \alpha_i)} Y^* + \frac{\tilde{w}^{\alpha_i} \tilde{r} (1 - \alpha_i)}{x_i} (Y - Y^*)$$

$$Y^* > \frac{Y}{\tilde{w}^{2\sigma_i \alpha_i} \tilde{r}^{2\sigma_i(1 - \alpha_i)}} + \frac{Y^* - Y}{x_i w^{\alpha_i} r^{1 - \alpha_i}}$$

比较本书中地区 N 与地区 S 本土市场效应的条件，我们发现，必须强加外生条件即资本密集与行业产品差异化从而最终得到本土市场效应。在这些条件的限制下，对本土市场效应的实证检验变得十分困难，因为行业要素密集度与产品差异性的计算需要从供给与需求两方面因素考虑。对一个足够多的国家样本中取得行业要素密集度十分困难。然而，本书的处理使这个问题变得简单、容易。另外，本书将国家间扩展边际与集约边际的增长与要素禀赋的差异相联系。

一般成本函数即固定成本与可变成本均包含两种生产要素的情况分析

在这一部分内容中，我们将上述模型中的成本函数做一些改变，使边际成本既包括劳动也包括资本，固定成本同样包括资本与劳动两种生产要素，但是与上述成本函数相似的是，这里边际成本中劳动的密集度要高于固定成本中劳动的密集度，与此对应，固定成本中资本的密集度要高于边际成本中资本的密集度。

我们假设一个非同质的生产函数，行业 i 中固定成本资本的密集度高于可变成本资本密集度，如下式：

$$C_i = c_i w r^\alpha q_i + w^\alpha r F_i , \, \alpha < 1$$

相对价格定义为：

$$\tilde{p}_i = \frac{c_i w r^\alpha}{c_i w^* r^{*\alpha}} = \tilde{w} \tilde{r}^\alpha$$

因此，如果 α 很小，$\tilde{w}$ 较大，$\tilde{r}$ 不是很小，地区 N 有一个相对较高的价格，0 利润条件会得到每个厂商的供给量如下：

$$q^s = (\sigma_i - 1) \frac{F_i}{c_i} \left(\frac{r}{w} \right)^{1 - \alpha}$$

只要 $\alpha < 1$，也就是固定成本资本密集度更高，资本丰裕型国家的集约边际就相对较小，因为 $\dfrac{r}{w}$ 相对较小。

在求解一般均衡时，0 利润条件相对于给定一个价格求解需求，我们也可以一般均衡下企业的数量和行业中地区 N 的份额，$v_i = \dfrac{Y}{W}\left[\dfrac{-\tilde{\rho}_i\tau_i^{1-\sigma_i}\left(\dfrac{Y^*}{Y}+1\right)+1+\dfrac{Y^*}{Y}\tau_i^{2-2\sigma_i}}{-\left(\tilde{\rho}_i+\dfrac{1}{\tilde{\rho}_i}\right)\tau_i^{1-\sigma_i}+\tau_i^{2-2\sigma_i}+1}\right]$，

这一个表达式表示了地区 N 在行业 i 中的份额，它与本书中简化的成本函数所计算出来的地区 N 行业 i 中份额的表达式相同，但是此处 $\tilde{\rho}_i$ 被定义为 $\tilde{w}^{\sigma_i-1+\alpha}\tilde{r}(\sigma_i-1)\alpha+1$，而不是文章中所定义的 $\tilde{w}^{\sigma_i-1}\tilde{r}$，地区 N 的收入可以被表达为所有部门收入之和，

$Y = \int_0^1 n_i p_i q_i \mathrm{d}i = \int_0^1 v_i b_i(Y+Y^*)\mathrm{d}i$，令 $\tau_i^{\sigma_i-1} = x_i$，我们可以用地区 N 的份额 v_i 替代将此条件改写为下式：

$$\int_0^1 b_i g_i \mathrm{d}i = 0 \,,\; g_i = \frac{Y}{x_i\tilde{\rho}_i-1} - \frac{Y^*\tilde{\rho}_i}{x_i-\tilde{\rho}_i}$$

这一个表达式与本书中模型的表达式相同，但是如上所述，$\tilde{\rho}_i$ 的表达式有所改变，地区 N 存在本土市场效应的条件在此处可以表达为：

$$Y > Y^*\tilde{w}^{2(\sigma_i+\alpha_i)}\tilde{r}^{2(\sigma_i\alpha+1)} + \frac{\tilde{w}^{(\sigma_i+\alpha)}\tilde{r}^{(\sigma_i\alpha+1)}}{x_i}(Y-Y^*)$$

只要 $\alpha < 1$ 和 $\sigma_i > 1$，资本丰裕型较大国家 N 拥有相对较高的工资水平，我们可以证明，随着 σ_i 和 x_i 的增长，地区 N 的本土市场效应强度增加。使用同样的函数 g_i，我们可以推导出，如果劳动丰裕型国家拥有较小的相对和绝对工资水平，它会在同质化行业中拥有更强的本土市场效应。

一般均衡，生产要素一价定律不成立（factor price non-equalization，FPE），相对要素价格

本书将根据矛盾论推导出在存在贸易成本时，FPE 不成立。假设生产要素一价定律成立，地区 N 与地区 S 中的企业在同一行业中运用相同的生产技术。再假设国家规模相同，由于贸易成本的存在，地区 N 与地区 S 中的企业数量相同，所以要素价格均等不能促使生产要素市场均衡，因为不同国家的要素禀赋不同。

再次假设，当国家 N 与国家 S 的规模不相同时，较大规模的国家将拥有更多数量的企业，根据要素的一价定律，大规模国家相对于小规模国家需要更多固定比例的劳动与资本，这样一来，要素价格均等化同样不能使生产要素市场出清，因为国家间存在着要素禀赋的差异。

当生产要素的一价定律成立时，我们可以从式（3－25）得到 $\tilde{n}_i =$

$$\frac{(\tau_i^{2-2\sigma_i} + \tilde{Y}) - \tau_i^{1-\sigma_i}(1 + \tilde{Y})}{(1 + \tau_i^{2-2\sigma_i}\tilde{Y}) - \tau_i^{1-\sigma_i}(1 + \tilde{Y})}$$ ，注意，如果 $\tilde{Y} = 1$ ，$\tilde{n}_i = 1$ ；如果 $\tilde{Y} > 1$ ，$\tilde{n}_i > 1$ ；如果 $\tilde{Y} < 1$ ，$\tilde{n}_i < 1$ 。在以下三种情况下，要素的一价定律与要素市场出清的条件相违背。

情况一：当 $\tilde{Y} = 1$ 或者 $Y = Y^*$ ，在要素一价定律下，每一个行业中 $\tilde{n} = 1$ ，$q_i^s = (q_i^s)^*$ ，因此，要素市场出清的条件是 $K = K^*$ 和 $L = L^*$ 。但是这一条件与国家要素禀赋差异的事实不相符。

情况二：在要素一价定律下，当所有行业中 $\tilde{Y} > 1$ ，$\tilde{n}_i > 1$ 。为了简化，我们假设在所有行业中 $x_i = \tau_i^{\sigma_i-1}$ 是固定不变的，所以对所有行业而言 $\tilde{n}_i = \dfrac{1}{\beta} > 1$ 是固定的。这表明：

$$\frac{L}{L^*} = \frac{\displaystyle\int_{i \in [0,1]} n_i q_i^s \mathrm{d}i}{\displaystyle\int_{i \in [0,1]} n_i^* q_i^{*s} \mathrm{d}i} = \frac{1}{\beta} , \frac{K}{K^*} = \frac{\displaystyle\int_{i \in [0,1]} n_i F_i \mathrm{d}i}{\beta \displaystyle\int_{i \in [0,1]} n_i F_i \mathrm{d}i} = \frac{1}{\beta}$$

因此，生产要素的一价定律与地区资源丰裕度的差异是不能同时存在的。

情况三：$\tilde{Y} < 1$ 这仅仅是情况二的一种反例，情况二的结论表明，情况三中生产要素的一价定律与地区资源丰裕度的差异同样是不能同时存在的。

要素市场出清条件 $\left(\dfrac{w^*}{r^*} < \dfrac{w}{r}$ 当 $\dfrac{K}{K^*} > \dfrac{L}{L^*}\right)$ ：当生产要素的一价定律不存在时，只有当资本丰裕型地区拥有更高的工资租金比时，生产要素市场才能处于出清状态。这是因为地区 N 所有的要素都被使用的情况必须以下列条件作前提：（1）相对于地区 S，地区 N 在各个行业中对资本的使用密集度更高。（2）在给定每一个行业规模的情况下，地区 N 出售更多种类的产品 $n > n^*$ 。（3）地区 N 在资本密集行业中拥有更大的市场份额。从等式（3－21）我们知道，只有当地区 N 中 $\dfrac{w}{r}$ 大于地区 S，条件（1）才会得到满足。如果 $\dfrac{w^*}{r^*} < \dfrac{w}{r}$ ，给定一个行业的产量，地区 N 中企业的数量更多，但是其内企业规模 $q_i^s = (\sigma_i - 1)\dfrac{F_i}{c_i}\dfrac{r}{w}$ 较小。必须拥有较高的工资租金比，地区 N 才能在资本密集行业中有较大的出口份额，这点在书中 3.1 中已有证明。与此相反，当 $\dfrac{w^*}{r^*} > \dfrac{w}{r}$ 时，这一切结论将会相反，在给定资本相对丰裕度的情况下，当 $\dfrac{w^*}{r^*} > \dfrac{w}{r}$ 时，地区 N 的要素市场才能出清。

函数 g_i 的演变

函数 g_i 通过如下过程演变：

$$Y = \int_0^1 n_i p_i q_i \mathrm{d}i = \int_0^1 v_i b_i (Y + Y^*) \mathrm{d}i$$

$$v_i = \frac{Y}{Y + Y^*}\left[\frac{-\tilde{\rho}^{-1}\dfrac{Y + Y^*}{Y} + x^{-2}\dfrac{Y^*}{Y} + 1}{-\left(\tilde{\rho} + \dfrac{1}{\tilde{\rho}}\right)x^{-1} + x^{-2} + 1}\right]$$

因为：$Y = \int_0^1 v_i b_i (Y + Y^*) \mathrm{d}i \rightarrow \int_0^1 b_i [v_i (Y + Y^*) - Y]\mathrm{d}i = 0$

$$\rightarrow \int_0^1 b_i\left[\frac{-\tilde{\rho}x(Y + Y^*) + x^2 Y + Y^*}{-\left(\tilde{\rho} + \dfrac{1}{\tilde{\rho}}\right)x + x^2 + 1} - Y\right]\mathrm{d}i = 0$$

$$\rightarrow \int_0^1 b_i\left(\frac{Y}{x\tilde{\rho} - 1} - \frac{Y^*\tilde{\rho}}{x - \tilde{\rho}}\right)\mathrm{d}i = 0$$

Lemma 2 的证明

在整个证明的过程中，我们假设 Y 与 Y^* 给定并且地区 N 规模较大，即 $Y > Y^*$。用 $\Gamma(\tilde{\rho})$ 表示式（3-32）右边。对 $\Gamma(\tilde{\rho})$ 求导，可以得到对所有 $\tilde{\rho}$，Y 和 Y^* 的值均有 $\Gamma'(\tilde{\rho}) < 0$。

（1）当 $Y > Y^*$，可以证明 $\Gamma(1) > 0$。如果 $\tilde{\rho} > 1$ 而且 $\tilde{\rho}$ 递增到 $\min(x_i)$，$\Gamma(\tilde{\rho})$ 接近于 $-\infty$。因此，当 $1 < \tilde{\rho} < \min[x_i]$，式（3-32）存在唯一解。

（2）当 $\tilde{\rho} > \max(x_i)$，$\Gamma(\tilde{\rho}) > 0$，$\Gamma(\tilde{\rho})$ 被定义为 $\min[x_i] < \tilde{\rho} < \max[x_i]$ 是错误的，因为 $\Gamma'(\tilde{\rho}) < 0$，不存在着解。

（3）当 $\tilde{\rho} < 1$，可以得到 $\Gamma(0) \leqslant 0$。当 $\tilde{\rho}$ 从 0 上升到 $\min[x_i^{-1}]$，$\Gamma(\tilde{\rho})$ 的值下降到 $-\infty$，当 $\tilde{\rho}$ 从 1 下降到 $\max[x_i^{-1}]$，$\Gamma(\tilde{\rho})$ 的值从一个正数上升到 $+\infty$，所以不存在唯一解。

Lemma 4 的证明

在整个证明的过程中，我们假设 Y 与 Y^* 给定并且地区 S 规模较大，即 $Y^* > Y$。用 $\Gamma(\tilde{\rho})$ 表示式（3-39）右边。对 $\Gamma(\tilde{\rho})$ 求导，可以得到对所有 $\tilde{\rho}$，Y 和 Y^* 的值均有 $\Gamma'(\tilde{\rho}) < 0$。

（1）当 $Y^* > Y$，可以证明 $\Gamma(1) < 0$，如果 $\tilde{\rho} > 1$ 而且 $\tilde{\rho}$ 递增到 $\min(x_i)$，$\Gamma(\tilde{\rho})$ 接近于 $-\infty$，因此，当 $1 < \tilde{\rho} < \min[x_i]$，式（3-32）无解。

（2）在本书的模型中，企业规模由国家间要素价格比率决定。如下式 $q_i^s = (\sigma_i - 1)\dfrac{F_i r}{c_i w}$，前面的分析表明，资本丰裕型地区与劳动丰裕型地区在不同要素密集行业中的本土市场效应具有差异，本部分将进一步分析扩展边际以及集约边际在不同要素丰裕型地区本土市场中的作用。

从式（3-25）可知，同一行业中地区 S 与地区 N 扩展边际的比率 $\dfrac{n_i}{n_i^*}$ 受国家规模、要素的相对价格、行业贸易成本的差异、行业产品替代弹性不同、地区间相对价格指数决定，因此在一个封闭的函数形式里，我们很难考察 $\dfrac{Y}{Y^*}$ 如何影响 $\dfrac{n_i}{n_i^*}$，但是我们可以用 DID 方法去分析在较大国家经历行业本土市场效应时，扩展边际在大国与小国之间的变化。

给定地区 N 与地区 S 在行业中 i 的份额 $v_i = \dfrac{n_i p_i q_i}{b_i(Y + Y^*)}$ 和 $v_i^* = \dfrac{n_i^* p_i^* q_i^*}{b_i(Y + Y^*)}$，地区 N 与地区 S 的相对份额可以表达为 $\tilde{v}_i = \dfrac{n_i p_i q_i}{n_i^* p_i^* q_i^*}$，将相对价格与相对数量替换可得到 $\tilde{v}_i = \tilde{n}_i \tilde{r}_i$，使用二次差分法可以得到地区 N 与地区 S 在两个行业的相对份额：$\dfrac{\tilde{v}_m}{\tilde{v}_o} = \dfrac{\tilde{n}_m}{\tilde{n}_o}$。可见，无论地区 S 还是地区 N 在制造业行业 m 中存在本土市场效应，其扩展边际的增长均对本土市场效应产生影响。